中国经济文库 应用经济学精品系列

中国经济文库·应用经济学精品系列（二）

张合林◎著

我国城乡一体化发展与土地市场制度创新研究

Research on China's Urban-Rural Integration Development and Land Market System Innovation

中国经济出版社
CHINA ECONOMIC PUBLISHING HOUSE
北 京

图书在版编目（CIP）数据

我国城乡一体化发展与土地市场制度创新研究／张合林 著.
—北京：中国经济出版社，2019.2
ISBN 978-7-5136-2322-3

Ⅰ.①我… Ⅱ.①张… Ⅲ.①城乡一体化—发展—研究—中国②土地市场—制度建设—研究—中国 Ⅳ.①F299.21②F321.1

中国版本图书馆 CIP 数据核字（2019）第 009192 号

责任编辑　赵静宜
责任印制　巢新强
封面设计　久品轩

出版发行　中国经济出版社
印 刷 者　北京九州迅驰传媒文化有限公司
经 销 者　各地新华书店
开　　本　710mm×1000mm　1/16
印　　张　16.5
字　　数　251 千字
版　　次　2019 年 2 月第 1 版
印　　次　2019 年 2 月第 1 次
定　　价　68.00 元
广告经营许可证　京西工商广字第 8179 号

中国经济出版社 **网址** www.economyph.com **社址** 北京市西城区百万庄北街 3 号 **邮编** 100037

本版图书如存在印装质量问题，请与本社发行中心联系调换（联系电话：010-68330607）

前　言

改革开放，特别是20世纪90年代以来，我国城镇化快速发展，在推动我国社会经济快速发展的同时，城镇化发展方式粗放、城乡发展不协调的矛盾和问题也日益凸显。新型城镇化要求城镇化和农村现代化相互协调，形成城乡一体的新型城乡关系。党的十六大以来，提出了一系列破解城乡二元结构，加快城乡一体化发展的重大部署、方针和政策，城乡一体化发展取得一定的成效，但是我国固有的城乡二元经济结构，尤其是城乡二元土地市场制度，严重制约和影响我国城乡一体化发展。现行城乡二元分割土地制度框架下的土地市场化水平低，制约城乡土地要素的平等交换，导致土地资源配置效率低下，在很大程度上对农民土地权益和社会总体福利造成损害。所以，在新型城镇化和中国特色社会主义进入新时代的大背景下，通过我国城乡统一土地市场制度创新，加快城乡一体化发展是必然选择，是亟待研究解决的重大课题。

本书由四大板块组成，共分八章。

第一板块：包括第一至第四章。第一章主要阐释了本书的研究背景、研究意义，在对中外有关基础理论和研究文献进行研究和评价的基础上，提出本书研究的基本思路和主要创新。在第二、第三、第四章，对美、英、日、韩等典型国家和地区城乡一体化发展与土地市场制度的双向互动关系演化历史进行了考察；对新中国成立近70年来我国城乡一体化发展与土地市场制度关系变迁进行了全面系统的分析；运用VAR模型和格兰杰因果关系检验等对我国城乡一体化发展与土地市场制度的关系进行了实证研究。通过上述新视角、多维度的研究分析，发现城乡一体化发展与土地市场制度存在双向互动关系，尤其是土地市场制度创新及土地市场化水平提高对城乡一体化发展有更大的正向推动作用，得出目前我国城乡二元土地结构与城乡一体化发展不协调，土地市场制度改革的任务很重，加快土地市场制度创新势在必行的政策含义。

第二板块：即第五章。对我国城乡二元土地市场制度的形成、基本特征、存在的问题及其对我国城乡一体化发展的影响，进行了深度的研究、剖析。其基本特征是城乡二元的土地权利体系，城乡二元割裂的土地市场，城乡土地市场发展失衡。存在的主要问题是城乡土地产权不平等，土地征收制度存在诸多问题，土地粗放利用甚至闲置与浪费严重，土地增值收益城乡分配严重不公平，农村土地流转不顺畅，二元土地规划及土地利用中的城市偏向依然严重，与土地市场制度相关的法律不完善等。其对城乡一体化发展产生的严重制约是使土地资源配置效率和社会福利受到了损失，集体建设用地的制度安排制约乡村发展，加大城乡居民收入差距，农民土地权利受损甚至引发社会不稳定，加剧了土地利用结构的扭曲。可见，我国现行城乡二元分割的土地市场制度问题仍然十分严重和突出，是制约和影响我国城乡一体化发展的最主要的制度性障碍。所以，全面深化土地市场制度改革，彻底清除城乡二元土地市场的制度性障碍，加快城乡统一土地市场制度创新，促进我国城乡一体化发展是必然选择。

第三板块：即第六章，是本书研究的核心部分。基于城乡土地使用权权能一致性原理、我国不同土地市场制度社会福利比较分析和我国农村集体建设用地流转的现实基础，确立和坚持土地市场制度创新“五大”原则，在“两种平等产权，一个统一市场”的框架下，通过改革征地制度、打破政府对土地市场的行政垄断、农村集体建设用地直接合法入市的合理路径选择，实行农村集体建设用地与国有土地同等入市、同权同价，进而构建出我国城乡统一建设用地市场制度创新框架及运行机制和模式。我国城乡统一土地市场制度的本质是城乡有机统一的建设用地市场制度，即两种平等的土地产权、一个统一的土地市场制度，并通过城乡建设用地在城乡有机统一的土地市场中的平等交易，实现城乡建设用地同地、同权、同价。其核心是在国家科学的宏观调控下，统一的土地市场对土地资源的配置起决定性作用。在此基础上，以城乡统一土地市场制度安排及土地资源开发利用机制为核心，揭示城乡统一土地市场制度及其机制与农村土地资源利用效率、农业农村内生增长、乡村振兴、新型城镇化高质量发展、城乡发展一体化的逻辑关系及其作用机理和路径规律，即城乡统一土地市场制度创新通过促进乡村振兴和新型城镇化高质量发展及其二者的双向互动，协调发展，形成合力，进而共同推动形成城乡发展一体化和融合发展新格局。

第四板块：即第七章。提出了推进土地市场制度由城乡二元割裂转向城乡统一即城乡统一土地市场制度创新、保障城乡统一土地市场良好运行、促进城乡一体化健康发展的配套改革、管理服务和科学宏观调控政策措施组合。包括深化土地产权制度、农村土地制度、土地法律制度、土地税收制度等配套改革；建立健全城乡统一建设用地市场运行机制和规则、健全城乡统一土地交易及信息服务平台和中介服务组织体系、加强土地价格管理和建立城乡统一土地的价格体系等我国城乡统一土地市场运行的管理服务措施；以土地规划调控、土地用途管制、土地法律调节、土地税收调节、土地价格调控等为手段，切实搞好对城乡统一土地市场的科学宏观调控。由此，谋求促进实现城乡要素平等交换、土地资源高效配置利用、公共资源均衡配置、社会福利最大化，促进城乡一体化健康发展，让广大农民平等参与现代化进程、共同分享现代化成果。

最后，第八章对全部研究进行结论性总结，对有关问题的研究进行展望。

本书的研究和出版，得到国家社会科学基金的资助；得到郑州大学李燕燕教授、王海杰教授、肖艳霞副教授等的支持和帮助；郑州大学商学院博士研究生王亚晨，硕士研究生刘奎娟、于一洋、都永慧、刘颖、杨修平、王亚辉、申政永、王颜颜、吴天铠等，在本书的写作过程中做了大量的调查研究及基础性和技术性工作；得到郑州大学及商学院领导的关心和支持，得到商学院出版基金的资助；中国经济出版社赵静宜女士作为本书的责任编辑付出了大量辛勤的劳动。在此，一并表示衷心的感谢！

张合林

2018年12月

目　录

第一章 绪 论

第一节 研究背景和研究意义

一、研究背景

改革开放，特别是20世纪90年代以来，我国工业化、城镇化快速发展，2011年我国城镇化率超过50%，2013年提升到了53.7%。在推动我国社会经济快速发展的同时，城镇化发展方式粗放、城乡发展不协调的矛盾和问题也日益凸显。2014年我国颁布实施《国家新型城镇化规划（2014—2020）》，明确提出紧紧围绕全面提高城镇化质量，加快转变城镇化发展方式，走中国特色新型城镇化道路。新型城镇化要求城镇化和农业现代化相互协调，促进城乡要素平等交换和公共资源均衡配置，形成城乡一体的新型城乡关系。① 所以，在新型城镇化背景下研究和推动城乡一体化发展，是新型城镇化的应有之义，推进全面建成小康社会和实现国家现代化强国的重要途径，也是全面建成小康社会和社会主义国家现代化强国的重要成果和重要标志。

推进城乡一体化发展，是我国在加速推进社会主义现代化建设新时期基于现实国情而提出的重大战略之一。城乡关系和农村发展一直是党和国家的工作重点，党的十六大以来，提出了一系列破解城乡二元结构，加快城乡一

① 国家新型城镇化规划（2014—2020）[N]. 人民日报，2014-03-17（01）.

体化发展的重大部署、方针和政策。① 在这些战略、方针及其政策的指导下，我国城乡一体化发展取得一定的成效，但是我国固有的城乡二元经济结构，尤其是城乡二元土地市场制度，严重制约和影响我国城乡一体化发展。目前我国城乡二元结构的关键领域是城乡二元割裂的土地制度，成为城乡一体化、融合发展的最主要障碍。现行城乡二元分割土地制度框架下的土地市场化水平较低，制约了城乡土地要素的平等交换，不仅导致土地资源在配置过程中的低效和浪费，而且在很大程度上损失了农民的利益，对社会总体福利产生损害，是导致我国城乡发展不平等、不协调的重要制度因素之一。所以，在新型城镇化和中国特色社会主义进入新时代的大背景下，通过我国城乡统一土地市场制度创新，推进城乡一体化发展是必然选择，是亟待研究解决的重大课题。

二、研究意义

城乡一体化的核心是实现城市和农村的共同发展与共同繁荣，关键是让生产要素如土地资源在城乡之间平等、合理地流动，而不是将所有资源都单向地流向城市，要实现生产要素在城乡之间合理流动和平等交换，关键是土地市场制度。② 而关于城乡一体化发展的影响因素，国内外的研究大多集中在户籍制度、劳动力市场、就业制度、社会保障制度以及基础设施等方面。在土地方面，研究征地制度、土地产权制度的居多，在城乡二元土地市场制度方面的研究比较少。把城乡一体化发展与土地市场制度创新联系在一起的专门研究更是少见，但把这两者联系起来进行研究是十分必要的，这也正是本书研究的重要视角和着力突破的方向。

---

① 党的十六大首次提出统筹城乡发展。十七届三中全会提出建立以工促农、以城带乡长效机制，形成城乡发展一体化新格局。十八大和十八届三中全会指出城乡二元结构是制约城乡发展一体化的主要障碍，必须健全体制机制，促进城乡要素平等交换和公共资源均衡配置，形成城乡一体的新型城乡关系，让广大农民平等参与现代化进程、共同分享现代化成果。党的十九大报告提出要坚持农业农村优先发展，建立健全城乡融合发展体制机制和政策体系，加快推进农业农村现代化。2018 年中央 1 号文进一步强调坚持城乡融合发展。坚决破除体制机制弊端，使市场在资源配置中起决定性作用，更好发挥政府作用，推动城乡要素自由流动、平等交换，推动“四化”同步发展，加快形成工农互促、城乡互补、全面融合、共同繁荣的新型工农城乡关系。

② 刘守英．农村土地法律制度改革再出发［J］．商法研究，2014（2）：2.

本书以城乡统一土地市场制度改革与创新为主攻方向和突破口，研究探索破解城乡二元结构，健全城乡发展一体化机制，进而推进城乡一体化发展，具有重要的理论和现实意义。

1. 理论意义

①本书通过对美、英、日、韩等典型国家和地区城乡一体化发展与土地市场制度的双向互动关系的历史考察，发现和总结城乡一体化发展与土地市场制度关系演进的一般规律，这对我国的城乡一体化发展具有十分重要的借鉴意义。②本书通过对我国城乡一体化发展与土地市场制度关系的变迁分析和实证研究，探求城乡一体化发展与土地市场制度的双向互动关系，为我国土地市场制度创新提供了理论支持和实证支撑。③本书通过进一步分析城乡二元土地市场制度存在的问题及其对我国城乡一体化发展的制约和影响，指出我国深化土地市场制度改革创新的紧迫性及其方向。④本书提出通过改革征地制度、打破政府对土地市场的行政垄断、农村集体建设用地直接合法入市的合理路径选择，实行农村集体建设用地与国有土地同等入市、同权、同价，进而构建出我国城乡统一建设用地市场制度创新框架及其运行机制和模式。在此基础上，以城乡统一土地市场制度安排及其土地资源开发利用机制为核心，揭示城乡统一土地市场制度及其机制与农村土地资源利用效率、农村农业内生增长、乡村振兴、新型城镇化高质量发展、城乡发展一体化的逻辑关系及其作用机理和路径规律，这是对城乡一体化理论的创新和发展。⑤作为我国社会主义市场经济理论重要组成部分的土地要素市场理论，目前并不完善，土地要素市场的发展任重而道远。这是因为在目前的城乡二元市场制度下，国有建设用地与农村建设用地并未实现同权同价同等进入要素市场。因此，探索农村集体经营性建设用地的入市和城乡统一土地市场理论，研究土地制度创新问题、产权问题、收益分配问题等，是对社会主义土地市场理论的丰富和完善，是对科斯交易费用理论和产权理论、诺斯的制度变迁理论的成功运用，有助于检验新制度经济学的系列理论假说，在一定程度上丰富了现代市场理论、现代产权理论和现代土地经济理论等。

2. 现实意义

①为政府相关决策提供科学参考。②将为我国有关立法提供理论与实践

依据。③对建立我国城乡统一土地市场制度，促进城乡要素平等交换和公共资源均衡配置，让广大农民平等参与现代化进程、共同分享现代化成果具有重要的实践意义。④对促进我国城乡一体化和融合发展，全面建成小康社会和社会主义现代化强国，实现中华民族伟大复兴的中国梦具有重要现实意义。

第二节 基础理论与文献综述

一、基础理论研究

（一）新型城镇化理论

1. 新型城镇化的概念

新型城镇化来源于城镇化，又发展了城镇化，是对传统城市化模式的优化，是一种更为科学的系统性过程。新型城镇化是“新四化”中的一化，在2014年国务院颁布的《国家新型城镇化规划（2014—2020年）》中，指出新型城镇化便是全面提高质量，改变城镇化模式，把人作为重点，走中国特色发展道路。① 新型城镇化突出以人为本，小城镇是协调重点，坚持可持续理念，通过新方式提高城镇的承载力，实现新型城镇化发展。② 党的十八大以来，新型城镇化越来越引起人们的重视，新型城镇化成为未来城镇化发展的新趋势、新目标。③

近年来，我国城镇化发展虽然有明显进展，但在城乡二元的现实背景下，城镇化发展还有很多问题。其中最主要的就是土地城镇化的速度过快。而城镇化的发展需要大量的土地为载体，城镇化进程与土地制度密切相关，因此，

① 国家新型城镇化规划（2014—2020）［N］. 人民日报，2014-03-17（01）；国家新型城镇化规划（2014—2020）［EB/OL］. http：//www. docin. com/p-895755329. html，2016-05-05.

② 宿钟文．现代化进程中我国城乡一体化的理论与实践研究［D］. 北京：中央民族大学，2016：8.

③ 郝玉林．新型城镇化背景下农村集体建设用地管理制度创新研究［D］. 济南：山东师范大学，2013：13.

城镇化的快速发展离不开土地制度的支撑，在新型城镇化的背景下需要土地制度不断地创新改革，进而促进城镇化的进一步发展。①

2. 新型城镇化的“新”内涵

新型城镇化的“新”主要体现在发展理念上：新型城镇化的本质，是以人为核心。在2015年中央经济工作会议上，习近平总书记关于新型城镇化的讲话，提出了“三个要”，首先要本着科学合理的原则，构建城镇化的布局，城市和城镇的规划与布局，要与这个地区的经济发展结合起来，发挥经济的作用，推动城镇化的发展。其次是要注重人的城镇化，解决好农业转移人口的身份问题，落实好人口市民化的工作。最后，要始终贯彻好生态文明和可持续发展的理念，坚持中国特色的新型城镇化道路。推进新型城镇化，就是要以人为核心，以质量为关键，以改革为动力。董晓峰（2017）阐述新型城镇化的内涵是：实现人的城镇化，坚持以人为本，以新型产业化为动力，以统筹兼顾为原则，全面提升城镇化质量和水平，实现城乡统筹、节约集约、生态宜居、社会和谐的发展目标。②

3. 新型城镇化的“新”要求

新型城镇化要做到集约节约、高质量发展。起初的城镇化过程中，很多地区都存在对土地的大量需求、发展粗放、资源浪费等问题。随着城镇化的不断发展，这些问题引发的社会影响也越来越严重，有些地区的新城新区过多，不仅造成了严重的资源浪费，同时也带来了很大的环境问题。各个地区不得不重视城市发展中的这些问题，重新审视城镇化的发展模式，提出集约化发展。为了城镇化的可持续发展，新型城镇化必须要改变原来的推进方式。新型城镇化的健康发展离不开科学合理的城市规划，离不开相关的法律保障，所以要出台相应的规划来指导城镇化的发展，高度重视规划制定的各个环节，提高规划的参考价值。完善相关的法律法规，为城镇化的进程提供法律保障，严格控制新城区的设置，提高城镇化的质量。不断提高我国城市土地的利用率，提升城市建设管理的水平，按照集约化发展的要求进行城镇化建设。

---

① 刘永强，苏昌贵，龙花楼，等．城乡一体化发展背景下中国农村土地管理制度创新研究［J］．经济地理，2013，33（10）：138-144.

② 董晓峰，杨春志，刘星光．中国新型城镇化理论探讨［J］．城市发展研究，2017，24（1）：26-34.

城镇化的发展需要土地，而土地资源不能满足人们的无节制需求。这就要求新型城镇化的发展注重集约。一方面可以科学合理的布局，用有限的土地资源建设新型城镇，提高土地资源的利用率，减少资源的浪费。另一方面，从土地制度创新方面入手，创新土地市场制度，消除城乡二元的土地市场制度。关于土地制度的创新政策方面已经有很多的支持，关键在于如何构建城乡统一的土地市场，实现土地资源在城乡之间的平等交换，使农村的土地和城市的土地有同等的地位，实行同等的价格进行交易。城乡统一的土地市场不仅能解决土地资源均衡配置的问题，还能缓解城乡二元结构的现实困境。从资源利用的角度，为新型城镇化的快速健康发展解决现实问题。①

（二）城乡一体化理论

1. 西方学者的城乡关系理论

有关城乡一体化的思想较早地出现在西方国家。西方国家在文艺复兴时期就有了关于城乡一体化社会的描述。描述中的城乡关系应该是，没有严格的界限，可以平等自由地通畅交流。② 虽然这些关于城乡关系的美好设想都没能成为现实，但说明在思想上，这些学者都注意到了城乡发展中存在的问题——城乡差距与不协调发展。随后城乡关系越来越受到重视，关注城乡的协调发展问题，并为此提出了新的城乡统一规划等思想。其中有埃比尼泽·霍华德的“田园城市”理论，田园城市理论是把城市和农村看作一个整体来研究，认为其是一种新型社会。此外，他还提出了“三磁铁理论”，他认为城市由于本身的优势资源，有着强大的吸引力，会产生聚集效应，吸引人口和资源向城市流动，因此城乡之间必须要一体化发展，探寻城乡发展的新道路。③ 1985 年麦吉提出了“城乡一体化地区”，从土地利用的角度，这是一个特殊的区域和新型空间结构，在这里没有城乡的分别，城市和农村结合在一

---

① 彭冲，陈乐一，韩峰．新型城镇化与土地集约利用的时空演变及关系［J］．地理研究，2014；33（11）：2005-2020.

② 张军．推进我国城乡一体化的制度创新研究［D］．长春：东北师范大学，2013：5.

③ 曾嘉，雷军，鲁奇．我国城乡关联度评价指标体系构建及区域比较分析［J］．地理研究，2011（6）：763-771.

起，相互融合，共同发展，其最大特征是似乡非乡，似城非城。① 具有影响力的还有刘易斯·芒福德的“区域统一体”思想，他主张围绕城市，构建城市发展的区域统一体，从而促进区域的整体能够快速发展，体现城乡一体化的思想，实现城乡一体化。19 世纪 30 年代赖特提出了“广亩城”的设想②，它的实质是分散的城市理论，主要思想就是要把城市中的人口分散，把城市低密度化，赖特认为现在城市的发展并不是理想的状态，人们不必把所有的资源和活动都聚集到城市中，应综合考虑城市和农村的区位优势，充分利用资源，构建一个低密度的、城乡结合的新型城市。

2. 马克思主义经典作家的城乡关系理论

马克思主义的城乡关系原理对我国城乡一体化发展具有十分重要的理论和现实意义。按照马克思主义的理论，城乡是两个不同的区域，但都是生产力发展到一定阶段的产物。两者之间的关系随着生产力的发展不断变化。马克思曾论述城乡之间的关系，认为社会分工的产生和形成在于城市和农村的分离。社会的发展在城乡关系变化中得以体现。马克思的城乡关系理论就是要消除城乡二元，他强调要实现城乡一体化发展，首先就是要消除城乡二元。要想社会能够协调稳定的发展就要解决城乡之间的协调发展问题，城乡之间的不协调会影响到社会的和谐稳定，因此，要实现城乡一体化发展。只有坚持城乡一体化发展，才能充分发挥城市和农村各自的优势，促进城市和农村的不断融合，从而实现社会发展的长治久安。③ 城乡一体的优势在于，在城乡一体化发展的过程中，城市和农村可以在资源、人口、生产和生活方式等方面相互影响、相互融合。恩格斯也把城乡关系变化过程总结为城乡融合—对立—新融合。④ 但限于现实困境，城市和农村之间的融合发展需要较长的时间才能实现，并需要方方面面的协调与配合。

3. 我国城乡一体化理论

改革开放以来，我国城市与农村的差距逐渐拉大，城乡二元结构严重影

① 张军．推进我国城乡一体化的制度创新研究［D］．长春：东北师范大学，2013：9.
② 赖特．广亩城市：一个新的社区规划［J］．建筑实录，1935.
③ 马克思，恩格斯．马克思恩格斯全集（第 1 卷）［M］．北京：人民出版社，1972.
④ 马克思，恩格斯．马克思恩格斯全集（第 3 卷）［M］．北京：人民出版社，1995.

响了我国经济的协调发展。如前所述，十六大以来我国提出了一系列惠及“三农”、统筹城乡发展、促进实现城乡一体化的理论、方针和政策。就我国目前而言，城乡关系还没有实现协调发展，在要素流动、户籍管理、土地制度等方面城乡都有明显的不同，要促进城乡一体化和城乡关系发展就是要打破城乡二元结构，实现城乡资源要素的平等交换，实现人口的自由流动。从而使城市和农村能够相互融合，共同发展。不仅使城市能够分享城市发展的红利，也要使农村能够分享城乡一体化带来的成果。具体而言，城乡一体化主要是指城乡通过资源、生产要素之间的充分流动，实现城乡优势互补，互帮互助，实现真正意义的协调发展，即实现城乡政治、经济、社会等方面的一体化发展。

（三）城乡二元结构理论

1. 城乡二元社会结构

对城乡关系的研究是随着机器大工业生产的兴起开始的，并伴随着工业化进程不断深化和发展。由于机器大工业生产的出现，城市与乡村的经济性质发生改变，城乡之间开始产生分异，形成了城乡二元结构。① 1953 年荷兰经济学家 J. H. 伯克在其作品《二元社会经济学和经济政策》中提出社会二元结构的思想，这是有关二元结构最早的说法，他认为在传统社会和资本主义现代经济部门中由于在社会制度和经济制度方面存在着巨大的差别导致两个部门之间的个人效用函数、行为准则及资源配置方式迥然不同。

2. 城乡二元经济结构

二元经济结构理论是发展经济学的奠基性理论之一，经典的二元经济结构模型是在古典经济学和新古典经济学框架下进行的分析。阿瑟·刘易斯首次指出，在农业部门有很多的剩余劳动力，他认为随着资本的不断积累，可以把剩余的劳动力转移到需要人力的工业部门，推动城乡二元结构的瓦解。推动发展中国家的经济发展。② 在此研究的基础上，拉尼斯和费景汉将二元经

---

① 修春亮，许大明，祝翔凌．东北地区城乡一体化进程评估［J］．地理科学，2004（3）：320-325.

② 阿瑟·刘易斯．劳动无限供给下的经济发展［J］．曼彻斯特学报，1954.

济的演变细分为三个阶段：农村劳动边际生产率等于零的阶段，农业劳动力边际生产率大于零但低于农村劳动者的平均收入的阶段，农业剩余劳动力已全部被工业部门吸收、农民和工人的工资收入水平由劳动生产率决定的阶段。① 同一时期，乔根森提出，要重视农业的发展和科技的进步，进而产生农业剩余，这是解决发展中国家经济问题的突破口和路径选择。② 此外，托达罗对城乡问题也强调了农村发展的重要性，要发展自己的独特模式。③④

3. 城乡二元土地结构

城乡土地市场分割是中国城乡二元经济结构长期演化作用的结果，城乡土地市场分割是土地市场深化发展的一个瓶颈，不仅影响土地市场的自身发展，而且对土地利用的可持续发展产生了一定的影响。

新中国成立初期，我国实行的是计划经济，在这个现实背景下，城乡分割的二元土地结构不断稳固。⑤ 我国土地市场分割，城乡土地在交易中不同，农用地要想在市场上流动只能通过国家征收的方式，实际上就是政府通过强制力征收国用，其价格特别低，农民并不能从中获得土地溢价的利益，也不能分享土地的增值红利。这种土地制度导致土地要素难以自由进行交换，这不利于农村的经济发展。⑥

我国分割的土地市场结构形成于新中国成立后高度集中的计划经济体制时期，适应了当时的社会发展趋势，对城乡的发展有一定的正面影响。但随着经济体制的转变，我国经济的发展受到了二元土地市场结构的制约。城镇化进程的推进最重要的就是土地要素，而城乡分割的土地市场制度使农村的土地难以进入土地交易市场，这样就限制了土地的征收和流转。不同地区的农村发展也呈现出明显的差异，经济发达地区的农村经济发展较快，根据其发展现状也不能把它们看作传统意义上的农村，这里的农民的生活和经济能

---

① 拉尼斯，费景汉．劳动剩余经济的发展［M］．北京：华夏出版社，1989.

② 戴尔·乔根森．过剩农业劳动力和两重经济发展［J］．牛津学报，1967.

③ Michael P. Todaro. A Model of Labor Migration and Urban Unemployment in Less Developed Countries [J]. The American Economic Review, 1969, 59 (1): 138-148.

④ John R. Harris, Michael P. Todaro. Migration, Unemployment and Development: A Two-Sector Analysis [J]. The American Economic Review, 1970, 60 (1): 126-142.

⑤ 姚飞鸣．城乡二元土地结构问题研究［J］．社会发展，2013（8）：56.

⑥ 朱守银．破解城乡二元土地制度［J］．农业工作通讯，2008（1）：20-21.

力跟城市的居民几乎没有差别。但是就土地市场来说，土地仍然是影响这些发达地区农村经济快速发展的重要因素。在全面深化改革的背景下，需要不断审视城乡二元的土地市场结构，不断创新改革，从而适应城镇化的发展。这也是现在城乡二元土地市场所要面临的重要问题。①

新型城镇化就是要达到社会结构、经济结构与空间结构的综合协调，这里最为核心的问题是经济结构中存在城乡二元的土地制度，导致了土地交易难以市场化，以及社会结构中存在城乡二元的保障制度。农民享有耕地的承包权并占有宅基地，保障水平却比较低；城市有能力提升地价并将其变现，却没有土地。在这两方面中，土地制度问题又是矛盾的主要方面，因为，城乡一体化需要资源的投入，而这些资源的来源有限。要想在新型城镇化背景下对我国城乡一体化发展与土地市场制度创新研究有突破，就要充分认识到我国这一鲜明的特色。

（四）土地产权理论

土地是农民最基本的生产资料。我国现在正处于推进新型城镇化，全面建成小康社会的决胜阶段。新型城镇化的特点就是“用地”和“聚人”。作为城镇化载体的土地在城镇化发展过程中发挥着极其重要的作用，如何调整农村土地和城市土地来满足新增的城镇建设用地需求，实现农村土地与城镇化建设的协调发展，具有十分重要的理论与现实意义，而调整或重新配置土地资源要以土地产权理论为指导。

土地产权是以土地所有权和使用权等权能为基础并反映这些权能转让或交易过程所体现的个人或社会受益、受损的权益关系。本书的土地产权理论是指马克思土地产权理论，马克思丰富的产权思想是一座珍贵的理论宝藏。马克思在其著作中对土地产权都做了相关的论述，并形成了独有的土地产权权能理论。

土地所有权在马克思土地产权权能理论中占有重要的地位，土地所有权使得土地的归属问题明确。这种归属具有明显的排他性，也就是说土地的所

① 修春亮，许大明，祝翔凌．东北地区城乡一体化进程评估［J］．地理科学，2004（3）：320-325.

有权规定了土地应该归谁所有的问题，这个所有者拥有对这一定量土地的最终裁判权。① 土地占有权也是马克思土地产权权能理论的重要内容，它是建立在真实存在的社会经济关系之上，并不被个人主观因素改变。土地的使用权是根据双方制定的规则或者契约，权利主体获得的能够利用或使用土地的权利。土地收益权也是重要的土地产权权能理论之一，在市场经济中，收益最大化是生产者的追求，是资源最优配置的方式。土地所有者可以通过各种方式增加收入。② 土地处分权，在马克思看来应该分为两个层次，以土地是否进入生产过程划分，但无论怎么说，土地处分权都是土地所有者享有的能够处理自有土地的权利。③

（五）土地市场理论

1. 土地市场及其特征

土地市场其实跟其他市场一样，都遵循市场原则，只不过在土地市场中进行交易的要素是土地权利。土地市场中的市场主体有：土地要素的需求者和供给者。但是，由于土地特殊的性质，在整个土地交易的过程中还有很多其他的参与者，他们之间以租赁、转让等经济关系联系，关系更加复杂。④

土地市场与其他市场相比，有其特有的性质特征。具体表现如下：一是土地市场的地域性。根据马克思的级差地租理论，土地要素的地理位置对土地来说非常重要。⑤ 土地所在的位置决定了其在市场上的租金定位，不同地理位置的土地，其租金有很大的不同。这里需要特别说明的是，建筑所处的地段和相关配套设施也发挥了重要的决定作用。这种由土地地理位置所导致的差别租金和收益数额很大，并不是土地资本自身能够填补的差额。⑥ 二是土地市场的垄断性。土地的稀缺性，加上其流动又受限于地理位置。此外，要进

---

① 洪名勇．论马克思的土地产权理论［J］．经济学家，1998（1）：29-34.

② 马克思，恩格斯．马克思恩格斯全集（第46卷上）［M］．北京：人民出版社，1979：493.

③ 马克思．资本论（第三卷）［M］．北京：人民出版社，2004：876.

④ 谭文兵．构建城乡统一土地市场的新制度经济学研究——以安徽省为例［D］．北京：中国地质大学，2015：29.

⑤ 马克思．资本论（第三卷）［M］．北京：人民出版社，2004：699.

⑥ 唐剑．我国城乡土地制度改革研究——基于马克思土地市场理论视角［J］．改革与战略，2016，32（1）：25-28.

行土地要素的交易需要有大量的资金储备。因此，相较于普通的市场，土地市场的门槛更高，只有少数有经济实力的大企业能够进入。这也就造成了大企业对土地资源的垄断。换个角度，在土地归属于某一特定主体时，这一主体就拥有了对这一土地资源的排他占有，也就是对土地资源的垄断。① 三是土地市场的价格。城镇化发展越快，对土地的需求也会越大，而土地资源本身的稀缺性又难以满足城镇化对土地的这种大量需求。根据供需理论，土地的供给是一定的，也就是缺乏弹性的，这时候土地的价格就是由其需求量来决定的。因此，在城镇化发展的过程中，土地的价格和土地的租金会呈现不断上升的态势，也可以说，在现有的政策背景下，在一定的区域内，市场对土地的需求情况仍是决定土地实际价格的重要因素。②

2. 土地市场机制与交易

科斯理论指出，当交易费用为零时，不管产权怎么确定，市场能够自发实现资源的最优配置。③ 但这种理论过于理想化，事实上是存在交易费用的，不同的产权制度安排会对要素交换和资源配置产生不一样的影响。土地也要在市场中进行交易，市场是资源配置最有效的方式。④

在成熟市场中，商品供需和价格等都由市场调节，这是市场经济的本质，土地交易也要遵循市场原则。现在我国土地市场还不成熟，城乡土地还不能在统一市场上平等交易。土地配置的政府行为导致土地资源配置效率低下。所以要构建一个成熟的土地市场，需理清政府和市场在土地交易中的作用及其关系，政府做好宏观调控，市场在土地资源配置中起决定作用。

3. 土地市场结构及功能

我国的土地市场结构表现为城乡二元结构。一是国土地市场（包括一、二、三级土地市场），国家垄断一级土地市场。二是农村土地市场，集体建设用地也会受到限制。农村用地要想进入市场流动，只能通过征用为国有土地。

---

① 马克思，恩格斯．马克思恩格斯全集（第46卷上）［M］．北京：人民出版社，1979：493.

② 马克思．资本论（第三卷）［M］．北京：人民出版社，2004：703.

③ R·科斯，A·阿尔钦，D·诺斯，等．财产权利与制度变迁［M］．上海：上海三联书店，1991.

④ 雷颂平．土地市场机制的创新思考［J］．四川政报，2002（20）：34.

征地是国家政府行为，具有强制性，因此价格有垄断特征。①

土地市场要有保障、激励、约束和资源配置功能。保障功能就是要保障利益，具体来说就是使其在交易中能够获得应得的利益。激励功能体现在激励产权人的经济行为和创新动力上。一般情况下，产权人都是经济人，因此他的交易行为要确保能够获得收益。这也就要求市场提供这样的收益机会。土地市场的约束功能主要是指对行政权力的约束，这主要是由我国特殊的历史背景决定的。长久以来，我国的土地制度都是城乡分割的，随着城镇化的快速发展，农村的土地通过政府征收的方式进入城镇化建设中，但在这个过程中，由于政府征地的强制性，农民的权益很难得到保障，因此要约束政府征地的行政权力。资源配置放在土地要素中，这还是要依靠市场来调节，通过市场来配置资源。②

4. 城乡一体化土地市场理论

城乡一体化土地市场的内涵。土地市场是要实现土地资源的最优配置，城乡一体化土地市场是在同一个市场上配置土地资源。具体来说就是，城市土地和农村土地没有制度和地域等因素的限制，可以在城乡一体的土地市场进行平等交换、自由流动。③ 本质上就是要在产权和治权上平等统一。其实质就在于自由平等的交换，核心是产权的交换。④ 城乡一体化土地市场理论是城乡一体化土地市场构建的理论基础，城乡一体化理论体系的完善是城乡一体化土地市场构建的前提，在与实践联系密切的理论基础上才能构建出符合我国国情的城乡一体化土地市场。

（六）制度变迁与土地市场制度创新理论

制度变迁理论属于新制度经济学的范畴。制度变迁是新制度替换旧制度

① 王克强，赵露，刘红梅．城乡一体化的土地市场运行特征及利益保障制度［J］．中国土地科学，2010，24（12）：53-54.

② 田光明．城乡统筹视角下农村土地制度改革研究［D］．南京：南京农业大学，2011：57-58.

③ 王克强，赵露，刘红梅．城乡一体化的土地市场运行特征及利益保障制度［J］．中国土地科学，2010，24（12）：55.

④ 陈珍．城乡一体化土地市场下土地增值收益分配问题研究［D］．武汉：华中师范大学，2011：12-13.

的演变进程。制度变迁是在什么情况下发生的，怎么才能使制度发生变迁。学者给出了一些看法，认为制度是否发生变迁主要取决于变迁后的新制度是否能带来更多的收益或者是更少的成本。理论认为，制度变迁只有在新制度能带来更好收益的时候才会发生。在马克思看来，制度变迁是由内在矛盾推动的，这种矛盾主要体现为生产关系与生产力之间的矛盾。诺思在此基础上提出了路径依赖理论①，具体来说就是，社会在发展的过程中，如果制度变迁选择某一特定路径，很可能会有对路径的依赖情况发生。这种情况会不断得到强化。这种依赖最终会限制制度变迁，从而造成新制度没有办法在现实中实施。这也为我国土地制度变迁比较慢提供了一种解释，在制度变迁理论的指导下，我们需要坚持渐进的改革方案，逐步推进土地制度的改革与创新。②土地制度变迁或创新之所以发生，是因为现行制度不完善存在外部利润，而这个外部利润在现有的制度背景下不能获取。所以对于想得到这个外部利润的当事人来说，变革现有的土地制度是最好的选择。当土地市场制度迁的要求得到满足时，土地市场制度变创新得以完成，外部利润内部化③，否则，制度创新还将继续。土地市场制度创新要考虑现实背景，创新改革的目的就是要更好地满足现实的需求。因此在进行土地市场制度创新时，要坚持渐进的原则，不能冒进。此外，制度创新要有大局意识，不能只看眼前，要全面考虑现实环境。既然是创新，也就意味着比现有的要更有优势。④

（七）土地资源高效最佳可持续利用理论

土地要实现可持续利用，首先，要注重土地利用的质量，不断提高其利用效率，实现土地资源的效用最大化。其次，要有长远眼光，在现在利用土地资源的同时也要考虑到土地的长远需求，不能无节制利用，土地是稀缺的，不仅当代人需要后代仍然需要。所以要有大局意识，平衡土地的供需，满足

---

① 道格拉斯·诺斯．制度、制度变迁与经济绩效［M］．上海：上海人民出版社，1994：3.

② 陈晓君．我国城乡建设用地市场一体化研究［D］．福州：福建师范大学，2014：16-17.

③ 张合林，郝寿义．城乡统一土地市场制度创新及政策建议［J］．中国软科学，2007（2）：28-40.

④ 穆丽．我国农村土地制度创新研究［D］．新乡：河南师范大学，2013：31-32.

人们对土地资源的需求，实现代际公平。①

可持续的实质就是要在利用自然资源的过程中，做到集约、可持续。想要土地可持续，就是要在利用的过程中不浪费，通过各种方式提高利用率。无论什么条件下，尽量利用最少的资源来满足自己的需要，使土地实现效用最大化。在土地资源开发时要全面考虑，做到科学合理。②

（八）理论研究评价

通过对以上基础理论的研究和总结发现，国外有关城乡一体化发展的理论比较丰富和系统，特别是马克思、恩格斯的城乡关系理论，当然也包括土地产权以及制度变迁等理论，对本书的研究都具有指导或借鉴意义。我国的相关政策理论具有指导意义，国内有关学术和政策研究的理论不断增多，有些理论观点、实证结论也具有一定的基础理论意义，但总体还比较薄弱和缺乏系统性，定性研究较多，定量研究较少，原创性理论更少，特别是涉及城乡一体化发展与土地市场制度创新关系的研究更是凤毛麟角，这正是本书研究的重要视角和着力突破的领域及难点所在。本书以马克思主义有关理论及其中国化的最新成果为指导，进行进一步的理论创新及其制度创新研究，以更好地推进我国城乡一体化发展。

二、文献综述

（一）国外文献综述

1. 城乡关系及其发展

马克思和恩格斯的“城乡融合”理论，把城乡关系分为三个阶段：城乡对立、城乡加速分离、城乡融合。③ 杜能（1826）④、埃比尼泽·霍华德

① 邹乃秀．城市边缘区土地可持续利用的制度创新研究［D］．济南：山东师范大学，2006：10.
② 马永坤．城乡建设用地增减挂钩机制的经济学分析［D］．成都：西南财经大学，2011：37.
③ 马克思，恩格斯．马克思恩格斯全集（第一卷）［M］．北京：人民出版社，1995.
④ 约翰·冯·杜能．孤立国同农业和国民经济的关系［M］．北京：商务印书馆，1986.

(1902)① 也对城乡关系进行了相关的研究。阿瑟·刘易斯（1954)②、费景汉和拉尼斯③、缪尔达尔（1957)④、乔根森（1961)⑤ 等从城乡之间的要素流动角度入手，探究了农业要素与城乡关系发展之间的关系。钱纳里等（1971）把经济发展作为研究视角，主要是探究了要素流动在城乡关系发展中的作用。⑥ 麦基（1989)⑦ 通过对一些发展中国家和地区城乡关系的研究，提出了城乡发展的 Desakota 模式，也就是城乡发展的一体化。博格斯（2004）研究认为城乡关系应分为三个阶段，并指出大多数的发展中国家还处在第一、第二阶段。⑧

2. 中心—外围二元结构及均衡发展

中心—外围理论主要是用来论述国家间存在的不平等现状和发展形式的理论。⑨ 随后，弗里德曼把这一理论引入了区域经济学范畴。弗里德曼指出任何国家的整体系统，都有中心和外围这两个子系统。⑩ 在空间上，市场、技术、资源等要素的配置是有区域差异的，当这些资源在某一地区聚集时，这个地区就会有更大的竞争优势，也就会成为这个区域内的中心。与这一中心地区相比，其他地区大都没有这样的区位优势，在经济发展上与中心城市也有很大的差距，久而久之，也就在空间上呈现出二元结构的特征。但这种空间二元结构的特征，会受到人口和基础设施以及政策措施的影响，在市场不断扩大的情况下，中心地区和外围地区的界限会越来越模糊。

---

① 埃比尼泽·霍华德．明日的田园城市［M］．北京：商务印书馆，2000.

② Lewis, w. A. Economic Development with Unlimited Supplies of Labor. Manchester School Studies (42), 1954.

③ 费景汉，拉尼斯．增长和发展：演进观点［M］．北京：商务出版社，2004.

④ Gunnar Myrdal. Economic Theory and Under-Developed Regions [M]. London: Duckworth, 1957.

⑤ Jorgenson, D. W. The Development of a Dual Economy [J]. Economic Review, Journal (71), 1961.

⑥ 钱纳里，赛尔昆，鲁宾逊．工业化和经济增长的比较研究［M］．上海：上海三联书店，1995.

⑦ T. G. Mcgee. Urbanisasi or Kotadesasi? Evolving Patterns of Urbanization in Asia: Spatial Dimensions and Policy Issues [C]. Honolulu: University of Hawaii Press, 1989: 93-108.

⑧ Bengs. Urban-rural Relations in Europe [A]. In Collections of Inter-regional Conference on Strategies for Enhancing Rural-Urban Linkages Approach to Development and Promotion of Local Economic Development [C]. European Economic Review, 2004: 255-276.

⑨ 劳尔·普雷维什．外围资本主义危机与改造［M］．北京：商务印书馆，1990.

⑩ 陈佳．中心—外围理论的演进及比较研究［D］．福州：福建师范大学，2011：9-10.

对区域经济的协调发展来说，中心—外围理论发挥着重要的作用。在城镇化发展的过程中要充分认识这一理论，利用中心—外围理论来推进城镇化的快速发展。不仅要重视政府在城镇化发展中所起的指导作用，同时也不能忽视市场对城镇化发展的协调促进作用，二者必须兼顾，才能更好地发挥政府和市场的作用，推动城镇化健康有序地发展。①

3. 土地产权

国外学者对土地问题进行的相关探究中的一个重点是土地产权。在他们看来，土地产权是研究土地问题的基础。市场经济国家土地市场基本上是城乡统一的，土地产权清晰，土地可以在市场自由买卖，通过市场机制达到优化配置。也有部分外国学者对我国集体土地产权问题进行研究。Charles C. Krusekopf（2002）在研究中指出，农村集体土地在发展过程中遇到问题，在很大程度上与土地产权不明晰有关。② Feder & Feeney（1993），提出明确的产权能使交易的费用减少，从而提高农业投资、生产能力。③ Scott Rozelle, Loren Brandt（2001）研究了中国土地产权的内涵、现状以及存在的问题，认为中国土地的所有权与经营权应当分离，并探讨了土地产权制度如何对生产效率产生影响。④ Tasso Adamopoulos（2008）通过研究土地流转的影响因素，认为如果集体建设用地的土地产权高度集中，土地产权所有人会阻碍工业化及城市化的进程，使自身从农村经济中获利的空间得到保护，这不利于土地的流转。⑤

4. 土地制度及土地市场交易

西方国家的学者对土地制度和交易等方面的研究相对而言更丰富。起初，西方学者对土地的研究大多是关于土地租赁、抵押等，随着土地市场的不断

---

① 马永坤. 城乡建设用地增减挂钩机制的经济学分析［D］. 成都：西南财经大学，2011：32-33.

② Charles C. Krusekopf. Diversity in land-tenure arrangements under the household responsibility system in China［J］. China Economic Review，2002（13）：297-312.

③ Feder G. D.，Feeney P. The Theory of Land Tenure and Property rights［J］. World BankEconomic Review，1993，5（7）：135-153.

④ Scott Rozelle，Loren Brandt，Li Guo etal. Land Rights in China：Facts，Fictions，and Issues［R］. Papers of 2nd International Convention of Asia Scholars，Berlin，2001.

⑤ Tasso Adamopoulos. Land inequality and the transition to modern growth［J］. Review ofEconomic Dynamics，2008（11）：257-282.

发展，理论的不断完善，开始了对土地市场的实证探究。

Klaus Deininger（2006）在其研究中提出由于我国土地市场法律和制度的缺失，出现了以公共利益征收农户土地的现象。在对土地租赁市场进行研究之后，他认为要倡导土地市场化改革，在市场化的环境下，土地资源的配置效率是最高的。① Anka Lisec，Miran Ferlan，Frane Lobnik（2008）认为要促进农村土地交易市场的健康发展，就要对农村土地交易进行模式化管理。② Randall G. Holcombe（2004）主要指出，土地市场制度应兼顾政府和市场两方面的作用力，一方面要依靠政府行政规划，另一方面也要鼓励市场的引导和调节，共同推动土地市场的不断完善。③ Claudio Frisehtak（1995）提出要建立完善的土地交易信息管理系统，他认为这是提高土地交易效率的有效方式。④ Wallace 和 Williamson（2006）对土地市场制度问题进行探究，认为土地市场运行要依照健全的制度框架。⑤

5. 城乡一体化发展与土地市场制度关系

国外学者认为完善的土地产权和市场机制，能够促进土地顺畅流转，同时需政府宏观调控保证土地市场健康运行。Terry V. D（2003）认为制度创新是最好的方式，通过制度创新来推动土地资源的有效利用。⑥ Mark R. G. Goodale（2001）通过研究玻利维亚和挪威等国家的土地流转市场，指出信贷市场在流转过程中的缺失，将对农业的发展产生重大影响。⑦ Mike Douglas（2001）对泰国东北部的研究表明城乡一体化能够推动城乡联系的区域网络系

① Klaus Deininger. Tenure security and land-related investment：Evidence from Ethiopia［J］. European Economic Review，2006：124-127.

② Anka Lisec，Miran Ferlan，Frane Lobnik. Modelling the rural land transaction procedure［J］. Land Use Policy，2008（25）：286-297.

③ Randall G. Holcombe. The New urbansim Versus the Market Process［J］. The Review of Austrian Economics，2004（17）：285-300.

④ Coase. R. H. The Nature of the Firm［J］. Eonomic，1995：386-405.

⑤ Wallace，J.，LP. Williamson. Building Land Markets［J］. Land Use Policy，2006，23（2）：123-135.

⑥ Terry，V. D. Scenarios of Central European Land Fragmentation. Land Use Policy［J］. 2003（2）：149-158.

⑦ Mark R. G. Goodale，Per Kare Sky. A comparative study of land tenure，property boundaries，and dispute resolution：case studies from Bolivia and Norway［J］. Journal of Rural Studies，2001（17）：183-200.

统的建立，促进城乡共同发展。① 科斯（1960）在对土地市场制度进行探究的过程中，提出交易费用和产权制度在土地资源配置中的作用。②

（二）国内文献综述

1. 城乡一体化发展水平测度

国内学者起初对城乡一体化发展相关理论的研究主要表现为定性研究方面。近年来，学者们开始了对城乡一体化发展水平进行实证研究，从不同的角度选取指标对我国的城乡一体化发展水平进行测度或评价。

有学者用少数几个具有代表性的指标来测算一个地区的城乡一体化发展水平。李思佳（2016）构建了城乡一体化的小城镇发展评价模型，该模型以城乡一体化综合指数为目标层，以城乡一体化体系内含的经济一体化、社会一体化和生态环境一体化三个层面来选取指标。并利用均值标准化法和熵权法确定指标权重，构建合理的评价指标体系。③ 王元凤、钱龙（2015）以浙江省 11 个地市级和 58 个县为样本，从城乡发展水平和城乡融合水平两个维度选取 14 个典型指标，构建城乡一体化测度体系，对浙江省一体化水平进行测度。④ 宋雨洁（2013）也只从 4 个指标来测度安徽省城乡发展一体化水平。⑤ 这些研究能在一定的程度上说明问题，但所选用的指标体系都太简单，选取的指标数量也少，涉及的内容有限。张国平、籍艳丽、马军伟（2015）从城乡经济、城乡社会生活两个方面，选取 9 个基础指标来测度城乡一体化水平。⑥ 完世伟（2008）从 5 个方面选取 20 个基础指标，对河南省城乡一体

---

① Mike Douglas. An Economic case for Land Reform [J]. Land use policy, 2000 (17): 49-57.

② R·科斯，A·阿尔钦，D·诺斯，等．财产权利与制度变迁［M］．上海：上海三联书店，1991.

③ 李思佳．基于小城镇发展的城乡一体化水平评价体系构建［D］．沈阳：沈阳农业大学，2016：19-22.

④ 王元凤，钱龙．发达地区城乡一体化水平测度与空间分布研究［J］．商业经济研究，2015（11）：34-36.

⑤ 宋雨洁．安徽省城乡一体化水平评价与发展路径研究［D］．合肥：安徽大学，2013：16-19.

⑥ 张国平，籍艳丽，马军伟．城乡一体化水平测度与进程比较［J］．经济问题，2015（8）：117-121.

化水平进行了测度。① 李兴科（2012）用5个方面共40个基础指标构建指标体系，对城乡一体化水平进行评价。② 这些研究的指标体系和研究方法大致相同，相较于初始阶段，研究指标体系的构建更为完善。但所有的学者似乎都很少涉及城乡土地市场制度方面，而它的重要性是毋庸置疑的。

2. 城乡一体化发展影响因素

城乡一体化发展是城市和农村两个区域相互融合、农村为城市的发展提供资源基础，城市为农村提供广阔市场和优质服务，最终实现城市和农村相辅相成、共同发展的过程。其影响因素也复杂多样。对影响因素的探究有利于我国城乡一体化发展水平的提升。不少学者对城乡一体化发展水平的影响因素进行了相关研究。刘生龙、胡鞍钢（2011）在其研究中探究了交通的通达性与城乡一体化水平的关系，认为通达性越高，城乡一体化水平越高，但中国城市偏向的城乡固定资产投资体制严重阻碍了中国城乡一体化发展。③ 张永岳（2011）提出城乡一体化的水平还与产业、人口、土地等因素有关。④ 刘红梅、张忠杰、王克强（2012）提出的基础城乡一体化理论和引力模型，探究我国城乡一体化发展的影响因素，并把影响因素分为正向和负向。⑤ 汪宇明、刘高、施加仓等（2012）采用城乡发展差异系数、城乡一体化水平指数等指标，分析了中国城乡一体化水平的省区差异，并揭示了产生这种地域差异的影响因素。⑥ 汤春玲、马跃如、熊曦（2016）从三个维度构建了评价指标体系：城乡的发展水平、均衡状况和协调水平，在这三个维度中分别选取了具有代表性的基础指标来分别反映城乡发展水平、城乡均衡水平、城乡协

① 完世伟. 区域城乡一体化测度与评价研究——以河南省为例［D］. 天津：天津大学，2006：55-58.

② 李兴科. 城乡一体化综合评价指标体系构建及实证分析［J］. 当代经济管理，2012（8）：40-44.

③ 刘生龙，胡鞍钢. 交通基础设施与中国区域经济一体化［J］. 经济研究，2011（3）：72-82.

④ 张永岳. 我国城乡一体化面临的问题与发展思路［J］. 华东师范大学学报，2011（1）：24-31，151.

⑤ 刘红梅，张忠杰，王克强. 中国城乡一体化影响因素分析——基于省级面板数据的引力模型［J］. 中国农村经济，2012（8）：4-15.

⑥ 汪宇明，刘高，施加仓，等. 中国城乡一体化水平的省区分异［J］. 中国人口·资源与环境，2012（4）：137-142.

调水平。运用实证方法来探究城乡一体化发展的影响因素。① 已有研究表明，偏向城市的政策、产业、基础设施等因素是影响城乡一体化进程的负向阻碍因素。现有的关于城乡一体化发展影响因素的研究，把影响因素分为正向促进因素和负向阻碍因素，大多的学者都是从一个方面的因素来研究，很少从正向和负向两方面的因素来研究。通过对正向促进和负向阻碍两方面因素的研究，才能更清晰地了解不同因素对城乡一体化发展的影响程度，从而提出更有针对性的提升城乡一体化发展水平的政策措施。

3. 土地市场化水平测度

在近些年来土地市场化水平的测度研究中，国内学者多是采用统计模型分析法、层次分析法、DEA-CCR 模型、综合指标评价和多元线性回归模型等方法作为研究方法和手段。汤宇威（2016）建立基于政府与市场关系、要素市场的海南市场化的评价指标体系，对海南的市场化水平进行实证研究，为减少主观性因素的影响，采用有客观评价优势的熵权系数法测度海南市场化的整体水平。② 于晓雷（2016）以土地产权理论、土地供求理论和资源配置等相关理论为指导，利用东北三省土地市场的交易数据，采用基于改进的统计模型和 K-Means 均值聚类等方法，测度东北老工业基地振兴战略实施近十年来 36 个地市的土地市场化水平值，同时对土地市场化水平的时空差异特征进行分析。③ 王青、陈志刚、叶依广（2007）基于曲福田的土地市场化模型④，通过对其改进测度分析了中国土地市场化水平的时空差异特征⑤。郑信伟、路婕、樊雷（2008）以郑州市为例，在研究土地市场化水平测度过程中采用了特尔菲法和层次分析法⑥。姜琳（2009）从全国视角对我国各地土地

① 汤春玲，马跃如，熊曦．湖南省城乡一体化水平的影响因素实证分析［J］．统计与决策，2016（19）：106-108.

② 汤宇威．海南经济特区市场化水平测度和评价［D］．海口：海南大学，2016：14-31.

③ 于晓雷．东北地区土地市场化水平时空变化及驱动力研究［D］．哈尔滨：东北农业大学，2016：10-45.

④ 曲福田，石小平．城市国有土地市场化配置的制度非均衡解释［J］．管理世界，2002（6）：46-53.

⑤ 王青，陈志刚，叶依广，等．中国土地市场化进程的时空特征分析［J］．资源科学，2007，29（1）：43-47.

⑥ 郑信伟，路婕，樊雷，等．省会城市土地市场化程度评价的实证研究——以郑州市为例［J］．安徽农业科学，2008，36（15）：6546-6547.

出让的市场化水平进行了测度，其中采用了 DEA-CCR 模型以及 K-W 检验评估①。钱忠好、牟燕（2012）亦对我国土地市场化水平进行测度，结果表明，我国土地市场化综合水平不高，东、中、西部三大区域表现出一定的差异性。②

4. 土地市场发育发展影响因素

土地市场的发育程度影响着土地要素的配置和利用效率。近年来，越来越多的学者对我国的土地市场发育程度进行实证探究。在研究的基础上，提出了完善市场的相关政策措施。

张晔、邓楚雄、谢炳庚（2015）为准确把握湖南省土地市场发育状况及其内涵，从 5 个层次构建了评价指标体系，对湖南省土地市场发育状况进行评价。③ 于强静、华亚伟、樊鹏飞等（2016）从城市土地市场化程度、供需均衡度、土地利用集约节约度、配套机制完善度、投入产出分析五个方面来分析。④ 近年来对农村土地市场影响因素的研究主要有：黄贤金、尼克哈瑞柯（2001）认为农村土地细碎化状况以及工业化、城镇化发展带来的农村剩余劳动力的转移、农业生产结构的调整、社会经济发展不同时期农村土地功能的转变等都是当前农村土地市场迅速发育的重要原因。⑤ 高圣平（2016）认为农村土地市场的健康发育需要市场经济环境。⑥ 张月娥（2011）认为农村土地细碎化状况以及工业化、城市化发展带来的农村剩余劳动力的转移、农业生产结构的调整、社会经济发展不同时期农村土地功能的转变等都是当前农村土地市场迅速发育的重要原因，并且农地市场对耕地零碎化也存在较大影响。⑦

---

① 姜琳．我国各地土地出让市场化程度评估［J］．经济与管理研究，2009（6）：94-99.

② 钱忠好，牟燕．中国土地市场化水平：测度及分析［J］．管理世界，2012（7）：67-75.

③ 张晔，邓楚雄，谢炳庚，等．基于熵权可拓物元模型的湖南省土地市场成熟度评价［J］．资源科学，2015，37（1）：0045-0051.

④ 于强静，华亚伟，樊鹏飞，等．中国城市土地市场发育程度评价及其时空特征分析［J］．国土资源导刊，2016，13（3）：53-59.

⑤ 黄贤金，尼克哈瑞柯．中国农村土地市场运行机理分析［J］．江海学刊，2001（2）：16-21.

⑥ 高圣平．承包土地的经营权抵押规则之构建——兼评重庆城乡统筹综合配套改革试点模式［J］．法商研究，2016（1）：3-12.

⑦ 张月娥．重庆市农村土地市场发育程度评价［D］．重庆：西南大学，2011：37.

5. 城乡一体化发展与土地市场制度关系

城乡一体化发展就是要实现城乡地位平等、城乡发展互动、城乡功能互补和城乡空间的融合。城乡地位平等就是使农村和农民获得与城市和市民平等的地位与机会。① 在新型城镇化背景下，土地这种稀缺要素在城乡之间的流动至关重要，要实现城乡土地的双向流动，就要逐步取消城乡分割的土地制度安排，创新土地市场制度，促进要素的自由流动，从而推动城乡一体化的发展。

我国现行的城乡分割的土地市场制度不利于我国城乡一体化的发展，从城乡一体化概念的角度来说，城乡一体化是指通过城乡之间资源、生产要素的充分流动，实现城乡优势互补，互帮互助，实现真正意义的协调一体化发展，显然城乡二元的土地市场制度不满足城乡一体化发展的内在要求，要实现城乡一体化发展就要有与之相适应的土地市场制度。因此，城乡一体化发展与土地市场制度的关系是相互促进、相互影响的。城乡一体化发展可以促进土地市场制度不断创新，土地市场制度的变迁创新也会推动我国城乡一体化的发展。

6. 我国新型城乡土地市场制度体系构建

新型城乡土地市场制度构建，首先要明确土地产权。在此基础上推动城市土地市场和农村土地市场的融合，使城乡土地要素能够在同一土地市场进行平等交换。陈伯庚（2004）认为土地市场体系建设缓慢，市场规范化滞后，市场秩序混乱等问题仍十分严重。② 王小映（2005）认为集体建设用地制度改革可先存量后增量分步推进，同时建立相关配套机制。③ 王克强、赵露、刘红梅（2010）探讨城乡土地市场一体化后的运行机制和利益保障制度，构建了城乡一体化的土地市场运行结构，分析了城乡土地市场一体化的运行机制特征和利益保障制度。提出城乡一体化的土地市场是城市土地市场和农村土地市场有机融合的市场。④ 刘守英（2014）认为城乡二元土地制度是影响城

---

① 吴振磊，俞颖．城乡经济社会一体化应走出的六个误区［J］．经济导刊，2012（5）：88-89.

② 陈伯庚．规范土地市场的深层思考［J］．中国房地产，2004（3）：30-32.

③ 王小映．推进集体建设用地市场化改革［J］．中国土地，2005（12）：7-8.

④ 王克强，赵露，刘红梅．城乡一体化的土地市场运行特征及利益保障制度［J］．中国土地科学，2010，24（12）：52-57.

乡平等发展的最重要的制度安排，改革现行土地制度能够促进城乡统筹发展。[①] 吴瑞芹（2015）在梳理土地流转现状的基础上，论述了上海郊区土地流转方面的经验和存在的问题，并对规范土地的流转给出了一些有益的建议。[②] 张宇（2015）构建了城乡统筹背景下的土地管制体系。从整体上契合制度环境，考虑土地产权管制、用途管制和交易管制的协同性和整体性，建立协同式管制模式，引入土地发展权，以实现整体管制目标。在管制制度实施方面，认为应淡化二元土地所有结构差异，以土地功能为切入点，实施差异化管制。[③] 杨岩枫（2017）以北京市为例，发现集体经营性建设用地入市后相对于之前其权能更加完整。[④] 刘禹涵（2017）分析了我国土地征收制度改革的问题，认为土地征收制度必然与其土地权利体系相适应，我国土地征收制度的改革方向，应当建立在以具有独立物权性质的土地使用权为核心的基础上。[⑤]

（三）文献评价与思考

从当前相关研究的进展看，国内外学者们从不同角度对城乡一体化和土地市场制度等方面进行了研究。西方国家关于土地产权等方面的研究对本书研究有重要的借鉴意义。国内很多学者对我国城乡关系和土地市场方面的相关研究，对我国城镇化进程和城乡一体化发展起到了一定的推动作用，具有一定的借鉴意义。

现有研究虽然有进展但还存在诸多不足：一是目前国内的研究，相关的理论基础还不足以支撑现实制度的变革，特别是在破解城乡二元问题上。二是对于城乡统一土地市场的建设，学者提出了相关的政策建议。但总体来看，偏向宏观，只是有一个大的宏观措施，可操作性不强。此外，大多都是偏向

① 刘守英．中国城乡二元土地制度的特征、问题与改革［J］．国际经济评论，2014（3）：9-10.

② 吴瑞芹．关于上海郊区土地流转的思考［J］．上海农业学报，2015（6）：158-162.

③ 张宇．城乡统筹发展背景下的土地管制制度选择与优化研究［D］．杭州：浙江大学，2015：1-183.

④ 杨岩枫．政府规制视角下的集体经营性建设用地土地市场研究［D］．北京：中国地质大学，2017：1-138.

⑤ 刘禹涵．我国土地征收制度改革的问题与走向［J］．河北法学，2017，35（4）：123-133.

某一方面的研究，要么是对我国城乡关系的研究，比如城乡二元结构、城乡一体化发展的水平评价以及城乡一体化发展的影响因素等；要么是对我国土地市场的研究，把城乡一体化发展与土地市场制度创新联系在一起的研究不多见，而把这两者联系起来进行研究是十分必要的，并且这正是本书研究的重要视角和着力突破的方向。

我国经济的问题关键是“三农”问题，解决好三农问题是全党工作的重中之重。城乡二元结构影响我国城乡协调发展，城乡一体化是行之有效的方法。要实现城乡一体化发展，就要消除城乡二元结构，健全城乡统一的制度体系，促进新型城乡关系的形成。党的十九大报告进一步强调要坚持农业农村优先发展。本书认为，目前我国城乡二元结构的关键领域是城乡二元割裂的土地制度，成为城乡一体化、融合发展的最主要障碍。现行城乡二元分割土地制度框架下的土地市场化水平较低，制约了城乡土地要素的平等交换，不仅导致了土地资源在配置过程中的低效和浪费，而且在很大程度上损失农民的利益，对社会总体福利产生损害①，是导致我国城乡发展不平均、不协调的重要制度因素之一。因此，在新型城镇化和中国特色社会主义进入新时代的大背景下，通过体制改革和制度创新，建立健全我国城乡统一的土地市场制度，进而推动我国城乡一体化和融合发展具有特别重要的意义，成为基于我国城乡一体化发展的制度创新的最突出领域和突破口，本书是基于上述认知和思路进行的探索研究。

第三节 研究思路及方法

一、研究思路

本书始终围绕城乡一体化与土地市场制度创新双向互动、协调发展问题展开立论，把以城乡统一土地市场制度创新促进城乡一体化健康发展作为研

① 张合林，郝寿义．城乡统一土地市场制度创新及政策建议［J］．中国软科学，2007（2）：29.

究的主线。根据新型城镇化背景、中国特色社会主义进入新时代的时代特征及其经济社会发展客观规律，在系统研究梳理国内外城乡一体化发展理论和模式、规范和实证研究分析城乡一体化发展与土地市场制度变迁（创新）的双向互动关系的基础上；进一步深度剖析我国城乡二元土地市场制度存在的问题及其对我国城乡一体化发展的制约和影响，指出我国深化土地市场制度改革的紧迫性及其方向；提出通过改革征地制度、打破政府对土地市场的行政垄断、农村集体建设用地直接合法入市的合理路径选择，实行农村集体建设用地与国有土地同等入市、同权、同价，进而构建出我国城乡统一建设用地市场制度创新框架及其运行机制和模式，并且以城乡统一土地市场制度安排及其土地资源开发利用机制为核心，揭示城乡统一土地市场制度及其机制与农村土地资源利用效率、农村农业内生增长、乡村振兴、新型城镇化高质量发展、城乡发展一体化的逻辑关系及其作用机理和路径规律；最后提出推进城乡统一土地市场制度创新、保障城乡统一土地市场良好运行、促进城乡一体化健康发展的配套改革、管理服务和科学宏观调控政策措施组合；谋求实现促进城乡要素平等交换和公共资源均衡配置，让广大农民平等参与现代化进程、共同分享现代化成果。如图 1-1 所示。

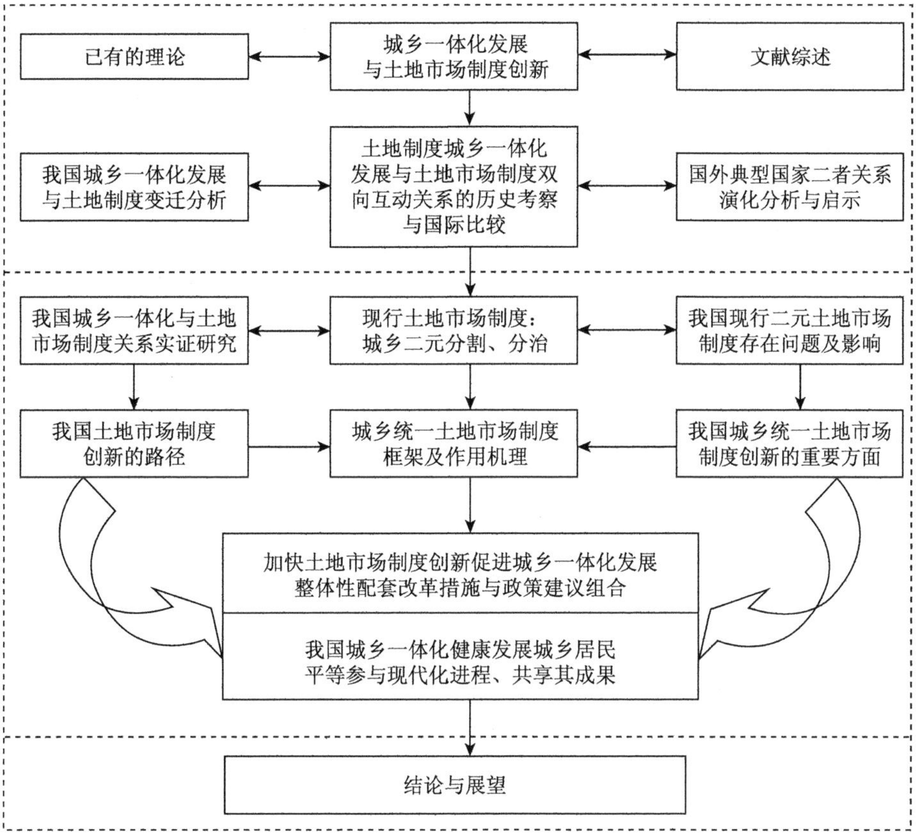

图 1-1 研究的基本思路图

二、研究方法

1. 整体的结构主义研究方法

运用“整体（宏观）—结构（中观）—个体（微观）”三层次分析方法，既深入到我国城乡一体化发展与土地市场制度创新问题的微观层次—农地产权、价格、收益以及城乡一体化发展参与主体等问题；中观又涉及城乡一体化发展与土地市场制度关系、二元土地市场制度存在的问题及对城乡一体化发展的制约影响、以城乡统一土地市场机制为主的城乡一体化发展长效、内在机制建立及其发展路径等问题；宏观还涉及我国城乡一土地市场制度创新及其促进城乡一体化发展有关配套体制改革、政策设计和政府宏观调控等问题。三个层面的整体把握及其问题的有效处理，最终较好地完成以城乡统一土地市场制度创新促进我国城乡一体化健康发展的创新研究问题。

2. 文献分析和实地调研相结合的研究方法

研究新型城镇化背景下和新时代我国城乡一体化发展与土地市场制度创新问题，需要大量、广泛、深入、系统地查阅、收集和处理历史文献资料，充分利用已有的研究成果。在吸收国内外相关成功经验的同时，我们充分考虑到我国具体的现实条件，与我国的实际情况相结合，实地调研我国土地市场制度存在的现实问题，具体问题具体分析，使本书提出的改革思路、制度创新和政策设计方案更具科学性和可操作性。

3. 理论分析与经济模型分析相结合的方法

理论概括与数理演绎相结合和定性与定量相结合的研究方法，贯彻本书研究的全过程，它们有机统一、互相支撑、相得益彰，使本书的研究分析及论证有理有力有据。比如，首先系统研究和梳理国内外城乡一体化发展理论和模式、规范和实证分析城乡一体化发展与土地市场制度变迁（创新）的双向互动关系；接着进一步深度剖析我国城乡二元土地市场制度存在的问题及其对我国城乡一体化发展的制约和影响，指出我国深化土地市场制度改革创新的紧迫性及其方向；然后运用社会福利模型分析两种不同制度背景下的社会总剩余，最终得出结论，城乡统一的土地市场制度可以提高社会总福利，使土地市场达到帕累托最优状态，实现社会福利最大化。

4. 比较研究和动态分析方法相结合

城乡一体化发展与土地市场制度创新问题一般是随着城市化进程加速而提出来的，欧美市场经济发达国家和其他典型国家及地区在此问题上已经有了较成熟的理论与经验，通过深入系统的研究、对比和发掘，吸收借鉴其经验并结合我国的实际，理性地进行我国城乡统一土地市场制度创新研究。同时，城乡一体化发展与土地市场制度创新又是一个动态的发展过程，我们对其在动态变化中进行考察并与时俱进地进行理论、机制和制度创新研究。

第四节 主要创新与不足

一、主要创新

本书以党的十六大以来关于城乡一体化发展的方针政策为指导，通过数年深入系统的调查研究和奋力攻坚，终于完成课题研究，其主要创新和贡献如下：

（1）本书以新的研究视角和维度，全面、系统地研究分析了城乡一体化发展与土地市场制度的双向互动关系，总结城乡一体化发展与土地市场制度关系演进的一般规律，为我国土地市场制度创新提供了理论支持和实证支撑。本书的研究视角和内容具有超前性，虽然当前对土地市场和城乡一体化的研究很多，但是，把城乡一体化发展与土地市场制度创新联系在一起的专门研究还很少见。而把这两者联系起来进行多维度的专门研究是本书研究的重要视角和着力突破的方向。一是对美、英、日、韩等典型国家和地区城乡一体化发展与土地市场制度的双向互动关系演化进行了历史考察；二是对新中国成立近 70 年来我国城乡一体化发展与土地市场制度关系变迁进行了全面、系统的分析，如此全面、系统的研究成果尚不多见；三是运用 VAR 模型和格兰杰因果关系检验等对我国城乡一体化发展与土地市场制度的关系进行了实证研究，具有创新意义。通过上述新视角、多维度的研究分析，发现城乡一体化发展与土地市场制度存在的双向互动关系，尤其是土地市场制度创新及土地市场化水平提高对城乡一体化发展有更大的正向推动作用，得出目前我国城乡二元土地结构与城乡一体化发展不协调，土地市场制度改革的任务很重，加快土地市场制度创新势在必行的政策含义。

（2）本书对我国城乡二元土地市场制度的形成、基本特征、存在的问题及其对我国城乡一体化发展的制约影响，进行了深度的研究剖析，为土地市场制度改革提供“靶子”，为城乡统一的土地市场制度创新奠定多层含义的基础。研究发现，进入 21 世纪以来，在加速推进的城镇化过程中，由于农村土地产权制度特别是征地制度改革滞后，我国农村与城市、集体与国有、农业与工业用地分别治理的格局仍然没有得到根本的改变，城乡土地要素还不能依法公平公正使用、参与市场竞争和同等受到法律保护，土地市场的城乡二元制度结构问题仍然十分突出，整体土地市场效率较低，土地价格不能真实反映土地资源稀缺程度及其市场供求关系，导致土地资源浪费现象严重，看似低成本的中国工业化和城市化付出了沉重的资源、环境代价，城乡土地市场发展失衡，农村土地流转不顺畅，集体建设用地制度安排制约乡村发展，农民的土地财产权没有得到应有的体现，其土地财产权益受到较大侵害，土地增值收益城乡分配严重不公，由此引发的社会矛盾与稳定问题十分突出，在很大程度上仍然严重制约和影响着我国城乡一体化的发展，经济社会的可持续、融合与和谐发展。所以，全面深化土地市场制度改革，彻底清除城乡二元土地市场制度性障碍，加快城乡统一土地市场制度创新，促进我国城乡一体化发展是必然选择。

（3）本书构建出我国城乡统一土地市场制度创新框架及其运行机制和模式，深刻揭示了城乡统一土地市场制度创新促进我国城乡一体化发展的内在作用机理和路径规律，具有新意和重大创新价值。基于城乡土地使用权权能一致性原理、我国不同土地市场制度社会福利比较分析和我国农村集体建设用地流转的现实基础，确立和坚持土地市场制度创新原则，在“两种平等产权，一个统一市场”框架下，通过改革征地制度、打破政府对土地市场的行政垄断、农村集体建设用地直接合法入市的合理路径选择，实行农村集体建设用地与国有土地同等入市、同权、同价，进而构建出我国城乡统一建设用地市场制度创新框架及其运行机制和模式。我国城乡统一土地市场制度的本质是城乡有机统一的土地市场制度①，即两种平等的土地产权一个统一的土地市场制度，并通过城乡建设用地在城乡有机统一的建设用地市场中的平等交易，实现城乡建设用地同地、同权、同价。其核心是在国家科学宏观调控下，统一的土地市场对土地资源的配置充分起决定性作用。在此基础上，以城乡统一土地市场制度安排及其土地资源开发利用机制为核心，揭示城乡统一土

① 张合林，郝寿义．城乡统一土地市场制度创新及政策建议［J］．中国软科学，2007（2）：36.

地市场制度及其机制与农村土地资源利用效率、农村农业内生增长、乡村振兴、新型城镇化高质量发展、城乡发展一体化的逻辑关系及其作用机理和路径规律，即城乡统一土地市场制度创新通过促进乡村振兴和新型城镇化高质量发展及其二者的双向互动，协调发展，形成合力，进而共同推进城乡发展一体化和融合发展新格局。

（4）提出了推进土地市场制度由城乡二元割裂转向城乡统一即城乡统一土地市场制度创新、保障城乡统一土地市场良好运行、促进城乡一体化健康发展的配套改革、管理服务和科学宏观调控政策措施组合，具有重要的保障意义。包括深化土地产权制度、农村土地制度、土地法律制度、土地税收制度等配套改革，建立健全城乡统一的建设用地市场运行机制和规则、健全城乡统一土地交易及信息服务平台和中介服务组织体系、加强土地价格管理和建立城乡统一的土地价格体系等我国城乡统一建设用地市场运行的管理服务措施，搞好土地规划调控、土地用途管制、土地法律调节、土地税收调节、土地价格调控等城乡统一土地市场的科学宏观调控。谋求促进实现城乡要素平等交换和公共资源均衡配置，促进城乡一体化健康发展，让广大农民平等参与现代化进程、共同分享现代化成果。

二、存在不足

（1）城乡统一土地市场制度创新是一项巨大的系统工程，涉及方方面面的配套改革和更具体的相关体制机制建设，难度和工作量较大，本书已取得的研究成果需要在以后的研究中进一步地深化和细化。

（2）限于研究的侧重点和时间关系，本书主要围绕破解城乡二元土地市场结构，进行城乡统一土地市场制度创新，促进城乡一体化健康发展这一研究主线展开研究和立论，虽然对农用土地制度改革有所涉及，但讨论的较少，需要在今后加强这方面的研究。

另外，由于限于全国土地数据的完整性和有些省市土地数据部分年份的缺失，在一定程度上会影响到实证研究的结果，这方面的问题需要在以后的研究中不断克服和完善。

第二章　典型国家和地区城乡一体化发展与土地市场制度的关系演化与启示

从人类发展史来看，城乡之间存在三种关系：即城乡隔绝，城乡对立，城乡融合（城乡一体）。这三种关系随着经济发展水平的不同阶段以及土地制度的变迁而变化着，从世界发展趋势看，呈现城乡融合发展的趋势。本书以美、英、日、韩等国家为例，对城乡一体化发展与土地市场制度的双向互动关系进行实证分析，以期发现城乡一体化发展与土地市场制度关系演进的一般规律，并给出借鉴与启示。

第一节　美国城乡一体化发展与土地市场制度关系演化

20 世纪 20 年代，美国就基本实现了工业化和城市化，中心城市的发展快于郊区，城乡处于分离状态；而 20 世纪 20 年代之后，美国开始了以郊区化为主要内容的城乡一体化发展，郊区的发展速度超过了中心城市，美国开始进入城乡融合阶段。① 经过数十年的发展，美国已经完全实现城乡一体化。② 美国的城乡一体化过程可以大致分为三个阶段：一是萌芽阶段（19 世纪中后期），城乡关系处于对立状态；二是发展阶段（19 世纪中后期至 20 世纪 20 年代），城市发展的同时开始注重农村经济的发展，城乡关系缓和；三是成熟阶段（20 世纪 20 年代至今），美国人口和企业开始向郊区迁移，其人口和就业

① 彭冬雪．新型城镇化背景下我国西部城乡一体化模式研究［D］．成都：西南民族大学，2014：19.

② 付娜．发达国家城乡一体化经验对中国进一步城乡统筹发展的启示研究［J］．世界农业，2014（8）：48.

占比在不断攀升，城市和乡村开始融合发展。① 20 世纪 50 年代之后，城乡关系得到有效融合，城乡一体化进程加快。

一、萌芽阶段

（一）城乡关系

在 19 世纪 80 年代前，美国整体处于城乡隔绝状态，属于城乡一体化发展的第一阶段。1790 年美国拥有 8000 以上人口的城市有纽约、波士顿、费城、巴尔的摩、查尔斯顿和塞勒姆，居住在这六个城市的人口占全国总人口的 3.3%。② 1790—1830 年，马力、畜力、风力、帆船是最重要的动力和运输手段，此时农业经济在国民经济中占据主导地位。城市人口占比较低，1800 年其占比只有 6.1%。③ 19 世纪初，第一次工业革命的兴起给美国资本主义的发展带来了强劲动力。工业革命确立的机器化生产和工厂制度不仅扩大了旧城市的规模，也促使了一些小城市的诞生，进一步促进美国城乡关系的改变。农村人口随着工业革命的开展和工厂的建立开始向城市转移，导致城市人口数量大幅度提升。④

工业革命确立的机器化生产和工厂制度不仅扩大了旧城市的规模，而且催生了一些新城市，比如匹兹堡、克利夫兰、布法罗等，进一步促进了美国城乡关系的改变。随着工业革命的深入，1820 年，美国城市人口已冲破 50 万大关，已经有 13 个城市拥有 8000 以上人口。截至 1870 年，全国已经拥有 663 个城市，其年平均增长率为 4.9%；城市人口占比约 25%，其年平均增长率为 5.5%；城市人口的不断增加表明美国城市化进程加快，城乡关系处于对立状态。⑤ 再者而言，第一次工业革命期间，大批外国移民来到美国，也充实了美国的劳动力市场，广大移民在给工业革命带来先进科学知识与生产技术的同时，还增加了美国人口并且扩大了国内资本主义市场，进而带动了美国

① 吴文钰．大城市新郊区化的国际视野与本土优化［J］．上海城市管理，2012，21（1）：29.
② 何志扬．城市化道路国际比较研究［D］．武汉：武汉大学，2009：95.
③ 高强，王富龙．美国农村城市化历程及启示［J］．世界农业，2002（5）：12
④ 何志扬．城市化道路国际比较研究［D］．武汉：武汉大学，2009：95.
⑤ 赵明杰．浅析美国的工业革命与城市化进程［J］．唐山师范学院学报，2005（1）：87.

城市的发展。① 19 世纪初，美国开始了改善交通运输的浪潮。交通运输业的发展加强了美国各地区的经济联系，同时进一步使得农村人口向城市转移，并转为工业劳动力。城乡隔绝状态逐渐被打破，城市得到快速发展，而农村建设依然较为落后，农村和城市的差距逐步被拉大。②

（二）土地制度

美国现代工业的发展在独立战争之前基本处于空白阶段，其殖民地的主要作用是为殖民国家提供各种农产品。建国初期，国务卿托马斯·杰弗逊（Thomas Jefferson）认为美国应该走小农经济发展道路，③ 其国家建设资金主要是由关税和出售土地所得支持，建国初期至 1930 年期间，美国政府通过出售和赠送土地的方式将大量公有制土地转变为农民私有制土地，促进了土地的开发利用。④

1785 年，美国出台第一部以促进西部大开发和建立新型土地制度为目的的土地法令。1787 年，《西北法令》确立西部土地改革“三部曲”⑤，西部土地改革“三部曲”确定了美国土地政策的基本走向，将土地私有制正式纳入法律范畴。此后，1800 年《哈里森土地法》、1807 年《禁止私自占地法》等都允许土地以出售的方式进行流转，也促使美国农业的资本主义萌芽的产生。⑥

（三）综合分析

19 世纪 80 年代以前，美国的城乡关系处于城乡隔绝阶段。建国初期，美国的经济主要以第一产业为基础，随着第一次工业革命的兴起，第二产业得

---

① 王淑莉，张换兆．美国农地管理主体与管理制度的历史变迁及对我们的借鉴［J］．商场现代化，2010（32）：223.

② 赵明杰．浅析美国的工业革命与城市化进程［J］．唐山师范学院学报，2005（1）：88.

③ 袁铖．国外农村土地产权制度变迁及启示［EB/OL］．http：//www. doc88. com/p-9129978510634. html，2011-01-27.

④ 孟莉．天津地区新农村建设中宅基地流转、方式、规划研究［D］．天津：天津大学，2013：11.

⑤ 即一是将土地收归国有；二是废除英国“贵族式”土地制度；三是以市场为导向，以城镇为单位，按地段出售国有土地（佚名．美国土地制度及土地流转的历史演变［EB/OL］．https：//www. tuliu. com/read-31387. html，2016-06-06）。

⑥ 李晓丹．国外农用土地流转法律制度的演变［J］．世界农业，2014（5）：69.

到了迅速的发展，工业的发展推动了城市规模的发展，城市化初露头角。美国颁布一系列以土地产权为基础的土地法令，使得农民拥有自己的土地，农业经济得到进一步发展。但整体上美国在该时期的城乡关系处于对立状态，工业革命带动城市化发展，土地制度促进农村经济发展。但是这种城乡对立关系极大促进了美国资本主义的发展，为之后城乡关系的进一步转变奠定了经济和制度基础。

二、发展阶段

（一）城乡关系

19世纪中后期，大量农民向城市转移，加速了美国城市的发展。① 1890年，美国工业产值在工农业总产值中的占比高达80%。重轻工业产值占比相当。②与西欧国家的城市发展相似，美国工业经济成熟，农村人口往城市的大量迁移，为工业化的发展提供了充足的劳动力资源，也极大地促进了工业革命的完成。到1920年，美国城市人口数量反超农村人口数量，城市人口占比达到51.4%③，城乡经济交流加快，这意味着美国城市与乡村的关系得到发展。

（二）土地制度

1862年，《宅地法》的颁布标志着美国从单一的土地所有制迈入多元土地所有制，该法规定年满21周岁的支付10美元可获得西部160英亩的公地，若持续在该土地上经营5年，即可获得土地所有权。④ 随后，美国又通过了多个法令⑤，将土地流转范围拓展至其他领域。⑥ 该时期，美国土地制度改革的重点开始偏向于土地保护方面。农业技术的改善和提升及农药、化肥及农业

① 刘志扬．借鉴美国经验提升城乡一体化水平［N］．青岛日报，2013-02-23（005）．

② 刘世锦，冯飞，石耀东，等．美国工业化特点及其对我国的借鉴意义［J］．调查研究报告，2003（133）：3.

③ 赵明杰．浅析美国的工业革命与城市化进程［J］．唐山师范学院学报，2005（1）：89.

④ 窦希铭．土地流转制度比较研究［D］．北京：中国政法大学，2011：84-88.

⑤ 即《莫雷尔法案》《植树法》和《石材法》等。

⑥ 刘英．美国土地流转制度研究［J］．世界农业，2015（8）：93.

机械的广泛使用使农场数目增加，并呈现集中化趋势。①

（三）综合分析

19世纪中后期，第二次工业革命的兴起进一步加快了美国城市的发展，随着美国土地流转制度和分配制度的变革，土地的集约化利用效应凸显，不同领域间的土地流转明显增强了其对国民经济的促进作用；与此同时，土地分配制度也得以完善，加速了农村经济的发展。美国城市和工业化的发展，对美国的农村经济也有一定程度的带动作用，推动城乡关系朝着更好的方向演变。

三、成熟阶段

（一）城乡关系

1920—1950年属于城镇郊区化阶段，美国城市的郊区化是由城市中心向外扩展的，商业利益和消费偏好是城市郊区化的主要原因，即城市会随着微观个体（政府、企业、居民）的转移而向外扩展。② 在该时期，居民及企业不再聚集于城市中心，居民和企业更偏爱远离城市的郊区，呈现郊区化趋势。人口郊区化较早开始于产业郊区化，人口郊区化早在1880年就开始了，产业郊区化在1920—1945年比较缓慢，之后速度加快。③ 此外，美国政府在此期间的州际公路计划及住房补贴政策也加速了其郊区化进程。④ 美国城市郊区化促使区域经济发展趋同，城乡差距缩小，城乡一体化发展态势转好。⑤

1950年以后美国城市的郊区化趋势更加明显。有研究认为："二战"以

① 王家庭，张换兆．工业化、城市化与土地制度的互动关系：美国的经验［J］．亚太经济，2009（4）：53.

② 王春艳，李瑞林．美国城市化的特点及其经验借鉴［J］．延边大学学报（社会科学版），2005（3）：78.

③ 王春艳．美国城市化的历史、特征及启示［J］．城市问题，2007（6）：94.

④ 万勇．美国以城市化提升国内需求的实证与启示［J］．广东石油化工学院学报，2014，24（4）：71.

⑤ 佚名．美国城市化进程［EB/OL］．http：//blog. sina. com. cn/s/blog_ 6a9fda390100yubp. html，2011-10-24.

后暴露出像地租上升、交通拥挤等城市弊端加速了郊区化进程。郊区化是经济发展到一定阶段的产物，其实质是城市功能在区域上的延伸，伴随着城市内产业结构的优化调整及交通运输、通信技术的发展，城市的经济活动必然会在空间上重新分布。① 从1950年开始，由于市中心日益凸显的劣势及传统制造业的衰落，美国城市发展进一步向郊区蔓延。从全美国的情形来看，城市人口数量减少，郊区人口数量增加，尤其是之前人口一直稳步增长的大都市，其人口流失问题最为严重，与以往的人口集中城市的趋势截然相反。② 1950年之后美国城市进一步向郊区扩散，开始进入城乡一体化的发展阶段，在1970年美国郊区人口首次超过城市人口，改变了城市人口过于密集的局势，表明城乡一体化发展已逐渐完成。③

（二）土地制度

1930年，美国已经将可用于耕种的公有土地分配完毕。④ 农场呈现集中化经营趋势，1920—1950年这30年间，美国农场数量由645.4万个下降到518.8万个；平均农场面积由148英亩增至216英亩。⑤ 大规模的土地开发、滥用化学制品等过度行为已经对土壤造成严重的破坏，水土流失问题严重，基于此，政府的工作重心也移至土地资源保护方面。⑥ 这一趋势一直持续到1990年才有所改变。⑦ 1930年是美国土地制度向土地保护方面变化的转折点，其主要政策措施有：1934年出台的《泰勒放牧法》，其目的在于通过限制过度放牧来缓解水土流失；1936年《土壤保护和国内配额法》，把土壤保护和农业生产结合起来，利用补贴鼓励农场主或农民多种植增强地力的农作物；

---

① 王春艳，李瑞林．美国城市化的特点及其经验借鉴［J］．延边大学学报（社会科学版），2005（3）：79.

② 钟水映，李晶，刘孟芳．产业结构与城市化：美国的“去工业化”和“再城市化”现象及其启示［J］．人口与经济，2003（2）：9.

③ 陈云峰．主要发达国家城市化经验教训及其对我国的启示［D］．长春：吉林大学，2004：13.

④ 乔欣．动荡的土地［J］．新理财（政府理财），2013（6）：41.

⑤ 王家庭，张换兆．工业化、城市化与土地制度的互动关系：美国的经验［J］．亚太经济，2009（4）：54.

⑥ 李晓丹．国外农用土地流转法律制度的演变［J］．世界农业，2014（5）：70.

⑦ 张换兆，王家庭，王淑莉．美国农地管理制度及其主体变迁的经验考察与借鉴［J］．学术论坛，2008（6）：134.

1936年通过的《农业调整法》利用直接补贴和价格支持的方式来减少耕地面积。① 在1990年前后，美国在土地资源保护上的调控手段发生重要转变，即以市场为导向的政策方向、以支持农业项目为实施路径。比如：1985年出台的《食物保障法》提出支持农产品价格向市场价格靠拢；1996年颁布的《农业完善改革法》结束了通过补贴保护土地的时代，开启了通过立法加强土地资源保护和利用的新纪元。②

（三）综合分析

随着美国人口和工业逐步向城市外的乡村蔓延，美国的城乡一体化得到了迅速的发展和完善。美国自工业革命起，工业和制造业得到了充分的发展，也为城市的发展提供了强劲的助推剂；同时发展中的城市以其聚集效应为工业提供了良好的发展条件。城市和工业的发展导致中心城市越来越大，伴随而来的是各种各样的城市病，城市逐渐失去它最初的吸引力，人口和产业开始向城市周围的郊区和农村蔓延。相比对城市发展的作用而言，工业的发展对于农业生产率的影响也是显著的，农业生产率提高及农业产业的集聚发展使得农村经济在此时期也得以迅速发展。城市人口和产业向外围蔓延所带来的技术和生产方式对传统的农业产生了质的影响，促进了农村经济的进一步发展。在这一时期，美国在土地制度方面的重大转折，在政策上为农村、农业的发展提供了充足的支持。美国是法治国家，自20世纪30年代以来，相继出台了一系列土地资源保护法规，通过市场发展农村、农业及其土地法律保障，是缩小城乡差距、促进城乡一体化发展的重要举措。③ 城市和工业化对于农业生产方式的改变以及土地制度的不断完善，使得农村经济得到进一步发展，城乡结构体系更加完善，城乡一体化进程不断加快。

---

① 佚名．美国农地产权制度的历史演变［EB/OL］. http：//www.nctudi.com/news_ show.php/id-25312，2012-06-07.

② 刘英．美国土地流转制度研究［J］．世界农业，2015（8）：92-96，101.

③ 薛晴，任左菲．美国城乡一体化发展经验及借鉴［J］．世界农业，2014（1）：14.

四、评价

美国的现代化建设是以农业为开端，在城乡一体化的初期阶段，美国农村人口超过总人口的90%①，19世纪初，第一次工业革命的兴起，不仅带动了美国旧城市的发展，也促进了一些新城市的诞生。随着交通方式的发展，工业和城市的发展吸引越来越多的农村人口涌向城市，城市发展速度迅速提升。美国刚独立时，只有通过出售丰富的土地资源发展国家经济，越来越多的农民通过此种方式获得土地，土地资源的出售也在一定程度上带动了农村经济的发展。但是城乡之间的差距越来越大，城乡关系也越加紧张。第二次工业革命不仅为美国城市的发展提供了强劲动力，也改变着农业的生产方式；同时，美国的土地流转和分配制度使得农村土地的集约利用水平得到了很大的提升，农村经济得到了很大的发展，城乡关系趋好。由于城市工业、制造业及人口的大量涌入，美国的城市病日益凸显，逐渐失去其往日的吸引力，使得城市产业和人口向外蔓延，加上美国政府连续出台的一系列对于农村、农业的保护政策，使得城乡差距进一步缩小，城乡一体化进程不断加快。

第二节 英国城乡一体化发展与土地市场制度关系演化

伴随着18世纪60年代兴起的第一次工业革命，英国的城市也开始了发展。城乡一体化发展和土地市场制度关系的演变可以大致分为三个阶段：一是萌芽阶段（18世纪前期）。前工业化时期（15世纪至18世纪中期），英国的农业革命和乡村工业不仅带动了农村经济的发展，也为城市经济的发展带来了积极影响，城乡互动良好、协调发展，加速了以农村为主体的城乡一体化发展。② 旧的封建贵族彻底跌落及新的乡绅贵族的崛起是英国16世纪至17

① 刘志扬．借鉴美国经验提升城乡一体化水平［N］．青岛日报，2013-02-23（005）．

② 袁晓红．前工业化时期英国城乡经济的协调发展［D］．北京：首都师范大学，2003．

世纪土地所有制变革的主要特征。① 英国的土地变革以早期的圈地制度（即地主和农民自发进行的圈地）最为典型，主要表现为城市对乡村的支持和促进作用。二是发展阶段（18 世纪中后期至 20 世纪初期）。第一次工业革命带动了英国城市的发展，英国是世界上最早开始且完成城市化的国家。随着圈地运动又一次高涨，英国农业实现商品化经营，同时为工业城市提供充足的粮食，这也导致农村的大量劳动力和资本流向城市，这种城市压榨农村、工业剥削农业的方式使城乡发展失调②。在 19 世纪末工业革命后的英国，城市的发展严重侵占了乡村发展的空间，迫使英国政府立法保护农村土地资源，从空间上促进城市和乡村的融合，城乡关系朝着健康的方向发展。三是成熟阶段（20 世纪初期至今）。英国在 1980 年呈现出城乡一体化的发展趋势。政府对农业的干预和扶持，不仅改善了国内农产品供给的现状，也提高了农民收入。使其逐渐接近城市水平，城乡一体化步伐加快。③

一、萌芽阶段

（一）城乡关系

英国在前工业化时期发生的农业革命既解决了困扰英国经济发展的周期性饥荒问题，为人口的持续增长提供了足够的粮食供给，也为工业和城市的发展奠定了必要的基础。④ 当时，英国城市人口比例很小，1520 年城市人口仅占总人口的 5.5%⑤，1600 年，全国城市人口约占总人口的 8.25%，1650 年约占 13%，1700 年约占 17%，1750 年约占 21%，在 1600—1750 年的 150 年内，英国城市人口比例增加了约 13 个百分点。⑥ 前工业化早期，乡村经济占

① 王晓颖．英国土地制度变迁史及对我国的启示［J］．经济体制改革，2013（1）：152-155.

② 马先标．英国城市化发展的特征与启示［EB/OL］．http：//opinion.hexun.com/2015-09-21/179329419.html，2015-09-21.

③ 李亚丽．英国城市化进程的阶段性借鉴［J］．城市发展研究，2013，21（8）：27.

④ 解光云．前工业化时期英国的城乡关系［J］．安庆师院社会科学学报，1998（3）：52.

⑤ 雷强，宁成浩．试论能源与城镇化和工业化的关系——基于能源演化的视角［J］．发展研究，2014（11）：62.

⑥ 谷延方．重评圈地运动与英国城市化［J］．天津师范大学学报（社会科学版），2008（4）：37.

据英国经济的重心，随着英国经济的发展，到前工业化晚期，英国城市开始缓慢发展，在社会经济变迁中的作用和影响力逐渐超过乡村。前工业化时期英国城乡经济的协调发展，在一定程度上还表现为城市在乡村工业的发展和兴起过程中起着不可磨灭的作用。一是城市为英国乡村工业的发展提供了资本；二是城市为乡村工业的发展提供了劳动力；三是城市为乡村工业提供了信息和技术。前工业化时期，这种以城市为辅、乡村为主的城乡关系是英国城乡协调发展的萌芽阶段。

（二）土地制度

16 世纪初英国普遍实行敞田制、骑士公有制和公簿持有制的土地制度，虽然他们的土地产权各不相同，但是他们都属于私有产权不完全的土地制度，直接影响土地所有者的受益。① 众所周知，土地是人类赖以生存的基础，人口的快速增长所带来的粮食及其他消费品的需求增长，造成了对土地的大量需求，从而产生土地制度变迁的需求。② 从 16 世纪到 17 世纪英国革命前，乡绅和富人为了获取更多的土地利益进行了前期圈地（自发圈地），这是一场诱致性的土地制度变迁。③ 前期的圈地运动迫使千千万万的农民离开土地，造成了大批量的流浪者，其中一些变成了盗贼，严重危害了社会治安。④ 虽然在此期间英国政府先后颁布了 10 多项反圈地法和皇家公告，但是由于利益的驱动，反圈地效果不佳。在 16 世纪到 17 世纪初，农民起义不断爆发，若干地区的圈地运动一度暂时中断。17 世纪，英国城市的兴起，对农产品的需求高涨，进一步激发了圈地热情，尤其是 1688 年以后，英国通过立法支持圈地，圈地运动更加合法，规模更大。⑤ 总之，在英国工业革命之前的农业革命即土地制度变革，不仅促进了农村经济的发展，也为城市的发展提供了支持和促进作用。

---

① 邱谊萌 . 16—19 世纪英国土地制度变迁研究［D］. 沈阳：辽宁大学，2008：20-21.

② 邱谊萌 . 16—19 世纪英国土地制度变迁研究［D］. 沈阳：辽宁大学，2008. 31.

③ 邱谊萌 . 16—19 世纪英国土地制度变迁研究［D］. 沈阳：辽宁大学，2008. 39.

④ 袁晓红 . 前工业化时期英国城乡经济的协调发展［D］. 北京：首都师范大学，2003：14.

⑤ 佚名 . 英国圈地运动［DB/OL］. https：//baike. so. com/doc/5726461-5939199. html，2016-03-12.

（三）综合分析

前工业化时期，英国呈现出以乡村经济发展为主、城市服务农村的城乡关系趋势。在这一时期，英国城市发展缓慢，主要依靠乡村工业积累资本，虽然土地制度变迁——圈地运动，造成了大量的农民离开土地，但是从某种意义上讲，圈地运动也带动了乡村工业的发展，促进农村经济进一步发展；同时圈地运动造成农民涌向城市，为英国城市的发展提供了充足的劳动力，加快了乡村城市化的进程；乡村工业的发展为城市积累了资本，打下了坚实的物质基础。15 世纪至 18 世纪，英国城乡关系发展趋好，乡村工业的发展为城市的繁荣积累了资本，城市的技术、信息等也为农村生产方式的变革和乡村工业发展提供了支持，是城乡一体化发展的萌芽阶段。

二、发展阶段

（一）城乡关系

19 世纪至 20 世纪初期是近代英国经济的鼎盛时期，随着工业革命的兴起，英国城市迅速发展，成为世界上第一个实现城市化的国家。1851 年人口普查时英国人口比例就已发生了根本性的变化，城乡人口比例为 54∶46，城市人口首次超过农村人口，到 19 世纪初时，英国城市人口占比就已达到 79%。这一时期城市的发展经历两个阶段：一是城市人口集中阶段，19 世纪 30-70 年代，英国工业革命的发展带动英国人口迅速向城市集中；二是城市人口外移阶段，19 世纪 70 年代至 20 世纪初，英国城市呈现郊区化，城市人口外移。工业革命促使工业经济发展，并逐渐占据国民经济主体地位，农村逐渐受到城市的影响，农村逐渐地从属于城市。城市的迅速扩张，使得城乡的差距越来越大，城乡发展严重失衡。①

① 国胜连，宋华．维多利亚时代英国城市化及其社会影响［J］．辽宁师范大学学报（社会科学版），1994（5）：77-78.

（二）土地制度

18 世纪 60 年代到 18 世纪末期，是英国圈地运动发展的高潮时期。① 1793 年以后，受追求地租和获取更多利益的刺激，英国圈占公地的速度很快。但是前些年所圈围的公用地成了最贫瘠的土地，荒芜的公用土地的共有权衰落了。在 18 世纪以后，敞田制被破坏，农业经营由分散走向集中。富裕的农民将分散的土地集中到一起经营，是圈地运动的一个主要内容。19 世纪后期，英国的土地制度是所有者持有土地和租地农场两种形式并存，不仅在英格兰，而且在苏格兰和威尔士，大都实行农业土地租佃制。19 世纪，土地转让成为立法改革的一项具体内容②，立法改革使得土地制度朝着确定地产的绝对财产权迈出关键性的一步，到 1882 年，佃户获得全部土地管理权。③ 土地私有权在英国得到法律确认，为农场的经营提供了便利条件，但是由于 18 世纪中后期工业革命的发展，城市迅速膨胀，城乡发展严重不协调。

（三）综合分析

工业革命使英国迅速开始了城市化的步伐，并在不到一个世纪的时间里成了世界上第一个城市化的国家。城市化发展的早期，由于政府的缺位，城市规模肆意扩张，侵占乡村发展资源，造成乡村逐渐衰落甚至消失，乡村经济萎靡不振，城乡差距不断加大，形成城乡对立的局面。历时三个世纪的“圈地运动”在 18 世纪达到高潮，当时城市工业发展不完全，大量被迫离开土地的农民很难被城市接纳，受到城市的排挤、鄙视乃至驱逐，生活状况恶化。④ 工业化后期，为了解决城市人口和环境等方面存在的问题，英国政府出台了《济贫法》《定居法》等法律，用以限制农村人口向城市的自由迁徙⑤和

① 沈汉．英国土地制度史［M］．上海：学林出版社，2005：19.

② 比如：1864 年《土地改进法》允许终身佃户投资改进土地；1956 年和 1957 年的法令放宽限制，允许终身佃户在法律允许的情况下出售和分割土地；1877 年的法令又进一步放宽限制，佃户无须同意便可租种 21 年土地，但财产授予人可以剥夺此权利。

③ 王晓颖．英国土地制度变迁史及对我国的启示［J］．经济体制改革，2013（1）：152-155.

④ 谷延方．重评圈地运动与英国城市化［J］．天津师范大学学报（社会科学版），2008（4）：35-39.

⑤ 王勇辉，等．农村城镇化与城乡统筹的国际比较［M］．北京：中国社会科学出版社，2011.

政治权利①。英国的这种城乡分离的政策使得城乡发展进一步失衡。②

三、成熟阶段

（一）城乡关系

20世纪60年代，英国开始呈现郊区化，主要表现为：市区人口数量下降，大量城市人口向农村转移，出现内城空洞化现象。20年代80年代，城乡一体化开始发展，“二战”后，英国政府对农业的扶持，改善了国内农产品的供给状况，同时也提高了农民收入，农村发展与城市接轨。到2004年，英国19%的人口居住在农村，预示着英国城乡一体化进程加快。③ 1946年以来的“新城运动”可以说获得了巨大的成功，它成功地分散了大都市区的人口，解决了就业压力，改善了乡村地区的基础设施配置，使其几乎达到了城市的标准，达到了城乡一体化发展的成熟阶段。

（二）土地制度

英国一直没有改变农业用地的政策，因此保留了大量优美的乡村风景④；同时，英国的城镇化水平随着农民的迁移大幅度提高。1942年，《斯科特报告》指出要注重乡村发展、保护乡村环境、改善乡村设施，挽留乡村人口等；《中心居民点政策》着重从完善较大居民点的基础服务建设着手，来提高乡村发展水平和环境建设；1947年颁布的《城市规划法》强调从城乡土地利用角度限制大城市的肆意蔓延。⑤ 1947年之后英国又先后出台了《绿带政策》《国

---

① 卢海清，赵航．关于英国圈地运动中失地农民权利保障的研究［J］．社会科学论坛，2006（2）：55-57.

② 王勇辉，管一凡．英国的城乡统筹政策及其对我国城乡一体化战略的启示［J］．长江论坛，2014（4）：87.

③ UK department for environment, food & rural affairs. Rural strategy 2004［R］. london：defra publications，2004：8.

④ Department of the Environment. Quality in Town and Country：Urban Design Campaign［R］. London：Department of the Environment，1994.

⑤ 杨小鹏．英国的绿带政策及对我国城市绿带建设的启示［J］．国际城市规划，2010（1）：101-102.

家公园和进入乡村法》，用以配合《城乡规划法》的有效实施，其主要目的均是为了更好地保护自然和历史景观，促进城乡关系和谐发展。①

（三）综合分析

工业革命的兴起带动了英国城市的快速发展，但是城市的无序蔓延给原本发展良好的农村经济和资源环境带来了巨大冲击，虽然在这一时期，英国的用地政策并未改变，但是政府相继出台了一系列的城乡规划法律，主要强调从城乡土地利用角度入手，来控制大城市对乡村的肆意蔓延。有效地保护了乡村自然经济的发展，加快了城乡一体化的进程。

四、评价

第一次工业革命开始以前，英国实行的是以乡村经济为主体的经济发展模式，城市为乡村工业和农村经济的发展提供资本、技术等先进资源，乡村工业带来的基本积累也为英国城市发展提供丰富的物质基础。伴随着英国大规模的“圈地运动”，越来越多的农民被迫离开土地，涌向城市，成为失业者、流浪者等，18 世纪中后期，工业革命的兴起带动了英国城市化和工业化的发展，同时也吸纳越来越多的农村剩余劳动力。城市的迅速发展不仅给自身带来了一系列的城市病，也对原有的农业经济造成了一定的冲击，使得城乡发展严重失衡。英国政府通过制定一系列有关城乡发展的法律从土地利用方面协调城乡关系，加快城乡一体化进程。

第三节 日本城乡一体化发展与土地市场制度关系演化

从日本发展的历史来看，日本城乡一体化发展和土地制度关系的演化大致分为三个阶段：一是萌芽阶段（1864—1945 年），该阶段前期，掠夺农业

① 张中华．西方发达国家城乡统筹发展的实践析论［J］．中国名城，2012（11）：38-43.

剩余是日本工业化和城市化发展的主要方式，随着城市化的发展，日本进行了农地改革——收买地主土地归农民所有，为城市化、工业化的发展扫清了道路。二是发展阶段（“二战”后至20世纪60年代初），这个阶段是城乡一体化进程的发展阶段，此时日本经济飞速发展，尤其是工业经济。为了工业的发展，此时的日本走上了掠夺农业的道路。日本政府方面也放松了对农地的保护，导致城乡差距加大。① 三是成熟阶段（20世纪60年代初至今），日本经济发展放缓，工业化已经发展成熟，但农村经济落后，城市和乡村的经济发展出现了极大的不协调，日本为缩小城乡差距，完善了地方自治制度，也制定和实施了一系列的保护农业、振兴农村的政策。

一、萌芽阶段

（一）城乡关系

1968年，明治维新拉开了日本城市发展的序幕，期间日本通过对农业的扶持来促进工业化的发展，自1930年日本推行工业化政策以来，城市的发展加速了农村人口的转移，导致城市人口的快速增加，据统计，1920年城市人口占比18%，经过20年的发展，1940年城市人口占比升至35%。② 20世纪30年代日本通过对外侵略来满足战争的需要，中日战争和日俄战争为日本的工业发展提供了大量的资本和自然资源，促进了资本的原始积累，这一时期，城市和工业迅速发展，农村人口开始大量向城市转移，但是1940年后，随着太平洋战争的爆发，战争的长期消耗使得财力、人力、物力走向崩溃，到1945年城市失业现象严重，大量人口回流至农村，城市发展受阻。③ 明治维新至“二战”结束这一时期，日本着重发展城市，农村经济发展缓慢，城乡差距明显拉大。

---

① 孔祥利．战后日本城乡一体化治理的演进历程及启示［J］．新视野，2008（6）：94.

② 门晓红．日本城市化：历史、特点及其启示［J］．科学社会主义，2015（1）：146.

③ 记者．日本城市化的进程［N/OL］．http：//www.bjmtgnews.com/paper/news.php？id＝11366，2017-04-12.

（二）土地制度

日本政府为了支持快速的工业化发展，通过制定大量的政策来促进农业发展。1989 年明治政府实施的“町村合并”制度以及之后的土地改革，其目的是废除封建土地所有制，允许土地买卖，确立土地私有制；国家通过制定“殖产兴业”政策来带动资本主义工商业的发展；除此之外，政府出台了一系列相关政策措施，不仅为城市和工业的发展提供了空间，也促进了土地的集约利用。① 此外，日本开始进行耕地整顿以及继续实行町村合并制度。一是耕地整顿：1923—1933 年以西日本为中心各地推广水田干田化作业。② 二是进行了二次町村合并。③ 日本通过制定与农业发展相关的政策④来支持城市的发展⑤，这些政策措施从本质而言是为工业化和城市化的发展而进行的农地制度变革，为城市和工业的发展提供了更大的土地面积。

（三）综合分析

明治维新之后，日本城市化和工业化速度加快，逐步走上资本主义的发展道路，农村劳动力向城市大量转移，为城市的发展提供了大量的人力资源。这种“掠夺农业剩余来促进城市发展”的模式势必会影响到农村经济的进步。明治维新后，农业领域内仍存在封建生产关系，农民受到压迫，地主从对土地的占有权中获得收益，农业发展停滞。⑥ 后来的耕地开发、耕地整顿及町村合并等土地改革也只是为日本城市和工业的发展提供了大量的土地面积，并没有引起根本的土地基本制度革新，造成城乡差距加大。

① 门晓红．日本城市化：历史、特点及其启示［J］．科学社会主义，2015（1）：146.

② 渡边光，等．日本土地利用［M］．东京：古今书院株式会社，1955.

③ 西川俊作，阿部武司．日本经济史——产业化的时代（上）［M］．杨宁一，曹杰，译．北京：三联书店，1997.

④ 一是德川幕府时期颁布的禁令的废除，二是“劝农政策”的制定及推行，三是农业教育的普及及农业经营的推广。

⑤ 郝寿义，王家庭，张换兆．工业化、城市化与农村土地制度演进的国际考察——以日本为例［J］．上海经济研究，2007（1）：41.

⑥ 张尧智．战后日本农地制度的变迁及其启示［J］．山东财政学院学报，2004（6）：66.

二、发展阶段

（一）城乡关系

“二战”以后，日本城乡一体化进入发展阶段，由于战争带来的伤害，其城市化率一直停留在38%，城市化停滞不前的状态一直从“二战”持续到1950年。1950年之后，城市发展速度加快并基本完成工业化，日本进入后工业化时代。朝鲜战争之后日本城市快速发展，经济增长显著①，1960—1970年城市化率快速增长，到1970年时，72.1%的日本人口居住在城市。② 即使此阶段城市化和工业化的发展对农业增长起到很大的推动作用，但城乡差距还是逐渐显现。

（二）土地制度

该时期工业化基本完成，城市化发展迅速，日本农地制度将面临新一轮的挑战，一方面城市发展需要大量的土地；另一方面，日本人均耕地极少，其耕地要用以满足农业生产，所以要在城市发展和农业生产之间进行权衡。为了增加耕地和工业用地，日本通过各项技术来开垦土地。③ 在农地政策方面强调放宽对农地的限制，鼓励农地向“中心农户”集中。1962年对农地法又进行了修改，取消户有农地上限，每户拥有土地可以超过3公顷，农业生产法人有取得农地的权利。④ 这一时期土地制度的变革从让农民自己拥有土地，

---

① 1955—1973年，仅仅18年的时间，日本经济增长了近8倍（肖绮芳．日本城市化进程中农地制度改革及相关农民社会保障制度演进与启示［J］．东北亚论坛，2008（2）：106-107）。1955年城市人口占比为56.1%，在1963—1973年的10年间，农村平均每年向非农部门输入约80万劳动力，将近60%的劳动力进入第二、第三产业。

② 郝寿义，王家庭，张换兆．工业化、城市化与农村土地制度演进的国际考察——以日本为例［J］．上海经济研究，2007（1）：43.

③ 比如，在1946—1950年期间政府通过购买地主的土地转卖给农民；1950年《土地法》对农户所拥有和出租土地的限额做了规定，其超出限额部分必须通过政府低价转让给其他农户；之后，政府重新修订的《土地法》放宽了对土地流转的限制，并通过对“中心农户”的帮扶来实现农业现代化；1961年颁布的《农业基本法》明确规定要以“结构政策”对土地规模进行调整（张桂林．东亚农地制度改革［J］．中国农村经济，1994（9）：62）。

④ 朱新方，贾开芳．对日本、韩国、俄罗斯农用土地制度改革的点评与思考［J］．调研世界，2005（1）：34.

解决了农民最基本的吃饭问题，缩小了城乡差距，促进了农地的规模化经营，提高了农业生产效率，推进了农业现代化，带动了农村经济发展。

（三）综合分析

城市的快速发展占用了农村大量的土地，造成农村经济发展缓慢甚至衰退，城乡之间差距拉大。城乡政权组织体系重构之后，也及时出台了恢复农业生产的举措和土地制度改革，提高农业生产效率，使得工业反哺农业，城市反哺农村，促进了农村经济发展，促进了城乡协调和一体化发展。

三、成熟阶段

（一）城乡关系

20 世纪 70 年代至今，日本改革了地方自治制度，同时也制定了以消除城乡之间的差距为目标的保护农业、发展农村的政策。到 1995 年，日本农民的人均消费水平超过了城市劳动者的水平，缩小城乡差距的目标已经基本实现。① 日本进入了后工业时代，城市化也出现了新的特点，主要表现在：一是城市化水平持续提高，到 2005 年超过 86%；二是进入分散型的城市化阶段；三是东京的一极膨胀与再城市化。20 世纪 70 年代，日本进入后工业化时代，第二产业产值占比连年下降，第三产业已逐步占据国民经济的主导地位，且第三产业就业人数不断增加，农村人口从 4819 万减少到 2005 年的 1750 万。② 这一时期，日本城市与工业发展成熟，政府开始制定促农政策来协调城乡关系，日本的城乡一体化发展失衡问题得以修正，加快了城乡一体化的发展进程。

（二）土地制度

1975 年的《关于农业振兴区域条件整备问题的法律》，允许农民通过协

---

① 冈部守，章政．日本农业概论［M］．北京：中国农业出版社，2004：174.

② 郝寿义，王家庭，张换兆．日本工业化、城市化与农地制度演进的历史考察［J］．日本学刊，2007（1）：81.

商，签订或解除10年以内的土地租借合同，该法律的颁布加速了土地的流转。① 1993年出台的《农地法》和《农业经营基磐强化促进法》主要通过"认定农业生产者"及在土地集中相关投资方面的支持，将农地流转和规模化经营推向高潮。② 由于鼓励土地集中政策的实施，日本的户均耕地面积不断增加。③ 在1970年和1980年分别对《农地法》大修改，主要是放宽对农地流转的限制，提高农民拥有土地的最高限额等；1980年又颁布了《农用地利用增加法》④。这些法规的制定和政策的实施促进了农地的流转和农业经营规模的扩大，带动农村经济快速发展。

（三）综合分析

工业化和城市化造成大量农村人口外流，大量村庄萎缩甚至消亡，从事农业生产的人口减少并未影响农业生产，反而大大提高了农业生产效率，也为土地的规模化经营奠定了基础。⑤ 日本城市和工业的发展已经足以反哺农村，同时政府也通过调整农业政策，加大对农业和农村的政策支持力度，促进农业专业化的发展和解决农业生产低效率问题，有效地避免了国家二元结构带来的矛盾和冲突，以达到城乡协调发展的目的。⑥ 同时，为了保护农民利益，日本政府严格实施价格管理制度；生产结构方面，扶持独立经营，促进农地流转，调整农业结构，增加第二、第三产业就业，20世纪90年代城乡差距已经基本缩小。

---

① 郭建军．日本城乡统筹发展的背景和经验教训［J］．农业展望，2007（2）：28.

② 马庆斌，刘妮娜．房地产市场一体化发展策略研究［J］．中国市场，2013（24）：12.

③ 夏南凯，王岱霞．我国农村土地流转制度改革及城乡规划的思考［J］．城市规划学刊，2009（3）：86.

④ 《农用地利用增加法》规定：一是以土地租佃为中心，促进土地经营权流转；二是以地域为单位组成农用地利用改善团体，促进农地集中连片经营和共同基础设施建设；三是以农协为主，帮助"核心农户"和生产合作组织妥善经营农户出租委托作业的耕地（许田晓．日本土地制度的改革及对我国的借鉴意义［J］．现代商业，2009（36）：285）。

⑤ 姜岩．中国农村公共服务体制的研究［D］．天津：天津大学，2009：70.

⑥ 黄璜．日本推进城乡一体化的经验［J/OL］．http：//www.ce.cn/cysc/agriculture/gdxw/200609/12/t20060912_ 8521277.shtml，2006-09-12.

四、评价

“二战”以后，由工业化带动的城市经济发展迅速，榨取农村资源用于城市、工业发展，城市发展的同时吸引大量农村人口涌向城市，造成农村经济发展缓慢。鉴于此，日本政府积极进行土地制度改革，并制定相关法律、政策来促进农村的振兴，城乡交流与均衡发展。日本战后适时地进行了土地制度改革：一是1946—1970年的租佃制阶段，重点在于保护耕地，防止城市发展过分抢占农村经济空间；二是20世纪70年代至今的土地自由流转阶段，农地的自由流转使得农业规模经营得以实现，同时日本开始转向土地租让业务相关政策的制定，引导有能力的经营体进行规模经营，并逐渐实现使用权与所有权的分离。在不断提升农地利用率的过程中，制定大量的法律、法规予以控制，以促进乡村经济的快速发展。①

第四节　韩国城乡一体化发展与土地市场制度关系演化

韩国地处东南亚地区，是新兴工业化国家的典型代表。除地缘和文化上和我国很相似外，经济发展特别是农业方面与我国很相近。韩国在历史上曾经多次经历战争和贫穷，20世纪50年代时，韩国还是全世界最贫穷的国家之一。20世纪60年代，韩国经济迅速发展，出口导向发展战略的成功实施带动韩国城市和工业经济的腾飞，同时也不忽视农业的发展，实现了城乡、工农的协调发展，并成功实现城乡发展一体化。根据城乡协调发展和土地制度变革的进程来看，大致可以分为三个发展阶段：一是萌芽阶段（“二战”结束至20世纪60年代），刚刚从战争中走出来的韩国进行土地制度改革，稳定民心，促进农村经济的发展，为战后城市的建设奠定了经济基础；二是发展阶段（20世纪60年代末至20世纪90年代），韩国在此期间颁布的土地相关法律和

① 孔祥利．战后日本城乡一体化治理的演进历程及启示［J］．新视野，2008（6）：94-96.

实施的三个五年规划，加速完成了韩国由农业国向工业国的转变，促进了城市的发展。接下来韩国在进行土地制度改革的过程中，实施了一系列诸如“农户副业企业”计划、“新村工厂”计划以及“农业工业园区”计划等措施，加快了城乡一体化的进程；三是成熟阶段（20 世纪 90 年代至今），韩国政府通过出台《农地基本法》和《农地强制条例》等相应土地措施，对农业结构的调整起着推动作用，政府积极引导企业和农业相结合，形成了工农和城乡合作共赢的新局面。

一、萌芽阶段

（一）城乡关系

在第二次世界大战结束到 1960 年这段时间内，韩国尚处于农业经济时代。① 在此期间，韩国城市人口增长迅速，主要源于战争所带来的人口的大量迁移，这些迁移人口在城市定居，从事生产活动，虽然城市化水平得以提升，但是此时的城市化仍然未进入正常的发展轨道。② 在韩国发展初期，农村地区分布较广，农村人口占比较高，到 1960 年时，韩国的城镇化率仅为 28%。20 世纪 50 年代，朝鲜战争对韩国经济造成重创，韩国属于全世界最贫穷的国家之一，其社会经济的二元结构特征明显，城乡发展差距不断加大，农业发展相当落后。

（二）土地制度

“二战”结束到 1960 年，韩国的土地制度经历了两次变化：一是“二战”后将接收的日本所占土地分配给本国无地农民；二是以本国人占有的农地为对象进行改革，并对韩国在日本殖民期间遗留下的土地问题彻底改革，有偿收购地主手中的土地后平均分配给农户，使耕者有其田，并规定每一家庭拥有土地面积最大不得超过 3 公顷，且禁止租赁转让。③ 经过这种改革，韩国基

---

① 王验．韩国新村运动的经验及对我国建设社会主义新农村的启示［J］．探索，2006（6）：15-18.

② 韩立红．哈尔滨都市圈内城乡一体化问题研究［D］．哈尔滨：东北林业大学，2012：23.

③ 刘黎明．韩国的土地利用制度及城市化问题［J］．中国土地科学，2000（5）：45.

本实现了均田制目标，但是这一时期的土地利用模式比较零散化，生产力低下，大量农村劳动力过剩。后来为了城市和工业的发展，开始进行一系列的农村开发和城市化运动，同时为了保证和规范大规模的工业建设征用土地，1962 年颁布了《土地规划法》，其核心是为了使大规模的城镇建设和工业征用土地合法化。大规模的农用地转化为建设用地，使得工业发展大量挤占农村用地，农村经济发展缓慢甚至倒退。① 当时，韩国刚刚走出战乱，为了稳定人心和农业生产，政府认为必须把土地还给农民，让农民成为真正的主人，但他们与当时新中国进行的土地改革不同，韩国所采用的交易行为更突出政府行为②，均田制目标的实现为战后韩国农民吃下了一剂定心丸，韩国农业经济水平得到大幅度提升。农业经济水平的提升促进了韩国整体社会经济的发展。

（三）综合分析

“二战”之后到 20 世纪 60 年代，这一时间段的前半期，是韩国的战后恢复期，韩国政府进行土地制度改革，有偿收回地主手中的土地，并平均分配给农户，用以稳定民心，恢复农村经济；随后在 20 世纪 60 年代前期，韩国开始大力建设和发展工业，政府又开始把原先赠给农民的一部分土地用于工业发展，工业的发展大量挤占农村资源，工业和城市发展迅速的同时也对农村经济的发展造成了一定阻碍，城乡差距开始逐渐显现；而在 20 世纪 60 年代中后期韩国政府又下决心实现均田制目标，稳定农心，促进农业经济发展，工农、城乡关系在曲折中向前发展。

二、发展阶段

（一）城乡关系

20 世纪 70 年代，韩国工业化发展水平不断提高，城市经济发展较快，而

---

① 朱新方，贾开芳．对日本、韩国、俄罗斯农用土地制度改革的点评与思考［J］．调研世界，2005（1）：35.

② 即政府通过以较低的价格从地主手里买来土地，再以低于购买价格的价格将土地转让给农民，这种交易行为充分体现了政府责任。

农村地区经济发展萎靡，二元结构问题出现，城乡经济发展差距不断加大。如前所述在韩国城乡一体化发展的萌芽阶段，农业经济在国民经济中占据主要地位，人口的城市化率很低，20 世纪 60 年代之后，大力发展工业化，第二产业逐渐取代农业经济在国民经济中的主要地位，工业的发展吸引了大量农村人口涌向城市，解决了农村部分剩余劳动力的问题，但是工业的发展给农业及农村的发展带来了很大阻碍，城乡差距悬殊。韩国政府在此背景下为了发展农村经济、缩小农村差距，正式发起了“新村运动”，伴随着“新村工厂”“农业工业园区”计划的开展，韩国农业现代化开始从量变走向质变。① 农村经济发展迅速，城乡差距逐步减小，城乡关系发展趋好。

（二）土地制度

由于工业经济和城市的迅速发展，韩国基本上完成了工业化的转变，国民经济水平显著提高，但是农地的小规模经营与国民经济发展相矛盾，同时也不利于实现农业现代化的目标。所以为了解决这一尖锐的矛盾，土地制度在该时期做出了相应的调整：一是修改有关农地占有和转让法令，其核心是对土地买卖和占有解除限制，鼓励外出务工农民出售和转让土地，以便进行大规模经营，同时通过划拨资金或组织发展公司或机构在土地难以集中的地区推动农业生产的规模发展。② 二是 1971—1980 年韩国政府开展了全国范围的“新村运动”，1972 年颁布了《国土利用管理条例》；紧接着又在 1980—1984 年实施了农村综合开发计划，其主要目的是整理土地开发和美化乡村景观，以及对城市发展进程中造成的一些诸如乱占耕地、城乡差距拉大等问题进行政府干预。③

（三）综合分析

从 1961 年开始，3 个五年规划的实施和《城市规划法》《土地规划法》的相继颁布实施，使韩国完成了从农业国向工业国转变。这一时期一系列加

---

① 张厚明．韩国推进城乡发展一体化的启示［N］．中国经济时报，2014-06-25（006）．

② 姜伟丽．中日韩三国农地政策与法律生成比较研究［D］．青岛：青岛大学，2006：17.

③ 刘黎明．韩国的土地利用制度及城市化问题［J］．中国土地科学，2000（5）：46.

快城乡一体化发展的计划，诸如“农户副业企业”计划、“新村工厂”计划以及“农业工业园区”计划，加快了农业现代化的进程，促进农村经济的发展，同时工业化带动了城市经济的发展，土地制度方面的变革给“三农”发展带来福利，农村经济迅速复苏。城乡差距在政府的干预下逐步缩小，加快了城乡一体化的发展进程。

三、成熟阶段

（一）城乡关系

进入 20 世纪 90 年代，韩国所面临的国内外形势发生了巨大变化，迫使韩国政府在区域和城乡协调发展政策方面做出调整，以减缓少数大都市在人口、环境和交通等方面的压力，平衡不同地区的发展差异。韩国的工业化发展，带动大量农村剩余劳动力流入城市，使得农业在国民经济所占比重日益下降，城镇化进程不断推进。1960 年韩国的城镇化率仅为 28%，到了 2013 年，其城镇化率提高到了 91%，与发达国家的工业化发展进程相比，韩国早期城市居民和农村居民的收入水平维持了基本平衡。① 1991 年之前，韩国的工业化发展迅速，城市与乡村的发展差距在逐渐拉大，在进行工业发展的同时，韩国也相应出台了一系列促进农业发展的政策，以此来推动农业发展，从农业内部加快发展对实现城乡新融合具有极其重要的作用。

（二）土地制度

1994 年颁布的新《农地基本法》对土地出售和租赁放宽限制，鼓励农民在农业振兴区内进行大规模经营，允许建立拥有土地上限为 100 公顷的农业法人。关于农地开发补偿，韩国坚持“谁开发谁补偿”、现金支付、公平分配和一次性到位原则，保障对农地的合理补偿。② 1997 年《农地强制条例》保

---

① 张厚明．韩国推进城乡发展一体化的启示［N］．中国经济时报，2014-06-25（006）．

② 孙立双，段磊，马运涛．借鉴国外城镇化经验推进我国城镇化发展［J］．中国集体经济，2013（36）：5．

障农业振兴区内的土地不被挪用①，此外，政府还推出农民退休支付计划。②上述政策、法令的实施促进了农户的土地经营规模，提升了农业现代化技术水平。③

（三）综合分析

随着 1994 年韩国《农地基本法》等涉农法律的制定和实施，韩国政府从法律和政策方面放宽了对土地买卖与租赁的限制，支持农民进行土地规模化经营，提高农业现代化水平，带动农村经济增长，缩小城乡差距，协调城市与乡村经济的发展，加速城乡一体化进程。

四、评价

从韩国城乡一体化发展和土地制度演变的历史来看，在不同的阶段，韩国政府对土地制度进行相应调整，以符合当时的发展计划，协调城乡经济发展。韩国通过采取灵活的干预，比如制订计划、出台政策、农业立法等形式适度干预农业发展，以协调城市和乡村发展，实现城乡发展一体化。如若不是韩国强大的政策支持，韩国的农业不会在短时期内取得如此巨大的进步，韩国的城乡一体化进程也不会推进得如此顺利。同其他西方国家一样，韩国在工业化、城市化发展的初期为了工业的快速发展，也实施了对农业的“掠夺”政策，从而导致农业发展的滞后和萎缩，但随后，韩国认识到问题的严重性，迅速调整土地制度和农业政策，多次实施对农业的反哺政策，促进城乡的协调发展。④

---

① 冯胜．国外城乡统筹发展模式比较研究［J］．软科学，2011，25（5）：112.

② 张云华．国际视野下的土地流转经验［J］．国土资源，2014（3）：53.

③ 李海守．中国入世后韩国企业对华农业投资的研究［D］．北京：对外经济贸易大学，2004：9.

④ 张厚明．韩国推进城乡发展一体化的启示［N］．中国经济时报，2014-06-25（006）.

第五节　其他国家和地区城乡一体化发展与土地市场制度的关系演化

一、新加坡城乡一体化发展与土地市场制度的关系演化

（一）城乡关系

城乡发展一体化往往是社会经济发展的必然结果，位于东南亚最南端的新加坡，面积 699.4 平方千米，2015 年人口有 553 多万，人口密度为 7023 人/平方千米。① 新加坡是一个城市国家，其城市化水平 100%，国家、首都、城市和岛屿是一个统一体。其服务业发达，包括零售与批发贸易、饭店旅游、交通电讯、金融服务等，而农业在国民经济中的占比不足 1%，主要原因在于其园艺种植、果蔬、粮食等相关农业生产全部源于进口。虽然新加坡城镇化发展的最大约束是土地资源稀缺，新加坡政府并没有因此放慢城镇化的速度和质量。新加坡城乡一体化发展的成功在于政府控制和规划。新加坡政府的规划部门通过精心策划《绿色和蓝色规划》来保证新加坡城镇化进程的速度和质量，尤其是确保新加坡能够保证绿色和清洁的环境。新加坡美丽宜居的城镇化模式得益于新加坡政府完善的体制规划。

（二）土地制度

与美国土地私有制为主的土地制度和苏联以土地公有制为主的土地制度不同的是，新加坡的土地制度是混合型的。② 新加坡的土地制度大致可以分为三种类型：一是以私有制为主的土地市场，此种情况下土地的所有权可以通过买卖交易由一个私有者转移至其他私有者，政府不过多对该类市场进行干预，仅要求交易者在规定时间内到政府部门进行登记、财产转交和缴纳相关

① 潘诒红．城市化水平 100%的国家［J］．地理教育，2010（3）：11.

② 叶文香．城中村改造中土地确权的制度创新思考［J］．吉林农业，2012（5）：35.

费用；二是以公有制为主的土地市场，主要是指政府法定机构等向国土局进行土地购买的市场，在该市场里，土地交易不涉及土地所有权的转移，其买卖的实质是土地的所有权的变化；三是私有土地转为国有土地的市场，即土地收用市场，新加坡在进行私有土地收用时，既不是“大锅饭”制度，也不是无偿收用，而是通过市场机制以偏低的价格进行买卖。① 新加坡的土地市场源于公有和国有土地，同时，土地市场的发展也巩固了国有和公有土地制度，二者相辅相成。新加坡土地市场的发展完善证明土地市场机制并不一定非要与土地私有制结合，也可以与土地公有或国有制结合，所以那些将市场机制、商品经济与公有制和国有制对立起来的观点是不符合实际的。

（三）综合分析

新加坡在城乡一体化发展过程中受到土地资源的严重制约，但是由于政府合理的城市规划和土地政策，城市和乡村得以快速而有序的协调发展。新加坡政府利用土地规划对土地市场进行干预，这个规划削弱了土地市场的消极影响且强化了其积极影响，促使土地市场与政府干预有效结合，为新加坡城乡一体化发展提供了有效的支撑。

（四）评价

新加坡是一个城市和乡村完全融为一体的国家，这完全得益于政府合理的城市规划和土地政策。20 世纪 60 年代初，为了改变自己国家的经济条件和工业状况，新加坡制定的进口替代计划为工业化的良好发展奠定了基础，之后，工业化带动城市化快速发展，但是政府仍然认为即使经济高度发达，也要把发展农业放在重要的位置，利用土地规划对土地市场进行干预，使不断减少的土地资源与高科技相结合，推动高新技术农业的发展，促进城乡一体化和融合发展。

二、中国台湾城乡一体化发展与土地市场制度的关系演化

中国台湾城乡一体化发展和土地市场制度关系的演变过程，大致可以分

---

① 杨圣明．新加坡土地制度考察［J］．经济与管理研究，1990（4）：34-36.

为三个阶段：即萌芽阶段（20 世纪 60 年代以前）；发展阶段（20 世纪 60 年代至 20 世纪 70 年代）；成熟阶段（20 世纪 80 年代以来）。

（一）萌芽阶段

1960 年以前，我国台湾的城乡差距大，在“二战”结束以前，日本占据中国台湾地区，几个重要城市如台北、高雄、台中等有都市计划，其余大部分地区城乡差距很大。①“二战”以后，台湾地区农地产权和租佃制度存在严重问题，一是当时的耕地租佃沿袭日据时期的制度，即地租普遍超过产量的 50%以上，有的甚至高达 70%~80%。非主要产品也需分给地主，租约多为口头契约，地主可以随时收回耕地而不需给予佃农任何补偿。二是不合理的土地分配制度，地主和半地主占农村人口的 11.69%，但是却拥有 56.01%的耕地，台湾当局拥有耕地的 20.59%，而占比 88.31%的农民只拥有 22.4%的耕地，大多数农民是无地的佃农和雇农。② 这些不合理的土地分配制度是激发地主和佃农矛盾的导火线，也是台湾地区经常爆发抗租抗息行动的原因。③“因此之故，台湾必须实施土地改革，是一种客观需要，虽有万难，不能顾也。”④ 台湾开始进行第一次土地改革，一是 1949 年实施的“三七五减租”，即佃农向地主交纳的地租最多不得超过所租耕地全部总产量的 37.5%，保障佃农权利，耕地租约一律为书面租约，租期不得少于 6 年，兼顾地主利益，如佃农积欠地租达两年总额，地主可终止租约⑤；二是 1951 年实行“公地放领”，把日据时期日本强占的土地收归后归公有，卖给缺地少地的农民，放领地价为土地全年正常收获量的 2.5 倍，分 10 年逐步偿还⑥；三是 1953 年实施“耕者有其田”，即对地主占有耕地进行限制，将地主多余耕地由“政府”征收转放与现耕农民受领，以使耕者人人有田耕种。⑦ 第一次土地改革为台湾城乡一体化的发展扮演着开拓者的角色，达到了“以农业培养工业”的目的。

---

① 陈武正．台湾城乡一体化之研究［C］．福州：海峡两岸都市交通学术研讨会，2007：8.
② 丁长发．台湾土地制度变迁及其启示［J］．台海研究，2014（4）：67.
③ 陈诚．台湾土地改革纪要［M］．台湾：中华书局，1961：10.
④ 李登辉．台湾农业发展的经济分析［M］．台湾：联经出版事业公司，1980.
⑤ 陈诚．台湾土地改革纪要［M］．台湾：中华书局，1961：181.
⑥ 陈诚．台湾土地改革纪要［M］．台湾：中华书局，1961：187.
⑦ 陈诚．台湾土地改革纪要［M］．台湾：中华书局，1961：192.

（二）发展阶段

台湾第一次土地改革带动了台湾农业经济的发展，为台湾经济“以农业培养工业”提供了大量劳动力、资本和市场等。在台湾城乡一体化的发展阶段，联合国派专家来台湾协助办理区域计划及都市规划工作，推动了台湾城市化的发展，先将台湾地区划分为七个区域，后来因高速公路建设将台湾地区划分为北、中、南、东四个区域，带动了台湾城市的发展。与此同时，台湾进行了以扩大农地经营规模和提高农业劳动生产力为目的的第二次土地改革，废除了农田兼并限制，允许土地自由流转，提高了农村土地的利用效益，促进了农村发展，协调了工农、城乡关系。

（三）成熟阶段

1980 年至今，高速铁路网、铁路电气化、十二条东西向快速公路、高速铁路、桃园国际机场、北回铁路、南回铁路、台中港及中船等重大交通的建设带动了台湾经济的发展，使台湾城乡一体化发展达到成熟阶段。与此同时，台湾进行了第三次土地改革，放开农地自由买卖、放开耕地分割限制、活络农地租赁制度等以解决农地利用度低、农村劳动力人口持续减少等问题。第三次土地革命的推进，提升了农地的利用效率，加快了农村经济和城市工业经济的协调发展，使城乡一体化发展达到了成熟阶段。①

（四）评价

进行土地制度改革有利于提高农业生产效率、推进农业现代化，是促进农村城镇化和农民市民化的必由之路，也是城乡一体化发展的基本条件和主要举措。20 世纪 50 年代的第一次土地改革，对于释放农业生产力具有重要作用，也为后来农业支持工业的发展道路提供了丰富的物质资源；1981 年开始了以扩大农场规模、实行农地重划、加强推行农业机械化等方面为目的的第二次土改；随后，开展了第三次土改，放开农地自由买卖、放开耕地分割限制、活络农地租赁制度等以解决农地利用度低、农村劳动力人口持续减少等

① 陈武正. 台湾城乡一体化之研究［C］. 福州：海峡两岸都市交通学术研讨会，2007：8.

问题，使得农业生产更加专业化、现代化。城市为农村提供的先进机械设备等在一定程度上推动技术、资金等资源在城乡之间流动，提高了城乡整体的生产水平，城乡之间要素的自由流动也加速了城乡一体化的进程。①

第六节 总结分析及对我国的借鉴与启示

一、总结分析

从以上国家（地区）城乡一体化发展与土地市场制度演化的历史来看，不同的城乡一体化阶段，都存在着不同的土地市场制度用以协调城乡关系发展，总结起来有以下特征：一是在城乡一体化发展的萌芽阶段，大多数国家和地区以农业经济为主，其土地制度带有耕者有其田的朴素内涵，但土地制度的市场化成分不高；二是城乡一体化发展的初期，大都是以工业发展为开端，土地制度会偏向支持工业发展的方向转变，带动国家经济从农业经济时代向工业经济时代转型，一般都是走“农业支持工业、城市掠夺农村”的发展道路，这种发展模式会造成农村经济发展迟缓甚至倒退，使得城乡差距逐步显现；三是日渐拉大的城乡差距，迫使政府或者利益相关者进行土地制度变革，用以解决城乡发展失衡问题，通常采用制定相关法律法规、促农计划等方法，促进农村经济发展；四是在解决城乡失衡问题上，政府调整的力度难免过大过小，会造成其他城乡发展失衡问题，比如土地利用效率低下，农业生产率低等问题，并不能从根本上解决农村经济发展问题，为此，往往会通过制定法律法规放开土地市场，让城乡土地资源自由流动，发展土地适度规模经营，城乡要素平等合理交换，再加之一些配套政策的调整，使得城市和乡村实现更高层次的协调与融合发展。

城乡一体化发展与土地市场制度的演变是有规律可循的，在发展城市、工业化的同时一定不要忽略农村经济的发展；而土地制度的相应变革是政府

① 陈俊峰，刘娜．台湾城乡一体化对安徽城乡发展的启示研究［J］．中国名城，2016（7）：19-20.

用以促进农业规模经营、提升土地资源利用效率和城乡协调、一体化与融合发展的关键和重要法宝。这种土地市场制度的变革，美国、英国主要以市场机制推进，而其他国家和地区做到了市场机制与政府规划推进不同程度的有机结合。

二、借鉴与启示

我国城乡一体化发展与发达国家和地区的城乡一体化发展既有相同之处，又有所不同。其不同主要体现在：在发达国家和地区，工农二元经济结构的矛盾是城乡一体化发展的主要矛盾，在我国，其矛盾主要体现在城乡二元制度结构上。因此，消除土地二元结构是解决我国城乡一体化矛盾所面临的主要问题，其中土地市场二元结构是我国城乡一体化发展的主要制约和障碍。所以，在发展的过程中要标本兼治，通过土地市场体制改革和制度创新来促进城乡一体化发展。给我国的启示如下：

（一）注重从土地产权制度层面来保证城乡一体化发展的实现

土地作为一种稀缺的自然和要素资源，城市、乡村和工业、农业在发展过程中，都想通过土地的占有来进行其发展，因此要通过立法构建城乡一体化发展的制度基础，使其政策实施具有可持续性。通过各国的土地产权制度研究发现，美、日等国家以土地私有制为主，新加坡则以土地公有制为主，台湾地区实行的是“平均地权”，但共同特点是土地产权制度完整并不断完善。城乡一体化的前提是产权制度的完善和平等，从分析城乡一体化发展不断完善的过程来看，破除城乡土地产权制度二元性问题，是推动城乡一体化发展的关键。为此，应通过供给城乡平等的土地产权及流转交换体制等来促进城乡一体化发展制度的形成。

（二）建立完善土地流转机制促进城乡一体化发展

过大的城乡发展差距造成大量农村劳动力人口流向城市，农村土地适当规模经营和集约利用遭到阻碍，造成严重的农地利用率低下。所以要完善农地流转机制，发展农业现代化，大力促进农村经济发展，缩小城乡发展差距，加快城乡一体化的发展进程。比如，19 世纪中后期的美国城市在第二次工业革命的带动下迅速发展，城乡经济发展差距加大，越来越多的农村人口迁移至城市生活，农村土地适当规模经营和集约利用遭到阻碍，造成严重的农地利用率低下，美国开始进行土地流转制度变革，土地的集约化利用效应凸显，发展农业现代化，大力促进农村经济发展，缩小城乡发展差距，加快城乡一体化发展进程，上述其他国家和地区均有类似的情况。完善的土地流转机制使得土地资源在不同领域间可以相对自由地流转，尤其是农村土地资源的流转在很大程度上带动了农村经济的发展，使得城乡协调发展，提高城乡一体化水平。

（三）改革征地制度，切实保护农民合法权益

美国、英国和日本等国在发展的进程中都不同程度地通过强行征占农村土地来促进城市和工业的发展，造成城市人口过快增长，农村经济发展缓慢甚至出现倒退现象，城乡发展差距逐步拉大，但及时做出了积极调整。比如，美国进一步完善土地分配制度；韩国坚持“谁开发谁补偿”、现金支付、公平分配和一次性到位原则，保障对农地的合理补偿；新加坡运用市场机制，通过买卖实现土地的征收，加速了农村经济的发展。在城乡一体化发展进程中要严格规范征地制度，保护农村、农业同步发展。对于我国而言，城市人口不断增加，建设所需集体土地在征收方面存在严重问题，政府低价征收集体土地，高价出让，在农地的征收过程中，农民集体土地所有者的权益无法得到保障。因此，改革征地制度，建立和完善农地转非的土地增值收益分配机制，是加快城乡一体化发展进程中的重要举措。

（四）加强城乡统筹规划，促进城乡一体化发展

新加坡作为一个百分之一百城市化的国家，其成功的主要原因是政府科学、强有力的规划。科学合理的城乡规划是实现城乡一体化发展的关键，尤其是统筹城乡土地规划。通过制定城乡土地统筹规划和相关法律，协调城市和乡村发展。例如，英国城市的快速发展，曾给乡村的发展带来了冲击，英国政府制定一系列城乡规划法律，从城乡土地利用的层面来统筹城乡发展，有效地保护了乡村经济的发展。因此，我国在城乡一体化的发展进程中，要科学制定城乡统一的土地管理和开发利用规划，按照新的发展理念，合理开

发城乡土地，有效保护宝贵的土地资源，提高土地利用效率，促进城乡经济社会协调发展。

（五）注重发挥市场机制作用，合理配置土地资源

尽管各个国家和地区的土地产权制度各有不同，但都主要是通过市场机制进行土地资源配置，住房建设、企业及个人投资所需用地主要是通过购买或租赁政府或私人土地的方式获得，有效的土地资源配置机制和模式是成熟的土地市场的标志。政府拥有诸多土地管理方面的权力，这些权力不直接干预土地资源的具体配置，而是从宏观层面引导和控制土地的使用。同时，政府权力的实现必须建立在市场机制的基础之上。土地市场不合理、不完善将会降低土地资源的利用效率，难以提高农村土地的价值和收益率，所以建立合理完善的土地市场，同时注意市场机制的发挥，有利于土地的集约利用及农地的规模经营，提高土地资源的配置效率。土地资源在城乡之间的合理流动，加强了城乡之间的联系，加速了城乡一体化进程。

（六）充分发挥政策优势，支持和加快乡村振兴

在发展城市、工业化的同时一定不要忽略农村经济的发展，通过政府作用及其政策支持加快乡村振兴，促进城乡一体化发展，是我们可以借鉴的重要经验。比如，韩国在工业化、城市化发展的初期，也实施了对农业的“掠夺”政策，从而导致农业发展的滞后和萎缩，但随后，韩国认识到问题的严重性，迅速积极调整土地制度和农业政策，多次实施对农业的反哺政策①，促进城乡关系的协调发展。② 如若不是韩国强大的政策支持，韩国的农业不会在短时期内取得如此巨大的进步，韩国的城乡一体化进程也不会推进得如此顺利。新加坡是一个城市和乡村完全融为一体的国家，这完全得益于政府合理的城市规划和土地政策引导。20 世纪 60 年代初，为了改变自己国家的经济条

① 1971—1980 年韩国政府开展了全国范围的“新村运动”，1972 年颁布了《国土利用管理条例》；紧接着又在 1980—1984 年实施了农村综合开发计划，进行土地整理开发，美化乡村景观，对城乡差距拉大等问题进行政府干预，振兴乡村。详见刘黎明．韩国的土地利用制度及城市化问题［J］．中国土地科学，2000（5）：46.

② 张厚明．韩国推进城乡发展一体化的启示［N］．中国经济时报，2014-06-25（006）.

件和工业状况，新加坡制定的进口替代计划为工业化的发展奠定了基础。之后，工业化带动城市化快速发展，但是新加坡政府认为即使经济高度发达，也要把发展农业放在重要的位置，于是利用土地规划对土地市场进行干预，使不断减少的土地资源与高科技结合，推动高新技术农业的发展，促进城乡一体化和融合发展。

第三章　我国城乡一体化发展与土地市场制度关系变迁分析

道格拉斯·C·诺斯认为，人类在历史中形成的社会演变方式直接由制度变迁来决定，可以说制度变迁是理解人类社会变迁的关键因素。① 土地承载万物，为人类提供了生存权和发展权，是一切人类活动的物质基础。因此，我国城乡一体化发展受到土地市场制度变迁的直接影响。我国的城乡一体化发展情况和土地市场制度变迁在不同历史阶段有不同的表现方式，并在实践中不断更新和完善。

按照W·A·刘易斯的二元经济理论的分析，二元经济结构的转换是指人口由传统农业生产部门向现代工业资本主义生产部门进行转换，一般以两个部门的边际生产力率作为转换速度的主要参考指标。当农业生产部门的劳动边际生产率与城市工业生产部门的劳动边际生产率相等时，农村劳动人口与城市劳动人口便会出现自由平等流动②，此时便会呈现城乡一元结构，即城乡一体化结构。

一般来说，由于我国城乡关系转换的特殊性，会出现农村劳动力进城却不能享受跟城市居民同等的城市待遇的情况，而土地是农民最基本的福利保障，此时农民便不愿放弃土地。农业劳动边际生产率主要体现在农民劳动的边际产量，当前农民在土地上的劳动边际产量要低于进城务工边际产量，城市居民生活水平高于农民生活水平，二元社会结构存在，城乡一体化发展和土地市场化受到严重阻碍。建立健全土地市场制度促进城乡一体化发展，是我国根据不同历史阶段城乡发展实践的需要提出的改革与发展战略目标和部

---

① 道格拉斯·C·诺斯．制度、制度变迁与经济绩效［M］．上海：格致出版社，2008：30-98.

② Lewis，w. A. Economic Development with Unlimited Supplies of Labor［J］. Manchester School Studies（42），1954.

署，是将马克思、恩格斯“城乡融合理论”①，斯大林“城乡一体化理论”②与我国实践相结合的重要成果，符合我国新时代的发展实际。

本章梳理了我国城乡二元结构形成以及向城乡一体化发展的变迁过程，重点把我国城乡一体化发展与土地市场制度变迁结合起来，尝试将新中国成立以来的制度演变梳理成五个阶段：第一阶段为1949—1978年，此阶段城乡关系波动复杂，二元结构矛盾凸显；第二阶段为1978—1984年，此阶段城乡改革发展，二元结构有所松动；第三阶段为1984—2002年，此阶段城乡差距扩大，二元结构固化影响持续；第四阶段为2002—2012年，此阶段城乡差距逐渐缩小，二元结构逐步转向一体化；第五阶段为2012年至今，此阶段城乡关系出现新局面，全面向城乡一体化发展迈进③④⑤⑥⑦。在不同的阶段经济发展战略和政策改革的重点不同，因而我国城乡一体化发展与土地市场制度关系也存在较大差异，土地制度不断变化的过程能够对城乡互动关系的变迁进行很好的阐释，并且能够揭示我国城乡一体化发展与土地市场制度变迁的内在联系、规律及两者之间存在的矛盾。

第一节　城乡关系波动复杂，二元结构矛盾凸显

一、城乡关系

1949—1952年是我国国民经济的恢复期，受历史因素的影响，此时国家

---

① 中共中央马克思、恩格斯、列宁、斯大林著作编译局．马克思恩格斯全集：第三卷［M］．北京：人民出版社，2003：57.

② 中共中央马克思、恩格斯、列宁、斯大林著作编译局．斯大林选集：下卷［M］．北京：人民出版社，1979：558.

③ 厉以宁．走向城乡一体化：建国60年城乡体制的变革［J］．北京大学学报，2009，46（6）：5-18.

④ 马军显．城乡关系：从二元分割到一体化发展［D］．北京：中共中央党校，2008：34-41.

⑤ 李景刚，张效军，高艳梅，等．我国城乡二元经济结构与一体化土地市场制度改革及政策建议［J］．农业现代化研究，2011，32（3）：287-301.

⑥ 张强．中国城乡一体化发展的研究与探索［J］．中国农村经济，2013（1）：15-23.

⑦ 魏后凯．新常态下中国城乡一体化格局及推进战略［J］．中国农村经济，2016（1）：2-15.

的经济基础十分薄弱，中国社会急需进行大规模的社会改造和计划性的经济建设，恢复和发展国民经济成为当时我国政府的重要任务，中央政府针对经济发展提出调整政策。首先允许多种经济成分并存，其次为巩固人民民主政权，在农村实行土地私有制，允许农村生产要素的自由流动，允许资本的自由借贷，允许城乡私营工商业的自由发展。① 这一时期的劳动力在城乡之间的流动较为自由，城乡关系总体上相对缓和。②

1953—1957 年是我国第一个五年计划时期，这一时期国家开始了大规模的工业建设，中央政府正式确定了对全国工商业进行社会主义改造的政策，并采取了多项经济调整政策和土地政策。随着国民经济建设的发展，我国城乡之间的人口流动随之活跃起来，在国家控制不严的情况下，出现大量的农村人口流向城市。据统计，在 1952—1957 年期间，我国城镇人口从 7163 万增加到了 9949 万，占全国人口的比重提高了 2.9 个百分点。与此同时，大量的城镇人口也向农村流动，出现了较为明显的城乡双向流动的态势，城乡流动人数大约为 1∶1.8。③ 通过对不适应生产力发展的生产关系的变革，新中国成立以后，特别是"一五"计划的前中期（1956 年前），我国农业得到了快速的发展，粮食产量逐年提高，城乡关系相对缓和，城乡之间差距较小，城乡二元结构不明显。

但是从 1956 年底开始，我国发展的重点转向重工业，并通过一系列方针政策限制多种生产要素的自由流动，同时把农业定位成为工业服务的角色④。从 1958 年开始，国家为尽快建立起社会主义制度⑤⑥，城市和农村开始被人为割裂。同时，农民进行自由择业的权利被剥夺，农民被限制在农村土地

① 马军显．城乡关系——从二元分隔到一体化发展［D］．北京：中共中央党校，2008：34-35.

② 吴丰华．中国近代以来城乡关系变迁轨迹与变迁机理（1840—2012）［D］．西安：西北大学，2013：31.

③ 刘应杰．中国城乡关系演变的历史分析［J］．当代中国史研究，1996（2）：1-2.

④ 刘倩．城乡统筹视角下关中农村城镇化路径探究——以西安高陵的实践为例［D］．西安：长安大学，2012：22-23.

⑤ 吴丰华．中国近代以来城乡关系变迁轨迹与变迁机理（1840—2012）［D］．西安：西北大学，2013：31.

⑥ 韩俊．中国：由城乡分割走向城乡协调发展［J］．中国发展观察，2004（4）：14-22.

上。① 由此产生的城乡关系趋向紧张，城乡二元结构矛盾逐渐凸显。国家根据当时的实际社会经济状况，为适应重工业优先发展战略，以行政手段实行统购统销②。当时的制度安排也是在服务于“农村支持城市”的总体思路下形成的，强调发展重工业，国家对重工业的重视在一定程度上直接导致了我国城乡二元结构的形成，并因此造成诸多严重影响和后果。

从投资政策的倾斜和农、轻、重投资比例看，我国农村的建设投资在前五个五年计划时期不断减少，轻工业投资徘徊不前，所占比例较少，而工业特别是重工业优先增长，占有绝对的优势比例（见图 3-1），体现出国家优先发展重工业，农业支持工业的发展思路。

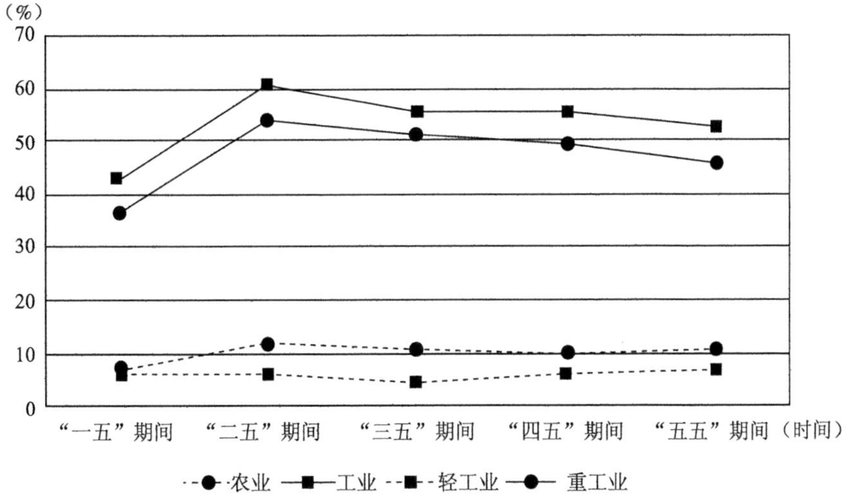

图 3-1　“一五”至“五五”时期中国建设投资比重③

从城乡劳动力人数的总体变化趋势来看，1952—1978 年间，城乡劳动力对比系数④整体下降，在整个就业系统中，农村从事农业的人口比例不断下降

① 吴丰华. 中国近代以来城乡关系变迁轨迹与变迁机理（1840—2012）[D]. 西安：西北大学，2013：31.

② 田光明. 城乡统筹视角下农村土地制度改革研究——以宅基地为例 [D]. 南京：南京农业大学，2011：62.

③ 吴丰华. 中国近代以来城乡关系变迁轨迹与变迁机理（1840—2012）[D]. 西安：西北大学，2013：86.

④ 城乡劳动力对比系数=农业劳动力人数/城市劳动力人数。

（见图 3-2），农村劳动力增长率明显低于城市劳动力增长率（见图 3-3），劳动力不断从农村转向城市。

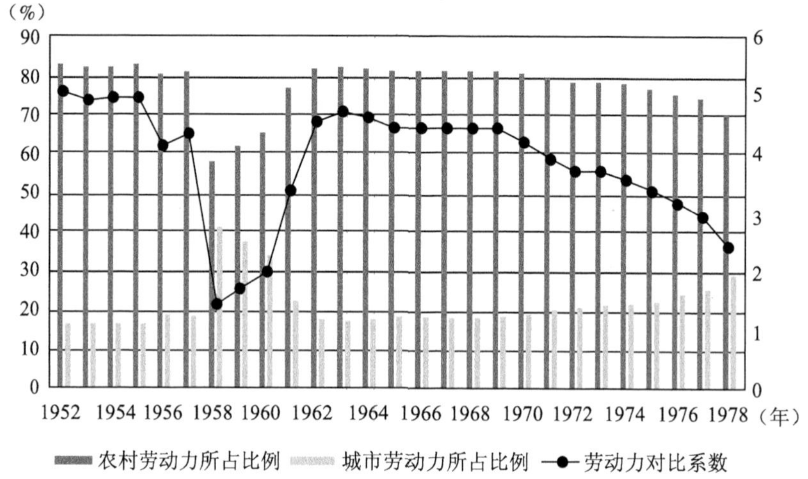

图 3-2 1952—1978 年中国城乡劳动力情况

数据来源：《中国农村统计年鉴（2017）》。

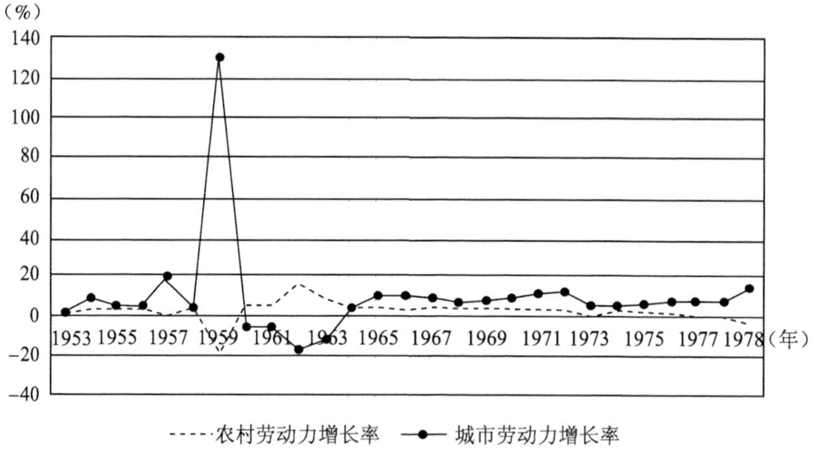

图 3-3 1953—1978 年中国城乡劳动力增长率

数据来源：《中国农村统计年鉴（2017）》。

由于历史原因，1949—1978 年与城乡居民收入对比系数①相关的多项数据缺失，因此只对现有相关研究中的分散化数据进行分析。根据李景刚、张效军、高艳梅等（2011）对 1978 年前我国城乡居民收入情况的研究，这一阶段城乡居民收入均增长缓慢②，但二者的差距（城乡居民收入比）有所缩小。另根据历史资料显示，该阶段城镇以及农村居民的人均收入都未能实现较大幅度的上升，城市和农村整体发展水平较低，城乡之间的劳动力流动随之降低。

从城乡二元对比系数③来看，除 1958 年（0.37）出现异常，1952—1978 年的城乡二元对比系数值偏低且变化较小，在 0.13~0.3 波动，表现出城乡二元经济较为显著（见图 3-4）。随着 1956 年生产资料收归集体所有，收回农民获取土地增值收益的权利，在农村实行按劳分配，国家对生产资料和劳动实行统一的配置和管理，农民失去自主安排劳动的权利，农村劳动力向城市流动受到了严格的限制④，于是出现了 1958 年城乡二元结构畸高的现象。

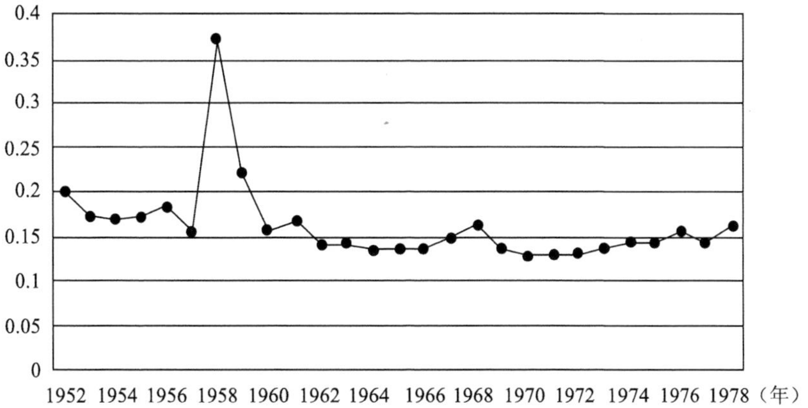

图 3-4　1952—1978 年中国城乡二元对比系数

数据来源：《中国农村统计年鉴（2017）》。

从城镇化率变化趋势看（见图 3-5），1949—1977 年城镇化率一直处于较

① 城乡居民收入比=城镇居民家庭人均可支配收入/农村居民家庭人均纯收入。

② 李景刚，张效军，高艳梅，等．我国城乡二元经济结构与一体化土地市场制度改革及政策建议［J］．农业现代化研究，2011，32（3）：287-301.

③ 城乡二元对比系数=城乡二元生产率对比系数=农村劳动生产率/城市劳动生产率。

④ 马军显．城乡关系——从二元分隔到一体化发展［D］．北京：中共中央党校，2008：35.

低水平，1949 年城镇化率为 10. 64%，1957 年城镇化率为 15. 39%，1997 年城镇化率为 17. 92%。该时期的城镇化率较低，表现为农村人口向城市的流动性差，城乡之间的人口交换和各项物质的流动性极差，城市和农村之间逐渐割裂，城乡二元结构加剧。

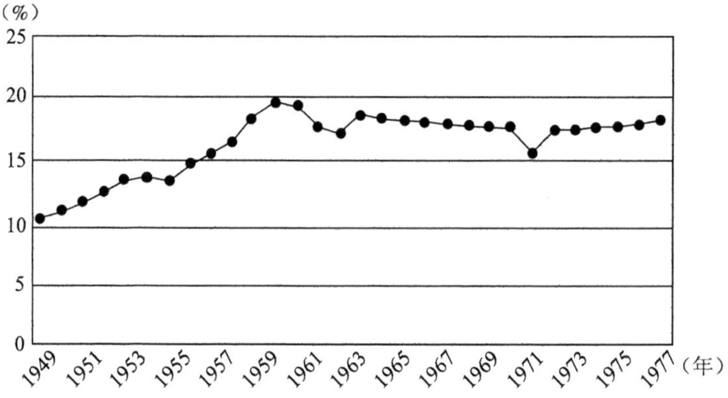

图 3-5　1949—1977 年中国城镇化率变化情况

数据来源：《新中国六十年统计资料汇编》。

二、土地制度

新中国成立初期城乡土地由地政司统一管理①，1950 年 6 月《土地改革法》正式颁布。1950 年，多数地区相继实施了土地改革，通过土地改革消灭了农村的封建制度残余，农村土地基本上实现了农民所有，农村的生产积极性得到了极大提升，此后农村获得了快速的发展。② 之后对土地制度进行了重大调整，在 20 世纪 60 年代初至 1978 年农村实行人民公社体制，土地由农民所有转变为土地集体所有，这一系列的转变对城乡发展产生重大而深远的影响。

据《新中国六十年统计资料汇编》统计（见图 3-6），1949 年我国粮食

---

① 高海燕 . 20 世纪中国土地制度百年变迁的历史考察［J］. 浙江大学学报（人文社会科学版）. 2007，37（5）：124-133.

② 朱方林，朱大威 . 建国以来中国土地制度重大改革回顾与展望［J］. 江苏农业学报，2015，31（1）：200-209.

总产量为 11318 万吨，人均粮食数量为 0. 2089 吨，到 1978 年我国粮食总产量为 30476. 5 万吨，人均粮食数量为 0. 3398 吨。其中，1959—1961 年全国粮食产量受自然灾害的影响突然降低。1949—1978 年我国的粮食总量增长率为 2. 6927，人均粮食数量增长率为 1. 6257，这一阶段我国粮食产量总体来看有较高的增长，但波动较为复杂，可以认为整体上的增长归因于土地制度激励下农民生产积极性的提高。

1. 农用地制度：农地所有权从私人所有转变为集体所有

1949—1952 年，农村进行土地改革，农村农副产品的价格较之前有很大的提高，同时农村地租大幅度降低，城乡之间的差距逐渐变小，原来的旧城乡关系基本上朝着社会主义城乡关系方向转变。1950 年 6 月 30 日国家颁布《中华人民共和国土地改革法》，土地改革在全国范围内进行，1953 年完成土地改革，我国七亿亩的土地归农民所有，通过消灭封建剥削的土地制度，农民的生产积极性极大提高，农业快速发展，农民收入不断增加，农村与城市居民之间的收入差距相对缩小。①

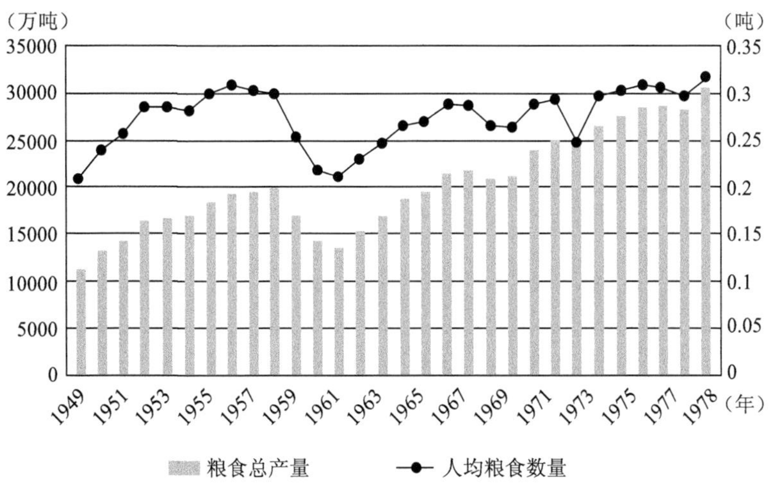

图 3-6 1949—1978 年中国人均粮食占有量变化趋势

资料来源：《新中国六十年统计资料汇编》。

① 徐经勇．中国农村经济制度变迁六十年研究［M］. 厦门：厦门大学出版社，2009：11-20.

1953—1958 年农村实行了合作制度，成立了农村合作组织，农村合作组织由农村互助组、初级农业合作社发展至高级农业合作社、人民公社。1956 年在《高级农业生产合作社示范章程》中对土地等生产资料做出规定：决定将社员私有的包括土地在内的生产资料转为合作社集体所有，此时土地从私人所有开始转变为集体所有。① 1958 年在《关于人民公社若干问题的决议》中对人民公社制度进行明确规定，将人民公社制度定义为基层组织生产的单位，在人民公社体系内部实现统一领导、分级管理，并确定了农村土地归集体所有制。② 农村集体土地所有制在否定农民与土地的所有权关系的同时，要求实现生产资料的集体平均，对农民的生产积极性有一定的打击。③

2. 集体建设用地制度：集体所有，禁止流转

新中国成立初期，我国城市建设用地主要通过两种方式取得，第一种方式是通过土地改造和土地赎买的手段获得资本主义私有性质的土地，另一种方式是依靠强制性行政征用方式获得土地。城市建设强制性行政征用土地是依据 1950 年 11 月份颁布的《城市郊区土地改革条例》以及 1954 年 9 月 20 日颁布的《中华人民共和国宪法》第十三条的规定。这些规定对国家进行城市建设过程中出现的土地问题进行解释，并规定国家由于城市建设需要而占用私人土地时，可以征用私人土地，并按照一定的补偿标准对私人土地所有者进行补偿。④ 自《城市郊区土地改革条例》以及《中华人民共和国宪法》第十三条规定的出台以及实行，我国征地制度初现雏形。

与此同时，我国农村集体建设用地制度与城市建设用地制度有极大的区别，真正意义上的农村集体建设用地是从农村合作化运动将土地所有权规定为集体所有开始的。通过对农业、手工业以及工商业的社会主义改造，除去部分性质特殊的农村土地，农村土地所有制基本上实现了农村合作社集体所有制。而 1962 年的《农村人民公社工作条例修正草案》以及 1963 年的《中共中央关于各地对社员宅基地问题作一些补充规定的通知》对农村土地合作社集体所有权以及多项生产资料所有权进行了进一步的规定，将农村土地合

① 田光明．城乡统筹视角下农村土地制度改革研究［D］．南京：南京农业大学，2011：62.
② 田光明．城乡统筹视角下农村土地制度改革研究［D］．南京：南京农业大学，2011：62-63.
③ 田光明．城乡统筹视角下农村土地制度改革研究［D］．南京：南京农业大学，2011：63.
④ 田光明．城乡统筹视角下农村土地制度改革研究［D］．南京：南京农业大学，2011：64.

作社集体所有制度以法律形式进行明确，并给予农村合作社集体无偿申请取得农村建设用地的权利，同时将农村土地进行所有权固定，禁止农村土地在市场上的自由交易。①

3. 征地制度初步确定

1956—1964 年城乡之间土地产权出现了较为严重的分隔发展的状态，形成了相互独立的两个土地流转市场。在农村地区，通过人民公社制度确立了土地归合作社集体所有，禁止土地市场上土地的流转和交易。在城镇地区，通过社会主义改造，将城市存在的属于资本主义工商业部门的房屋以及土地收归国有，并以多项法规的形式将该种征用方式进行规范。② 此后城镇土地以及农村土地的征用制度基本上被确定下来。

三、综合分析

1949 年 10 月 1 日新中国成立，中国计划经济体制开始初步建立并逐渐走向完善。1949—1978 年间的中国城乡关系，在经历了新中国成立初期的短暂趋好后由于诸多因素和土地制度设计的原因，1956 年以后城乡关系逐渐扭曲，城乡之间矛盾凸显，关系复杂波动，城乡之间的关系由相对缓和逐渐趋于复杂。

这一阶段明确规定农村土地集体所有，农民土地所有制被取消，城市和农村土地都接受国家的统一计划和管理，农地的利用基本上是国家统购统销再进行调配，此时的农村土地多数禁止流转。而随着户籍登记制度的实施，城市土地相对固定，城市土地通过行政征用取得。

土地制度随着中国实际情况的变化不断调整，城乡之间的土地流转基本上通过国家计划经济的行政方式进行，这在一定程度上限制了城乡之间生产资料的流动，在计划经济制度下，城乡之间的关系逐渐被割裂，城乡之间的资源往来逐渐被禁锢并走向僵化，城乡二元结构逐渐形成并不断巩固，城乡二元结构矛盾日益凸显，影响深远。

---

① 田光明．城乡统筹视角下农村土地制度改革研究［D］．南京：南京农业大学，2011：63.

② 田光明．我国城乡关系演进下的土地制度变迁［A］．中国农业经济学会 2010 年年会暨学术研讨会．加大城乡统筹力度协调推进工业化、城镇化与农业农村现代化论文集［C］．济南：中国农业经济学会，2010：471-483.

第二节 城乡改革发展，二元结构有所松动

一、城乡关系

20 世纪 70 年代末，我国传统的城乡二元结构的局限性及其产生的社会经济问题和矛盾日益凸显。1978 年底，我国提出以经济建设为中心，让一部分人先富起来，提出在生产发展的基础上实现公平。[①] 由此，城乡关系开始进入新的发展阶段，在市场化取向的改革指引下，中国城乡面貌焕然一新。

在我国农村，陆续实行了以家庭联产承包责任制为主体的双层经营体制。自 1978 年，国家提高了农副产品的收购价格，一定程度上减缓了农村劳动力流向城市的速度，增加了农民的收入，将相当一部分的劳动力留在了农村。[②] 1985 年，国家废除农副产品派购制度，大部分农产品自由进入市场进行交易，基本放开了对粮食价格和销售的控制[③]，广大农民由传统的农业收入扩展到了多项的非农收入，城乡二元结构有所松动。

根据《新中国六十年统计资料汇编》对 1978—1984 年城市以及农村居民收入情况的统计（见图 3-7），农村居民人均纯收入从 1978 年的 134 元上升至 1984 年的 355 元，城镇居民家庭人均可支配收入由 1978 年的 343.4 元上升至 1984 年的 652.1 元，1978—1984 年的农村居民人均纯收入和城镇居民家庭人均可支配收入都有持续性提高。1978—1984 年，每年的农村居民人均纯收入同比增幅在 14.09%以上，每年的城镇居民人均可支配收入同比增幅在 5.47%以上。1978—1985 年，农民人均收入增幅约为 169%，而同期城镇居民人均收入增幅约为 98%。1978—1984 年，城乡之间的差距迅速缩小，城乡居

① 吴丰华．中国近代以来城乡关系变迁轨迹与变迁机理（1840—2012）［D］．西安：西北大学，2013：107.

② 吴丰华．中国近代以来城乡关系变迁轨迹与变迁机理（1840—2012）［D］．西安：西北大学，2013：107-108.

③ 冉文伟．从公平与效率的视角看新中国城乡关系的 60 年变迁［J］．云南行政学院学报，2010（2）：77-78.

民收入对比系数由 1978 年的 2.57 下降到 1984 年的 1.84（详见图 3-8），城乡关系大为改善。

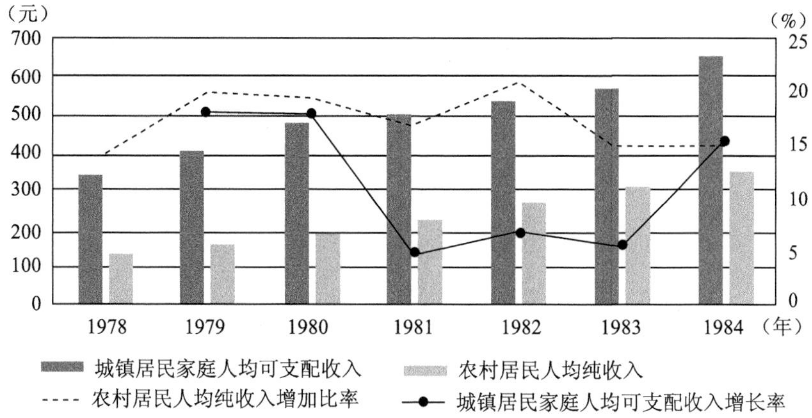

图 3-7　1978—1984 年中国城乡居民收入情况

数据来源：《新中国六十年统计资料汇编》。

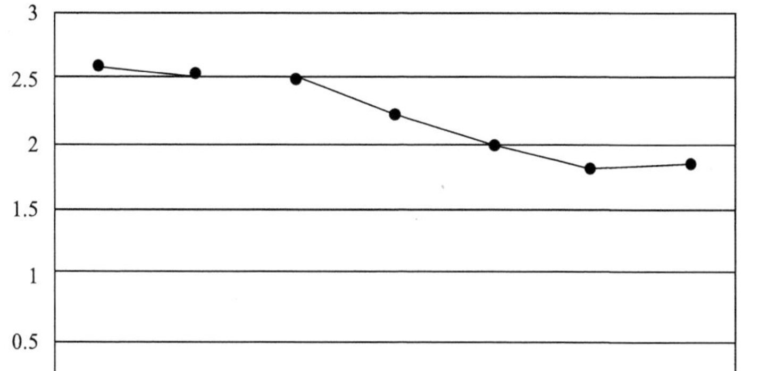

图 3-8　1978—1984 年中国城乡居民收入对比系数

数据来源：《新中国六十年统计资料汇编》。

从城乡二元对比系数的变动来看，由《中国农村统计年鉴（2017）》的统计数据计算得知（见图 3-8、图 3-9），1978—1984 年城乡二元对比系数不断上升，由 1978 年的 0.16 上升至 1984 年的 0.40，城乡之间的发展差距不断缩小，城乡二元结构相对缓解。

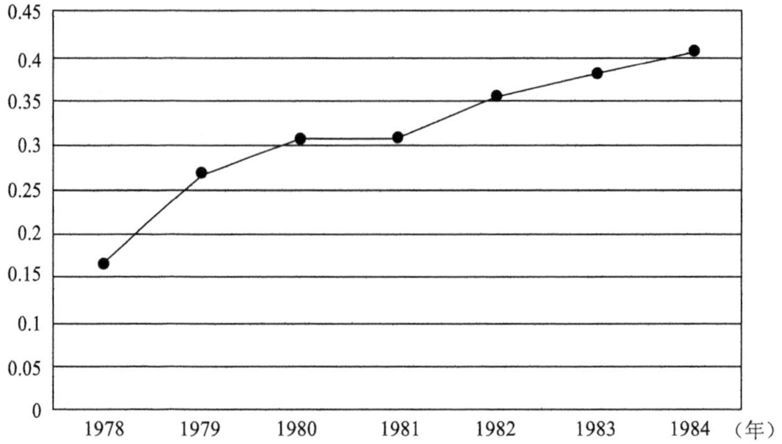

图 3-9　1978—1984 年中国城乡二元对比系数

数据来源：《中国农村统计年鉴（2017）》。

从劳动力对比系数及农村劳动力占比情况看（见图 3-10、图 3-11），该阶段呈现出农村和城市之间劳动力的流动方向为从农村转向城市，劳动力对比系数不断下降，从 1978 年的 2.3929 降至 1984 年的 1.7813。1978 年农村从事农业劳动的人数为 28318 万，占全国劳动力总人数的 70.53%，城市劳动力人数为 11834 万，1984 年农村从事农业劳动的人数为 30868 万，占全国劳动力总人数的 64.05%，城市劳动力人数为 17329 万，农村中从事农业劳动的人数增长率为-0.91%，而此时城市中从事非农劳动的人数增长率为 13.37%。农村劳动人数增长较慢，而城市劳动人数增长较快，农村劳动力中有一部分流向城市，劳动力流动性增加，城乡改革发展，城乡之间的二元结构有所松动。

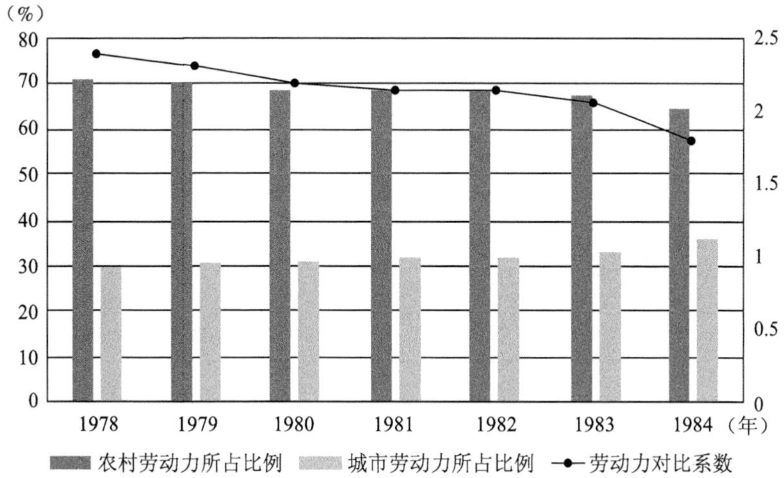

图 3-10　1978—1984 年中国城乡劳动力情况

数据来源：《中国农村统计年鉴（2017）》。

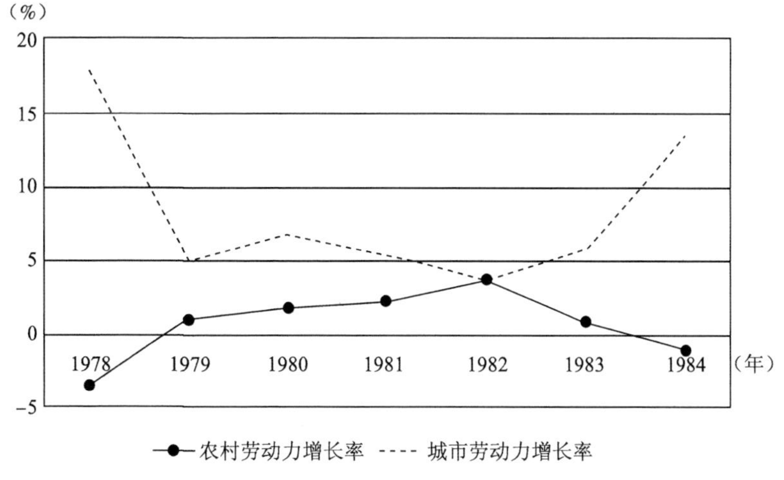

图 3-11　1978—1984 年中国城乡劳动力增长率

数据来源：《中国农村统计年鉴（2017）》。

从城镇化率的变化趋势看（见图 3-12），1978—1984 年城镇化率水平整体提高，1978 年城镇化率为 17.92%，1984 年城镇化率为 23.01%。此时的城镇化率提高，表现为农村人口向城市的流动性提高，城乡之间的人口交换和各项资源的流动性增强，城乡改革发展，城乡之间的二元结构有所松动。

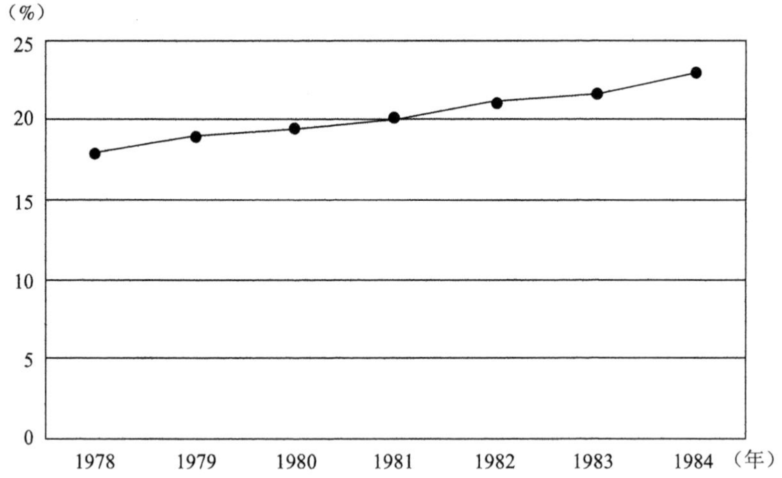

图 3-12　1978—1984 年中国城镇化率变化情况

数据来源：《新中国六十年统计资料汇编》。

二、土地制度

1978 年 12 月中国共产党第十一届三中全会把中国带进了一个崭新的时代，我国农村经济的伟大变革也由此掀开了新篇章。① 1978 年，十一届三中全会上提出国家将工作重心转移到经济建设上来，同时要求提高农产品的整体价格、降低农业生产资料的价格，实行家庭联产承包责任制，将土地使用权放归农村，实现农民对土地经营的自主权，保护农民的土地所有权和对土地的自主经营权。②

通过十一届三中全会，农民的土地所有权以及自主经营权利得到了保障，大大提高了农民的生产积极性和农民对土地经营的决定权，农民的生产积极性因此得到极大提高。自 1979 年，安徽省凤阳县小岗村对传统的土地制度进行变革，开始试行大包干责任制，同时，通过家庭联产承包责任制实现土地的所有权和经营权相互分离，土地的所有权仍然由农村集体掌握，但土地使用权放给农民，土地使用方式和使用途径由农民自主决定。这一阶段的农村

① 卢红岩．基于新制度经济学的中国农村土地制度变迁研究［D］．开封：河南大学，2009：36-40.

② 田光明．城乡统筹视角下农村土地制度改革研究［D］．南京：南京农业大学，2011：66.

土地改革经历了包工到组、包产到户和包干到户三个阶段，改变了原有的“三级所有、队为基础”的人民公社制度，极大地提高了农民的生产积极性。①

1978—1984 年被认为是新中国成立之后农业发展最为迅速的阶段，据《新中国六十年统计资料汇编》统计数据（见图 3-7），农村家庭的纯收入在 1984 年的人均增长率达到 19.91%，此阶段的农业总增长率为 42.23%。其中，农业总增长的 46.89%是实行家庭联产承包责任制带动的②，这归因于推行家庭联产责任承包制所带来的农村生产力的提升。

与此同时，国家通过一系列政策性文件改革农村的基层政权，通过 1982 年《关于中华人民共和国宪法修改草案的说明》、1983 年中央“一号文件”以及 1984 年中央“一号文件”等取消了人民公社制度下形成的公社集体所有制度，改为农民自发组织的农民集体所有制度。③

三、综合分析

综上所述，通过实行家庭联产承包责任制，取消人民公社制度，农村的土地制度和经济发展需求的变化必然要求政治体制与之相适应，“人民公社”模式已经无法适应经济社会发展的需求。1983 年 10 月中共中央、国务院以政策性文件确定农村基层的政权，要求实现政社分离，并根据农村基层的具体情况建立合作经济组织。到 1984 年底，这项工作基本完成。此后，中国农村进入了政治上“乡政村治”和经济上土地家庭联产承包责任制的新阶段。可以说，在这一阶段，国家逐步开始探寻解决城乡二元结构矛盾的方法，并取得一定的成效，改革开放特别是大力发展农村经济的政策对城乡关系的改变起到了历史性的积极作用。

这一时期，城乡改革发展，农村经济有了较大发展，城乡之间的差距开始缩小，城乡关系有一定程度改变。但从整体上来说，城乡之间二元结构并没有根本性突破，城乡之间的不平等仍然存在，城乡之间发展的失衡状态仍

① 田光明．城乡统筹视角下农村土地制度改革研究［D］．南京：南京农业大学，2011：66.

② Justin Yifu Lin. Rural Reforms and Agricultural Growth in China ［J］. American Economic Review. 1992，82（1）：34-51.

③ 田光明．城乡统筹视角下农村土地制度改革研究［D］．南京：南京农业大学，2011：67.

未完全改变，经济发展中的各项资源向城市倾斜的局面仍未改变。① 与上一阶段城乡二元结构不断凸显的状况相比，随着农村土地家庭联产承包责任制的实施，农村部分人口一定程度上从土地解放出来，农民生产积极性提高，农民利益与土地的固定关系出现松动，农村剩余劳动力向商业、餐饮业、维修业、运输业等行业流动，农民来自非农行业的收入增加②，农民从事非农业生产的收入在农民纯收入中所占的比重提高，农业劳动力部分向城市流动，城乡二元经济结构一定程度上出现松动。

第三节　城乡差距扩大，二元结构固化影响持续

一、城乡关系

这一阶段的改革主要是侧重于城镇地区的改革，而此时的农村改革处于停滞状态，这一阶段的城乡差距再度扩大，城乡二元结构固化，二元结构的影响不断持续。

1984 年 9 月，十二届三中全会上国家对城镇居民收入的分配体制进行改革，通过这次改革企业内部的工资分配形式被彻底改变，城镇职工的工作积极性被充分调动。这一阶段的国有企业改革步伐逐步加快③，非公有制企业进行变革，发展速度加快。④ 城市经济较快发展，城镇居民大幅增收。

而在农村，则出现了明显相反的情况：一是农产品价格呈现下降趋势，农业生产资料价格较高，但粮食价格持续低迷，直接导致了农民收入减少。

---

① 张军．推进我国城乡一体化的制度创新研究［D］．长春：东北师范大学，2013：22.

② 吴丰华．中国近代以来城乡关系变迁轨迹与变迁机理（1840—2012）［D］．西安：西北大学，2013：114.

③ 即经过了 1978—1984 年放权让利时期、1984—1992 年两权分离时期、1992—2003 年产权改革阶段（吴丰华．中国近代以来城乡关系变迁轨迹与变迁机理（1840—2012）［D］．西安：西北大学，2013：108），逐渐打破了国有企业独占市场的局面（康耀辉．论国有企业的改革与发展［J］．通化师范学院学报，2001（1）：27-31）。

④ 张鑫．中国城乡收入分配制度变迁的博弈分析与经验研究［D］．沈阳：沈阳理工大学，2011：22-23.

二是由于“三提五统两工”政策的实施，农民负担加重。三是城市化过程中农地问题突出，强迫征地、补偿过低等现象时有发生，多数失去土地的农民无法实现其最基本的生活保障。四是农民工在多方面与城市居民所享受的权利差距较大，城乡之间资源配置存在极大不公，造成城乡居民及其后代生活状况与发展空间差异巨大。①②③

在农民进城就业方面，农民在城市就业的权利受到限制。这一阶段，为保证农村劳动力返回农村从事农业劳动，政府开始严格控制农民工进入城市④。1984年10月13日国务院发布了《关于农民进入集镇落户问题的通知》⑤、1994年常住户口、寄住户口、暂住户口三类户口登记管理制度实施⑥，上述一系列政策规定促进了城乡之间的人员往来，户籍制度开始松动改革，农村居民与城镇居民的身份差异逐步消除，密切了城乡交流。⑦ 随着户籍制度的改革推进，农村劳动力进城务工数量增加。但从整体来看，1984—2002年的19年间，城市农村之间的自由流动仍受到较大限制，城市发展速度加快，农村发展速度迟缓，城乡之间的二元结构持续固化。

从城乡劳动力的变化情况看（如图3-13及图3-14所示），在1984—2002年间，农村从事农业劳动的人数增长缓慢，占比不断减少，1984年为30868万人，占全国劳动力总人数的64.05%，2002年为36640万人，占全国劳动力总人数的50%；同期，城市中从事非农劳动的劳动力人数大幅增加，1984年为17329万人，2002年为36641万人，城市农村劳动力人数自新中国

① 冉文伟．从公平与效率的视角看新中国城乡关系的60年变迁［J］．云南行政学院学报，2010（2）：77-78.

② 吴丰华．中国近代以来城乡关系变迁轨迹与变迁机理（1840—2012）［D］．西安：西北大学，2013：109.

③ 吴颂吉．中国城乡双重二元结构研究［D］．西安：西北大学，2014：20-70.

④ 比如下发1989年《关于严格控制民工盲目外出的紧急通知》，1990年《关于做好劳动就业工作的通知》（孙友然．我国农民工权益保障问题研究综述［J］．南京人口管理干部学院学报，2008，4（2）：26-31）等，20世纪90年代，城市国有企业进行改革，这次改革产生大批量的城市下岗职工，政府为优先保证城市的下岗职工再就业，城市管理部门开始限制农民工向城市流动，对城乡协调发展较为不利。

⑤ 程其明．小产权房规制政策研究［D］．武汉：武汉大学，2010：66-70.

⑥ 胡正梁，张帆．国内外户籍制度集要及启示［J］．山东经济战略研究．2013，（9）：23-27.

⑦ 王道勇，郧彦辉．改革以来中国流动人口管理理念变迁及发展趋势［J］．城市观察，2011（5）：44-52.

成立以来首次出现相等的情况。

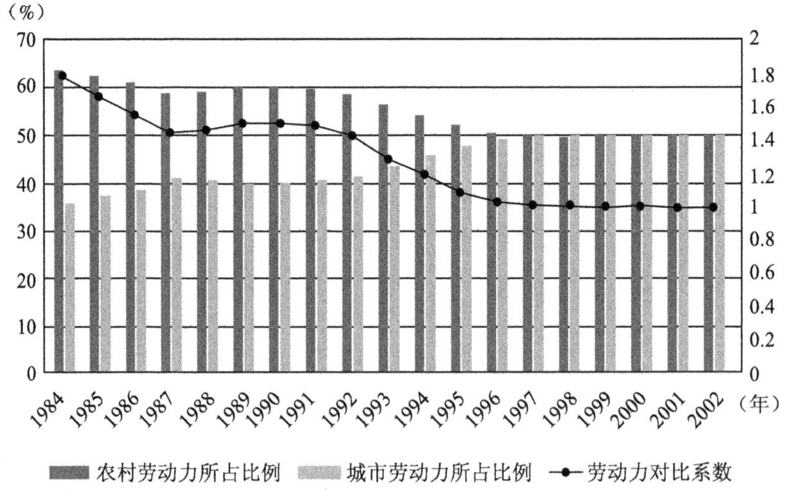

图 3-13　1984—2002 年中国城乡劳动力情况

数据来源：《中国农村统计年鉴（2017）》。

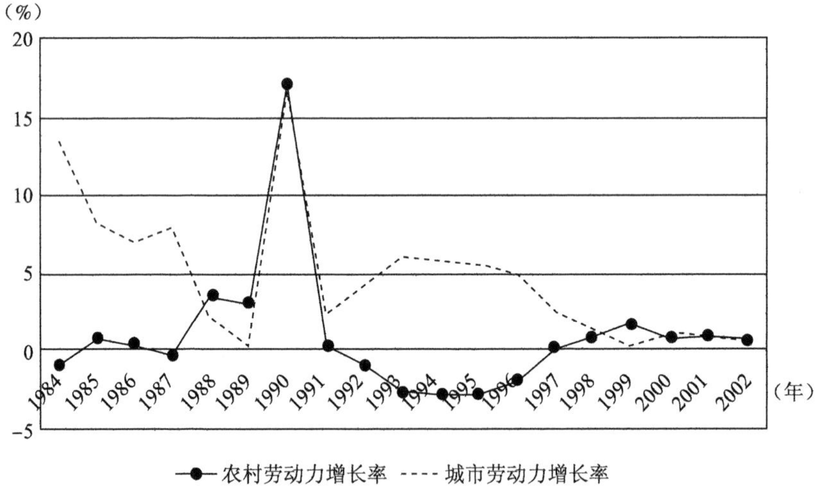

图 3-14　1984—2002 年中国城乡劳动力增长率

数据来源：《中国农村统计年鉴（2017）》。

从城乡居民收入对比情况看（见图 3-15 和图 3-16），1984—2002 年，城镇居民家庭人均可支配收入不断提高，并且提升速度较快，农村居民人均纯收入提升缓慢；城乡居民收入对比系数升高，由 1984 年的 1.84 上升到 2002 年的 3.11，城乡居民收入差距不断拉大。

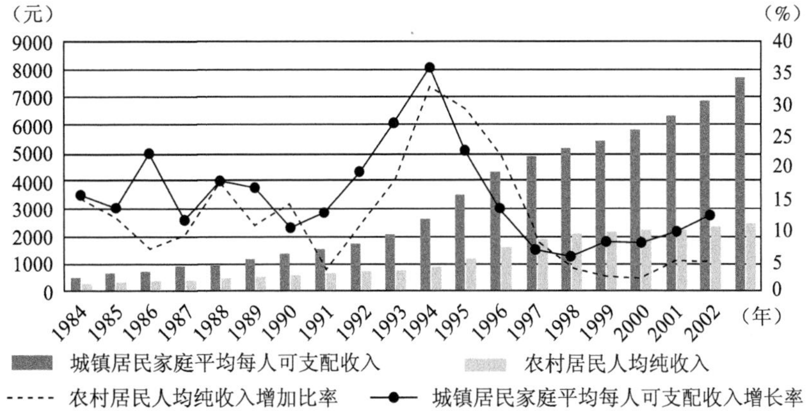

图 3-15　1984—2002 年中国城乡居民收入变化情况

数据来源：《新中国六十年统计资料汇编》。

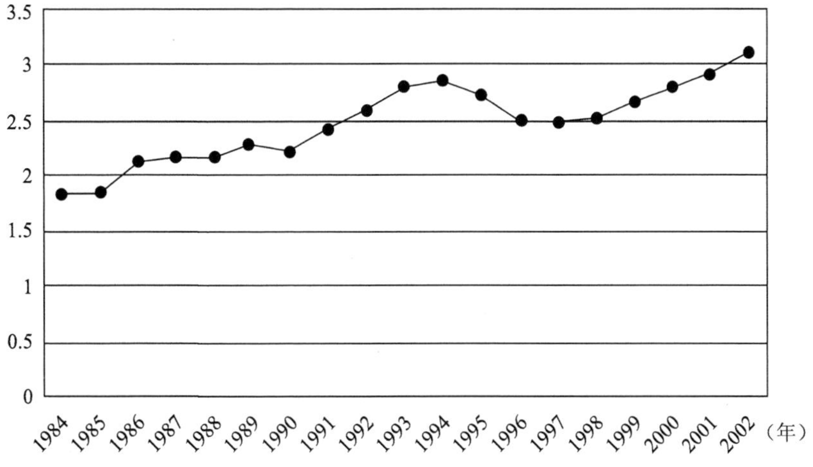

图 3-16　1984—2002 年中国城乡居民收入对比系数

数据来源：《新中国六十年统计资料汇编》。

从城乡二元对比系数看（见图 3-17），在 1984—2002 年间的二元经济对比系数维持在 0.45 左右及以下，其中 1994 年（0.38）以及 2002 年（0.36）两个年份的二元对比系数最低，表明城乡二元经济结构显著和固化，二元经济结构的影响持续。

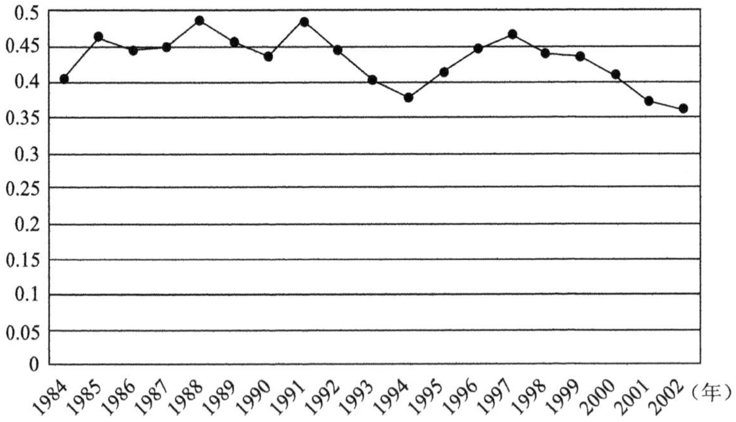

图 3-17　1984—2002 年中国城乡二元对比系数

数据来源：《中国农村统计年鉴（2017）》。

从城镇化率变化趋势看（见图 3-18），1984—2002 年城镇化率缓慢提升，1984 年城镇化率为 23.01%，2002 年城镇化率为 39.09%。此时的城镇化率提升缓慢，表现为农村人口向城市的流动性有所降低，城乡之间的要素流动性不断减慢，城乡二元经济结构显著和固化，二元经济结构的影响持续。

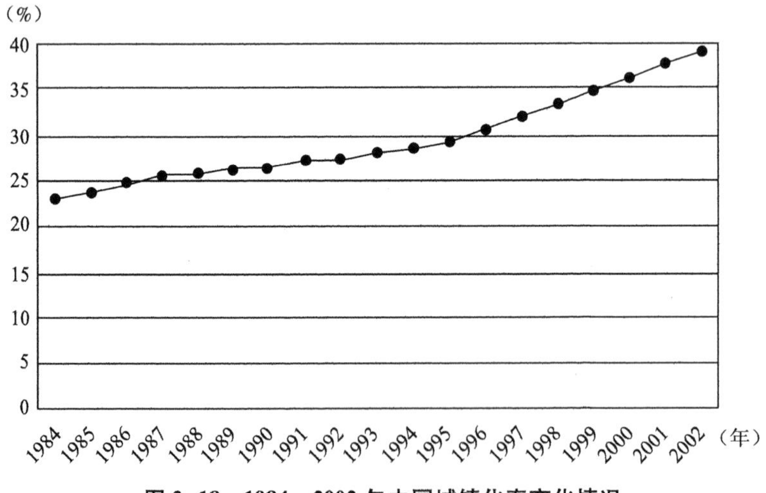

图 3-18　1984—2002 年中国城镇化率变化情况

数据来源：《新中国六十年统计资料汇编》。

二、土地制度

20 世纪 80 年代以后，随着改革开放的实施，我国城市经济发展速度大大加快，出现了大量农村耕地转变为城市建设用地的现象，城市建设用地的土地市场不断扩张。同时农村家庭联产承包责任制对农民的激励效果有所下降，农村土地市场出现停滞发展的现象，城乡割裂的二元土地市场在 20 世纪 90 年代末以法律的形式明确固化，对城乡发展产生了不同方向的重大而持续的影响，这对城乡之间的二元结构进行了再次强化，城市和农村之间的差距再次扩大，城乡一体化进程受阻。

有关农村的土地制度安排和调整如下：

（一）农用地制度：农地普遍细碎化，农地流转不畅

20 世纪 80 年代以后，农村的家庭联产承包责任制对农民的激励效果有所下降，此时的家庭联产承包责任制已经经过了效率最高的阶段，到达边际效率递减阶段。家庭联产承包责任制将农村土地使用权分给农民，每户农民拥有使用权的土地较少，土地耕种和劳作以家庭作为独立的单位，规模较小，大块土地被分割为零散化的小块，利于家庭经营，农民生产积极性得到极大提高，但土地利用规模减小，其使用效率不断降低。随着农村的生产资料价格降低，农业生产工具的更新，农业产量提高，农民收入不断增加，但由于农村土地资源的有限性以及较低的流动性，农村会出现大量的劳动力富余，这部分劳动力便开始流向收益较高的非农行业。随着农村大量劳动力向非农产业流动，农村土地并未实现自由流动，农村耕地开始出现被撂荒的问题，这便降低了农业生产发展的速度，制约和影响了农村农业的发展。①

据《新中国六十年统计资料汇编》的数据（详见图 3-19），20 世纪 80 年代我国粮食的总产量和人均粮食数量呈现先下降后上升的趋势。1984 年粮食产量为 40730.5 万吨，人均粮食数量为 0.3903 吨，1988 年 39408.1 万吨，人均粮食数量为 0.3549 吨，至 2002 年，粮食产量为 45705.8 万吨，人均粮食

① 田光明．城乡统筹视角下农村土地制度改革研究［D］．南京：南京农业大学，2011：68.

数量为 0.3558 吨。这一阶段，整体上粮食总产量有所提高，但人均粮食数量出现较大幅度的下降。

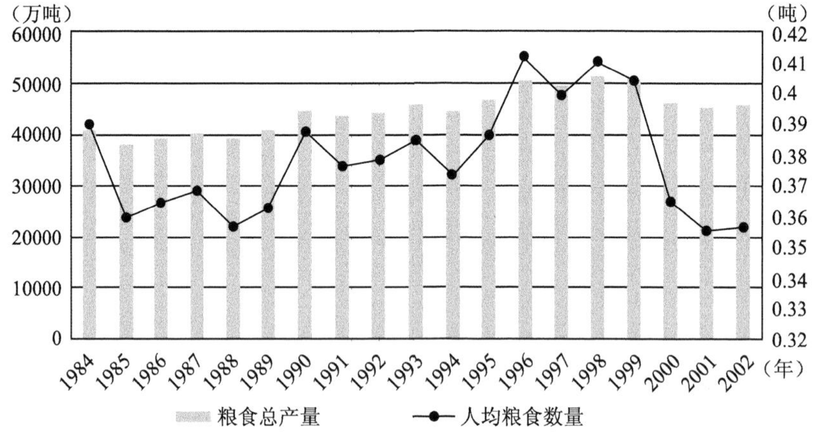

图 3-19　1984—2002 年中国粮食产量

数据来源：《新中国六十年统计资料汇编》。

（二）集体建设用地制度：隐形流转大量存在，法律上仍然禁止

20 世纪 80 年代，各个地区的经济发展程度差异较大，经济发展速度较快的地区对建设用地的需求高于经济发展速度较慢的地区，经济发展速度快的地区对耕地的挤占较多，大量非农土地变为建设性用地，土地隐形流转现象普遍存在。① 1988 年的《土地管理法》中关于农村土地使用权转让的规定，允许土地使用权依法进行流转，但由于国家对农村土地流转并未进行统一的规划和管理，便出现了农村土地流转混乱和无序的现象，造成了农村土地的大量浪费，大量非农土地出现闲置或者无序占用，在投入使用后仍未完全发挥出其本身的效率。

为解决农村中出现的土地隐形流转造成大量的土地浪费问题，国家于 1996 年开始对农村非农用地进行规范管理，对非农用地建设用地部分进行统一的规范，首先从江苏市开始，率先实行《苏州市农村集体存量建设用地使

① 田光明．城乡统筹视角下农村土地制度改革研究［D］．南京：南京农业大学，2011：69.

用权流转管理暂行办法》，此后，安徽芜湖市、上海青浦区等地也陆续颁布相关的法律文件。

但是另一方面，法律对土地的大量流转仍然禁止。1998 年《土地管理法》中对农地使用权转让的规定中所适用的土地范围仅局限于一小部分，土地流转仅允许在较小的范围内进行。对于在农村土地总体规划范围内的部分企业、单位或者个人的土地，允许以股权或者联合经营的方式进行流转，同时对于通过破产收购或者兼并得到的土地也允许流转使用权。① 总体来看，这一时期的集体建设用地隐形流转普遍，但缺乏法律支持和保护，存在较大隐患，尚待规范和制度创新。

（三）征地制度：重新强化城乡二元结构，严重影响农业发展

为遏制无序以及非法的土地占用和开发，对乱占用耕地进行大力监控和处罚，并上收农村集体建设用地的审批权，加强对农村集体建设用地的管理，这导致农村集体建设用地的数量大量减少，在农村创办企业愈加困难，农村土地市场的发展受到遏制。② 为了更有效地保护耕地，我国在 1998 年对农村土地进行了严格的用途管制制度，《土地管理法》进行了进一步的规定，允许国家基于城市整体规划的目的对集体用地进行依法征用，其他主体或者个人改变土地使用性质为建设用地时需向有关机关申请，自此，农村土地转化为城市土地只能通过唯一的途径即国家征用才能得以实施，城乡二元的土地市场制度由此形成。

20 世纪 90 年代中后期，我国土地市场已形成了城乡割裂的土地二元市场，城市土地市场逐步扩张，主要是通过征用农村集体土地的方式实现，农村集体土地价格要远远低于城市土地市场同等土地的价格，但农村集体土地市场并未开放，农村集体土地流转只能在被规定的狭小的范围内进行隐形流转，这种土地市场的二元分离使城乡二元结构进一步恶化。③ 1998 年《土地管理法》中征地制度的基本面没有根本改变，对农村农业发展的不同程度的

① 田光明．城乡统筹视角下农村土地制度改革研究［D］．南京：南京农业大学，2011：69.

② 吴颂吉．中国城乡双重二元结构研究［D］．西安：西北大学，2014：20-70.

③ 李景刚，张效军，高艳梅，等．我国城乡二元经济结构与一体化土地市场制度改革及政策建议［J］．农业现代化研究，2011，32（3）：299.

负面影响仍在持续。

三、综合分析

从1984年起，改革迅速转入城市领域，而农村改革基本“停滞”。1984—2002年这一阶段，随着改革开放的实施，我国城市经济发展速度极快，出现了大量农村耕地转变为城市建设用地的现象，城市土地市场不断地扩张和完善，城市土地市场上的土地价格要远远高于农村土地市场的土地价格。同时，农村的家庭联产承包责任制对农民的激励效果有所下降，农民生产积极性降低，农村土地市场出现停滞发展的现象，但是农地非农化市场是国家垄断的计划行为的征地市场，城乡割裂的二元土地市场在20世纪90年代末以法律的形式明确形成和固化，并对城乡发展产生了不同方向的重大而持续的影响，这就对城乡之间的二元结构进行重新强化，城市和农村之间的差距再次增大，城乡一体化进程受阻。

随着农村劳动人口进城务工的数量不断增加，农民增收，城乡交流频繁。但从整体来看，1984—2002年的19年间，城市和农村之间各种资源的自由流动仍受到较大限制，城市发展速度较快，农村发展速度迟缓，农民收入增长依然缓慢，城市和农村不平衡发展加剧。

我国城乡二元经济结构是长期以来多种因素共同作用的结果，而二元土地制度是其重要影响因素，这期间的二元土地制度对经济二元起到了强化和加剧的作用。进入到80年代中后期，我国农村土地市场进入调整时期，而城市土地市场则不断发育、完善，城乡割裂的二元土地市场在20世纪90年代末以法律的形式得以明确和固化，并对城乡发展产生了不同程度的重大而持续的影响，这就重新强化了城乡二元经济结构，城乡发展和城乡居民之间的差距持续加大，城乡二元结构固化，加快城乡统一土地市场制度的改革是解决城乡二元问题的必然选择。

第四节　城乡差距逐渐缩小，二元结构逐步转向一体化

一、城乡关系

步入21世纪，农村改革不断继续深化和推进，政府对城乡关系的认识达到了一个新的高度，表现在把“三农”问题上升到了一定的战略高度，并将实现城乡之间协调发展作为重要战略性思想写入多项政策性文件中，这为正确处理城乡关系明确了方向。[①][②]

2002年十六大以来我国提出和实施一系列惠农和促进城乡统筹、一体化发展的方针政策。[③] 中央财政安排支持“三农”的投入额由2003年的2144.2亿元[④]增长至2011年的10408.6亿元（见图3-20）。上述改革发展政策措施有力推进了农村农业发展和农民增收，中国城乡差距开始出现缩小迹象，城乡关系改善明显。

21世纪以来，劳动力转移速度加快，转移规模也不断扩大。从城乡劳动力变化情况看（详见图3-21和图3-22），2002—2012年间，农村从事农业劳动的人数不断减少，2002年农村从事农业劳动的劳动力人数为36640万人，占全国劳动力总人数的50%，城市中从事非农劳动的劳动力人数为36641万人。至2012年农村中从事农业劳动的劳动力人数为25773万人，占全国劳动力总人数的33.60%，城市中从事非农劳动的劳动力人数为50931万人，此时

---

① 张军．推进我国城乡一体化的制度创新研究［D］．长春：东北师范大学，2013：22.

② 刘彦随，陈聪，李玉恒．中国新型城镇化村镇建设格局研究［J］．地域研究与开发，2014(6)：5-10.

③ 2002年十六大提出统筹城乡发展。2003年十六届三中全会提出“五个统筹”，统筹城乡发展处于首要地位。2005年“十一五”规划提出“建设社会主义新农村”。2006年1月1日起，农业税被正式取消。2006年中央一号文件提出落实科学发展观，统筹城乡经济社会发展。2007年十七大提出打破城乡二元体制目标，并提出城乡一体化的历史任务。

④ 刘晶．农田水利建设专项资金管理问题研究——以新余市渝水区为例［D］．南昌：南昌大学，2012：22-23.

城市劳动力增长率达 2.22%，在这一阶段城市劳动力人数持续高于农村劳动力人数；劳动力对比系数不断降低，从 2002 年劳动力对比系数为 1，2012 年劳动力对比系数降为 0.5060，表明从事农业劳动的劳动力不断减少，农村劳动力不断向城市流动，城乡之间二元结构不断向一体化发展。

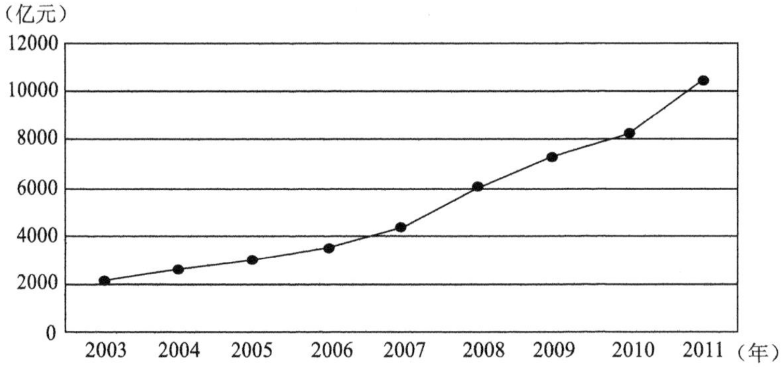

图 3-20　2003—2011 年“三农”投入情况

资料来源：根据中华人民共和国财政部网站。

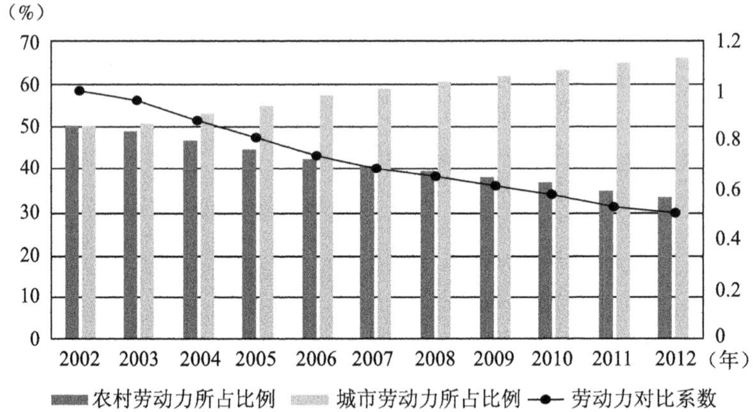

图 3-21　2002—2012 年中国城乡劳动力情况

数据来源：《中国农村统计年鉴（2017）》。

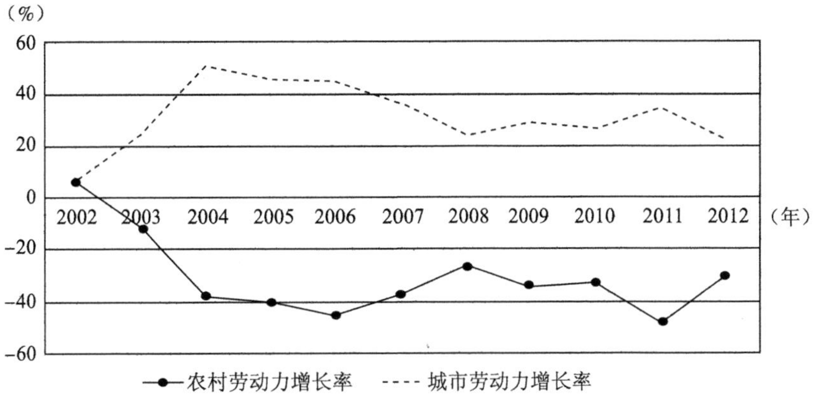

图 3-22　2002—2012 年中国城乡劳动力增长率

数据来源：《中国农村统计年鉴（2017）》。

从城乡居民收入变化情况看（详见图 3-23 和图 3-24），这一阶段的城乡之间居民收入的对比系数持续下降，由 2009 年的峰值 3. 33 下降至 2012 年的 3. 10，基本扭转了 1984—2002 年城乡收入差距不断扩大的趋势；同时，对城乡居民收入的统计数据分析可知，农村收入不断提高，由 2002 年的 2476 元升至 2012 年的 7917 元，同时农村居民人均纯收入增长率不断提升，2002 年增长率为 4. 61%，2012 年为 13. 46%。

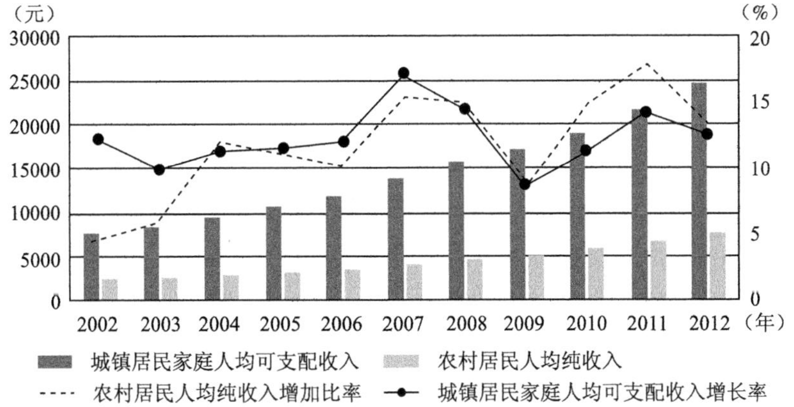

图 3-23　2002—2012 年中国城乡居民收入情况

数据来源：《新中国六十年统计资料汇编》。

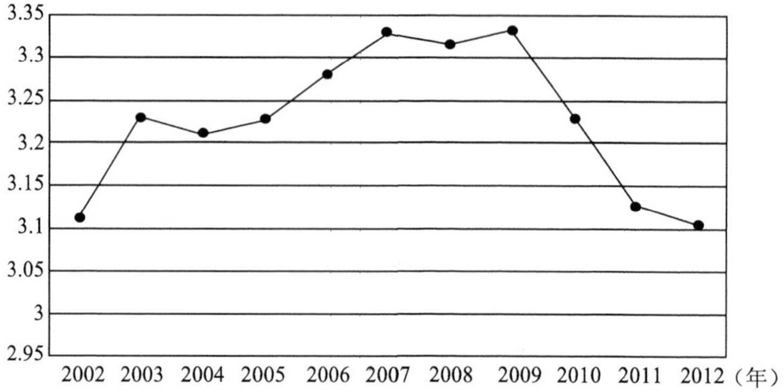

图 3-24　2002—2012 年中国城乡居民收入对比系数

数据来源：《新中国六十年统计资料汇编》。

从城乡二元对比系数看（详见图 3-25），2002—2012 年的城乡二元对比系数逐渐升高，由 2002 年的 0.36 升至 2012 年 0.46 左右，表明城乡之间的二元结构已经出现弱化，城乡之间的二元结构逐步向城乡一体化转变。

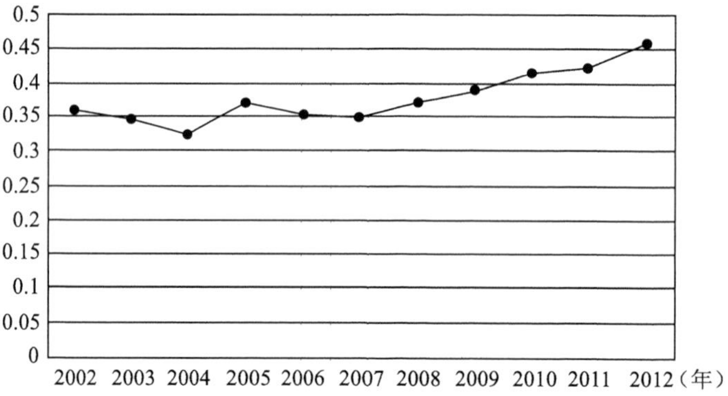

图 3-25　2002—2012 年中国城乡二元对比系数

数据来源：《中国农村统计年鉴（2017）》。

从城镇化率变化趋势看（见图 3-26），2002—2012 年城镇化率提升，2002 年城镇化率为 39.09%，2012 年城镇化率为 52.57%。此时的城镇化率加快，表现为农村人口向城市的流动性不断增强，城乡之间的人口交换和各项物质的流动性加快，二元经济结构得到改善，城乡二元结构逐步向城乡一体化转变。

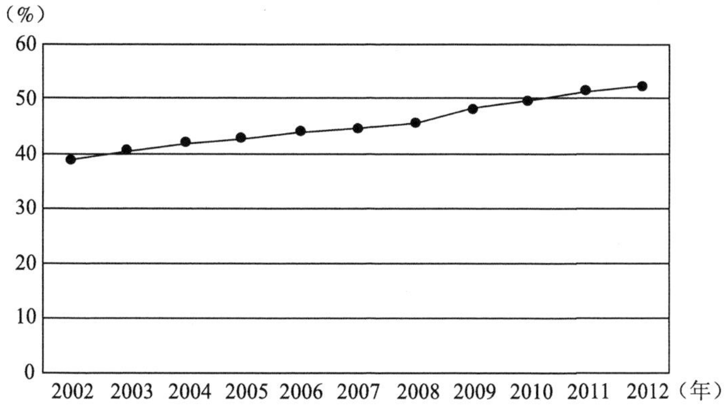

图 3-26　2002—2012 年中国城镇化率变化情况

数据来源：《新中国六十年统计资料汇编》。

二、土地制度

第一，在农村土地的使用权以及经营权方面。从 2003 年开始，《中华人民共和国土地承包法》以法律形式保护农民对农村土地的使用权以及承包经营权，并对农村土地使用权以及经营权的流转进行进一步的规定。2007 年《中华人民共和国物权法》以物权形式确定了土地承包经营权，2008 年十七届三中全会重申了对农民的农村土地使用权以及经营权的保护。①

第二，在农村的集体建设用地方面。2004 年《国务院关于深化改革严格土地管理的决定》对农村集体建设用地进行明确规定，在符合整体城乡规划的前提下，农村农民集体所有的建设用地的使用权可以依照法律在规定范围内进行流转。2005 年 3 月 1 日《农村土地承包经营权流转管理办法》的实施标志着我国土地市场制度进入新阶段，该管理办法是专门针对土地流转的法律，规定了土地承包的用途不能改变，流转期限不得超过承包期限，流转过程不得损害相关人员和组织的合法权益等，我国农村土地流转从此步入规范化、有序化时代。2008 年十七届三中全会对城乡统一的土地市场进行规定，提出建立城乡一体的土地市场实现建设性用地的流转和交易，农村非农业用地和城市建设用地应在法律上有同等的地位，并且农村非农业建设性用地在

① 田光明．城乡统筹视角下农村土地制度改革研究［D］．南京：南京农业大学，2011：71.

符合城乡整体规划的前提下与城市中的国有土地享有平等权益。①

三、综合分析

综上所述，在城乡统筹发展方面，十六大以来，国家将“三农”问题提升到了战略性的高度，出台多项强农惠农政策，并持续关注“三农”问题的解决，城乡之间固化的二元结构得到改善，城乡之间的差距逐渐缩小。由此，农业生产得以恢复和发展，农村经济出现大面积的复苏，农民收入不断增加，城乡之间来往不断。在国家的不懈努力下，城乡之间形成了以工促农、以城带乡的新型关系，城乡关系发展步入了新的历史阶段。城乡关系逐渐升温，城乡差距逐渐缩小，二元结构逐步转向一体化。

2002 年党的十六大以后，我国积极推进土地资源配置方式的市场化方向改革，土地市场改革对城乡一体化发展起到了助推作用。2002 年以后改革的重点在农村土地的市场化配置方面，2006 年中央一号文件指出要加快征地制度改革步伐，进一步探索改革经验。2005 年 3 月 1 日《农村土地承包经营权流转管理办法》实施，规定了土地承包的用途不能改变，流转期限不得超过承包期限，流转过程不得损害相关人员和组织的合法权益等，我国农村土地流转从此出现规范、有序的局面。但是，城市土地市场和农村土地市场之间还存在一定程度的分离，解决各地政府土地财政问题和征地制度改革任重道远。

---

① 赵阳．守住底线 试点先行 积极稳妥推进农村土地制度改革［J］．中国发展观察，2014（2）：7.

第五节　城乡关系出现新局面，全面向城乡一体化发展迈进

一、城乡关系

2012年党的十八大以及十八届三中全会指出“三农”问题是当前工作的重点，城乡一体化是解决好“三农”问题的首要手段。同时，对城乡一体化进行界定，认为城乡发展一体化指中国城乡之间的关系要打破分离的状态，从经济、社会、政治、文化、生态五方面缩小城乡差距。①② 城乡发展一体化战略的提出和实施标志着我国城乡关系发展开启新局面。

2017年党的十九大报告提出“农业、农村、农民”问题是关系到国计民生的根本性问题，要实现农业农村优先发展，建立健全城乡融合发展体制，加快推进农村现代化。中央文件首次提出“城乡融合发展”理念和“建立健全城乡融合发展体制机制和政策体系”，它符合新时代中国特色社会主义的本质要求，也是实施乡村振兴战略，加快推进农业农村现代化的根本保障。③④ 这是在总结中外城乡发展的经验基础上，着眼于当前城乡关系发展实际和未来新型城乡关系发展趋势作出的重大战略部署，也是新时代做好“三农”工作，实现乡村振兴，加快推进农业农村现代化，实现城乡一体化和融合发展的根本遵循和战略方向。⑤

2017年12月中央农村工作会议提出必须重塑城乡关系，走城乡融合发展

① 吴丰华．中国近代以来城乡关系变迁轨迹与变迁机理（1840—2012）［D］．西安：西北大学，2013：149.

② 张合林．促进城乡发展一体化［A］．吴宏亮．共话中国梦［C］．郑州：郑州大学出版社，2013：50-56.

③ 魏后凯．把握四个关键点推动城乡融合发展［EB/OL］．http：//www.agronet.com.cn/News/1170856.html 2017-11-17.

④ 魏后凯．坚定不移地实施乡村振兴战略［N］．经济日报，2017-11-03（005）.

⑤ 本报评论员．建立健全城乡融合发展体制机制和政策体系［N］．农民日报，2017-11-04（001）.

之路。2018 年中央一号文件《中共中央国务院关于实施乡村振兴战略的意见》对实施乡村振兴战略进行了全面部署，发出了实施乡村振兴战略的总动员令，指出要坚持城乡融合发展，坚决破除体制机制弊端，实现城乡之间的要素自由流动、平等交换，推动“四化”同步发展，加快形成工农互促、城乡互补的新型工农城乡关系，标志着我国向城乡一体化和融合发展全面迈进。

从城乡劳动力变化情况看，如图 3-27 以及图 3-28 所示，2012—2015 年间，农村从事农业劳动的人数继续减少，2012 年农村中从事农业劳动的劳动力人数为 25773 万人，占全国劳动力总人数的 33.60%，城市中从事非农劳动的劳动力人数为 50931 万人。至 2015 年底农村中从事农业劳动的劳动力人数为 21919 万人，占全国劳动力总人数的 29.30%，城市中从事非农劳动的劳动力人数为 55532 万人，此时城市劳动力的增长率达 1.96%，城市劳动力人数持续较快增长。

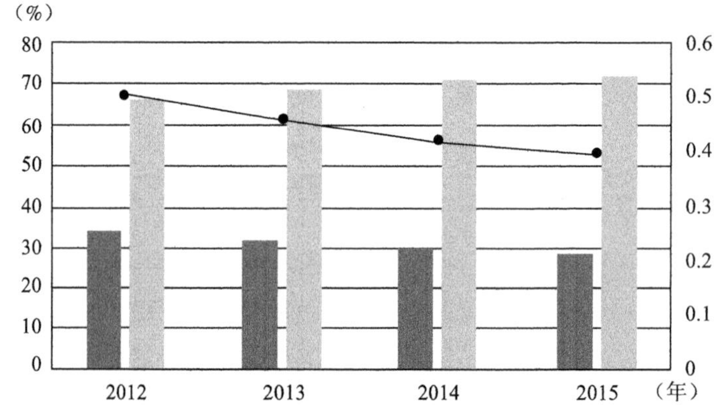

图 3-27　2012—2015 年中国城乡劳动力情况

数据来源：《中国农村统计年鉴（2017）》。

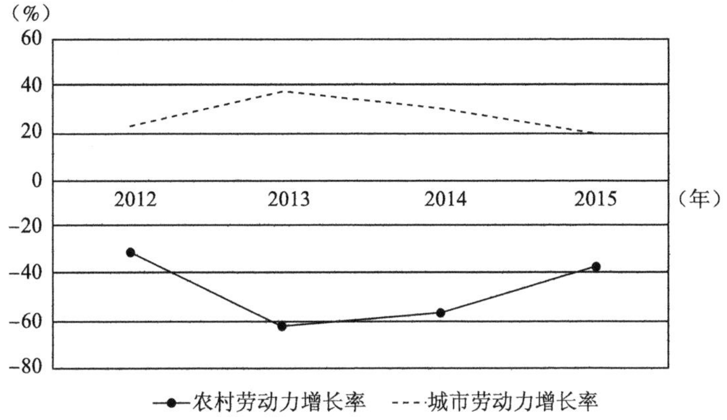

图 3-28　2012—2015 年中国城乡劳动力增长率

数据来源：《中国农村统计年鉴（2017）》。

从城乡居民收入变化情况看（详见图 3-29 以及图 3-30），城乡居民之间的收入对比系数一直在下降，由 2012 年的 3.10 下降到 2016 的 2.72，说明城乡居民收入的差距在逐步缩小。同时，由对城乡居民收入的统计数据分析可知，农村收入不断提升，由 2012 年的 7917 元提升至 2016 年的 12363.4 元，农村居民人均纯收入的提升速度有所放缓，2012 年增长率为 13.46%，2016 年为 8.24%；同期城镇居民家庭人均可支配收入由 2012 年的 24565 元提升至 2016 年的 33616.2 元，增长速度由 2012 年的 12.63%降为 2016 年的 7.76%。整体表现为，农村居民收入稳步上升，农村居民收入的增长幅度超过同期城镇居民收入的增长幅度，城乡居民收入之间的差距持续缩小。

从城乡二元对比系数看，如图 3-31 所示，此阶段的城乡二元经济对比系数不断提高，由 2012 年的 0.46 上升到 2016 年的 0.67，城乡二元系数的提高表明二元经济结构有了明显的改善，城乡之间的关系开始出现新的进展，城乡二元结构开始向着城乡一体化的方向发展全面迈进。

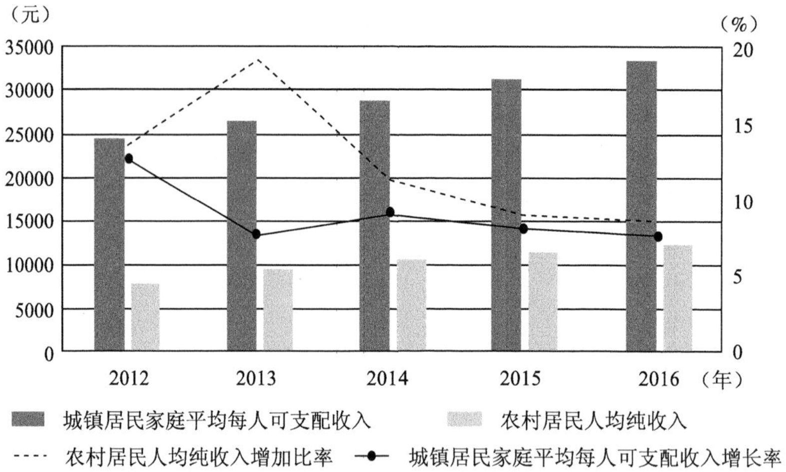

图 3-29　2012—2016 年中国城乡居民收入情况

数据来源：《中国统计年鉴（2017）》。

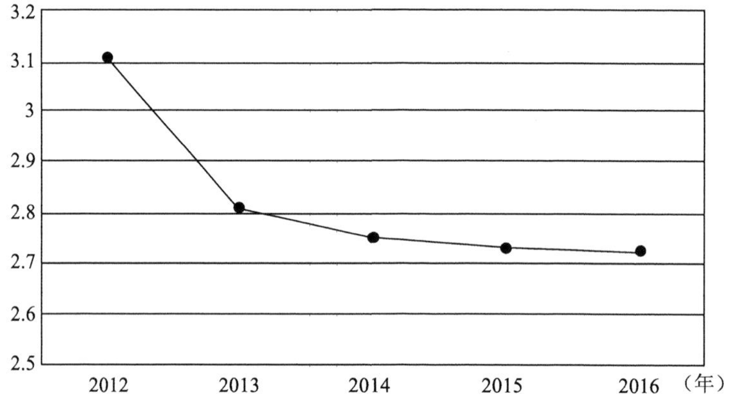

图 3-30　2012—2016 年中国城乡居民收入对比系数

数据来源：《中国统计年鉴（2017）》。

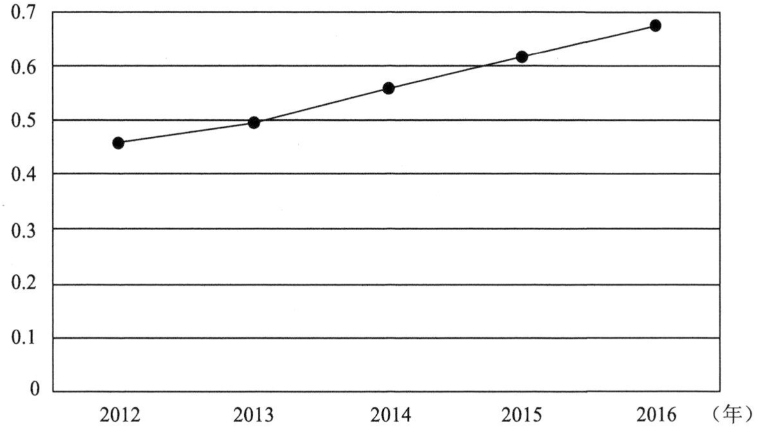

图 3-31　2012—2016 年中国城乡二元对比系数

数据来源：《中国统计年鉴（2017）》。

从城镇化率变化趋势看（见图 3-32），2012—2015 年城镇化率提升较快，2012 年城镇化率为 52. 57%，2015 年城镇化率为 56. 10%，2016 年城镇化率已经升至 57. 35%。此时的城镇化率不断加快，表现为农村人口向城市的流动性持续增强，城乡之间的人口交换和各项物质的流动加快，二元经济结构明显得到改善，城乡关系出现新的进展，二元结构走向一体化。

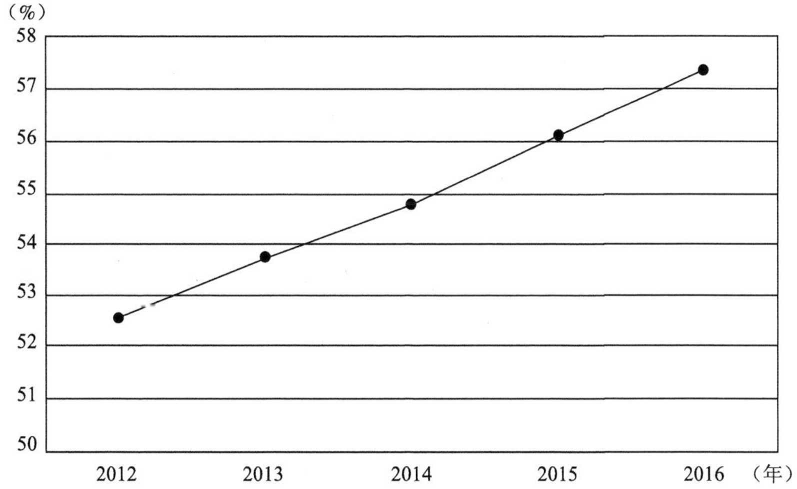

图 3-32　2012—2016 年中国城镇化率变化情况

数据来源：《中国统计年鉴（2017）》。

二、土地制度

这一阶段的土地制度是以统筹利用城乡建设用地作为重要指导思想的。随着农村不断发展以及市场经济的进程不断加快，原有二元制的土地市场已经无法满足当前我国经济发展和城乡发展的需求，原有的二元土地制度也暴露出诸多弊端，对土地制度了提出更深层次的要求。

在当前城乡二元结构情况下，由于我国农村的土地流转速度以及流转方式受到限制，农村集体建设用地的使用权以及自主经营权存在一定的缺失，多数农村非农土地只能通过隐形的方式进行流转或者通过个别特殊的方式进行变相流转，农村土地在自由市场上交易的价格无法得到真实的体现。

与此同时，城市的土地市场发展较为完善，城市土地市场基本上实现了在法律允许范围内的自由交易，实现了土地有偿出让、有偿使用的城市土地市场，并且有较为完善的土地使用权有偿转让的制度，此时形成的土地使用权交易价格较高。土地市场和土地价格的分割直接导致我国的城乡二元结构局面加重，因此，要想实现城乡一体化发展，就要建立城乡统一的土地市场，打破城乡之间相互分割的土地市场制度，实现城乡之间土地要素自由、平等地流动。

党的十八届三中全会以后，将实现“人”的城镇化作为解决“三农”问题的重点，并将进行农村土地制度改革作为重中之重，加快土地确权的步骤，加快土地制度尤其是农村土地制度的改革步伐。

2013 年中央一号文件对土地市场制度进行进一步规定，要求发展土地适度规模经营。2013 年十八届三中全会提出构建城乡统一建设用地市场，允许农村土地进入市场，跟城市土地实现同等权益，在土地市场上与城市土地价格一致。2014 年《关于引导农村土地经营权有序流转发展农业适度规模经营的意见》要求在农村土地所有权集体所有不变的前提下，实现承包土地的“三权分置”，允许土地经营权的有序流转。2014 年 12 月 2 日中央全面深化改革领导小组第七次会议以及 2015 年中央一号文件明确提出加快进行整省试点、进行土地确权等一系列政策①，为推动农村土地流转奠定政策基础。2015年1月中央印发《关于农村土地征收、集体经营建设用地入市、宅基地制度改革试点工作的意见》。2015年2月27日，全国人大常委会决定授权国务院在全国选取30个左右县（市）行政区域进行农村土地制度的改革试点。到2017年底该改革试点工作取得一定成效，2017年11月4日第十二届全国人民代表大会常务委员会第三十次会议决定试点期限延长一年至2018年12月31日。② 2017年中央一号文再次重申农村承包土地“三权分置”的办法，并将试点范围逐渐扩大，加快农村土地入市和城乡统一土地市场的建设。2018年中央一号文件提出探索宅基地“三权分置”，落实宅基集体所有权，保障宅基地农户资格权和农民房屋财产权，适度放活宅基地和农民房屋使用权。

三、综合分析

综上所述，2012年党的十八大以来，我国积极实施城乡一体化战略，城乡关系开启新局面，城乡发展展现出新的战略特征。同时全面深化改革，特别是加快农村土地制度改革。③

实践证明，土地制度改革及其制度创新推动了城乡一体化的发展，有利于形成新的城乡关系，同时，城乡一体化发展和城乡关系新局面又为土地制度改革及其制度创新创造了良好的环境条件，二者既互相制约、影响，又相辅相成、互动发展。

然而我们也必须清晰地看到，目前我国城乡发展的短板仍然在农村，城乡居民收入的差距仍然很大，城乡公共服务的配套仍然很不均衡。城乡二元结构仍然是制约城乡发展一体化的主要障碍④，而城乡二元结构的关键领域是城乡之间相互割裂的二元土地制度。在当前城乡二元结构的情况下，由于我

① 吴丰华，白永秀．城乡发展一体化：战略特征、战略内容、战略目标［J］．学术月刊．2013，45（4）：86-94.

② 全国人大常委会关于延长授权国务院在北京市大兴区等三十三个试点县（市、区）行政区域暂时调整实施有关法律规定期限的决定（2017年11月4日第十二届全国人民代表大会常务委员会第三十次会议通过）［N］．人民日报，2017-11-05（04）.

③ 吴丰华．中国近代以来城乡关系变迁轨迹与变迁机理（1840—2012）［D］．西安：西北大学，2013：151.

④ 这是本书的基本判断，并且符合实际和国家有关文件精神的指向，有诸多学者持有类似观点。

国农村的土地流转速度以及流转方式受到限制，农村的集体建设用地的使用权以及自主经营权存在一定的缺失，多数农村非农土地只能通过隐形的方式进行流转或者通过个别特殊的方式进行变相流转，农村土地本应在自由市场上交易的价格无法因此得到真正的体现。① 突出的表现在计划行政性的征地制度还没有做出根本性的改变，城乡土地要素还不能依法公平公正使用、平等参与市场竞争和同等受到法律保护，成为城乡一体化发展的最主要障碍。因此，要彻底清除这种城乡二元体制障碍，就必须将城市土地市场和农村土地市场统一起来，实现建设用地的依法自由流转，实现农村非农土地价格与城市建设用地价格相对等，农村土地与城市土地享受相同的权益。因此，要将城乡之间的二元结构彻底打破，缩小城乡居民的生活差距，实现城乡一体化发展，全面深化土地市场制度改革势在必行。

第六节　总结分析

土地制度改革及其制度创新推动了城乡一体化的发展，有利于城乡关系新局面的形成，同时，城乡一体化发展和城乡关系新局面又为土地制度改革及其制度创新创造了良好的环境条件，二者既互相制约、影响，又相辅相成、互动发展。这可以在一定程度上从 1978—2016 年城乡居民收入对比系数变化（如图 3-33 所示）和 1952—2016 年城乡二元对比系数变化（见图 3-34）情况反映出来。

从图 3-33 可以看出，1978—1984 年，由于农村土地制度改革发力，城乡居民收入差距迅速缩小，城乡居民收入对比系数由 1978 年的 2.57 降为 1984 年的 1.84，城乡之间的关系大为改善。从 1984 年开始，土地制度改革的侧重点是城镇地区，而此时的农村改革处于停滞状态，这一阶段的城乡差距再度扩大，1984—2002 年的城镇居民家庭平均每人可支配收入不断提高，并且提升速度较快，农村居民人均纯收入缓慢提升，此时城乡居民收入对比系数升

① 曹飞．转型土地管理制度变迁绩效及其制度逻辑［J］．社会科学，2017（3）：43-54.

高，由 1984 年的 1.84 升到 2002 年的 3.11。2002—2012 年，城乡居民收入对比系数持续上升，2009 年达到峰值 3.33，之后呈不断下降趋势，2012 年降至 3.10，基本遏制了 1984—2009 年城乡收入差距不断扩大的趋势。2012 年十八大以来我国土地市场制度改革和创新步伐加快，2012 年至今，城乡居民之间的收入对比系数稳步下降，由 2012 年的 3.10 下降到 2016 年的 2.72，说明农村居民收入在稳步上升，农村居民收入的增长幅度超过同期城镇居民收入的增长幅度，此时城乡居民收入的差距持续缩小。

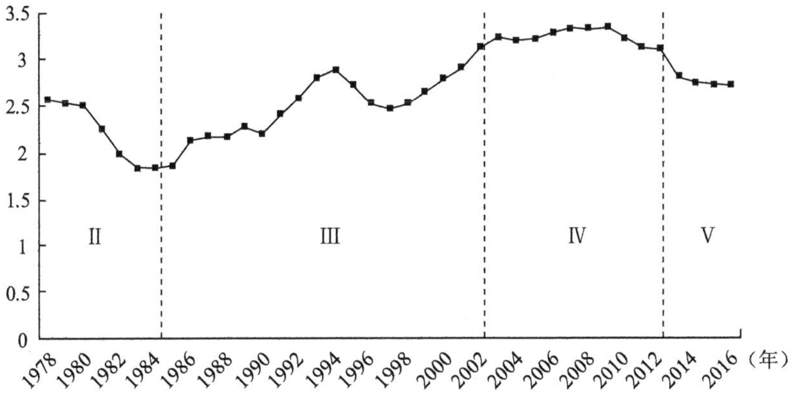

图 3-33　1978—2016 年城乡居民收入对比系数

数据来源：《新中国六十年统计资料汇编》《中国统计年鉴（2017）》。

由图 3-34 可见，1952—1978 年的二元对比系数值偏低且变化较小（1958 年除外），在 0.13 至 0.23 之间波动，表现出较为显著的城乡二元经济；在 1978—1984 年间城乡二元对比系数不断上升，由 1978 年的 0.16 上升至 1984 年的 0.40，意味着城乡之间的发展差距不断缩小，城乡二元结构相对缓和。1984—2002 年二元经济对比系数维持在 0.45 左右及以下，其中 1993 年（0.38）以及 2002 年（0.36）两个年份的二元对比系数较低，表明城乡二元经济结构显著和固化，二元经济结构的影响持续。2002—2012 年的城乡二元对比系数逐渐升高，由 2002 年的 0.36 上升至 2012 年 0.46 左右，表明城乡二元结构已经相对弱化，二元经济结构得到改善，城乡二元结构逐步向城乡一体化转变。2012 年至今的城乡二元经济对比系数不断提高，由 2012 年的 0.46，上升到 2016 年的 0.67，表明此阶段城乡二元经济明显改善，城乡关系全面向城乡一体化发展方向。

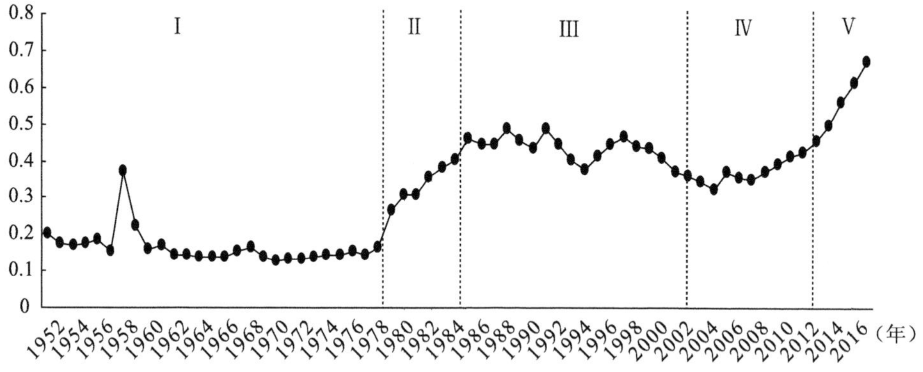

图 3-34　1952—2016 年城乡二元对比系数变化趋势图

数据来源：《中国统计年鉴（2017）》。

我国的城乡一体化实质上就是在保障农民土地权利和农村治权，推进城乡之间生产要素和人口的自由流动，激励相关经济主体的行为，推动经济的全面发展。土地制度是农村基本的经济制度，土地市场制度的改革对农村经济发展起着决定性作用，农村集体建设用地入市对打破城乡二元结构的约束有至关重要的作用。我们必须清晰地看到，目前我国城乡发展的短板仍然在农村，城乡二元结构仍然是制约城乡发展一体化的主要障碍，而城乡二元结构的关键是城乡之间相互割裂的二元土地制度。① 突出地表现在计划行政性的征地制度还没有做出根本性的改变，城乡土地要素还不能依法公平公正使用、平等参与市场竞争和同等受到法律保护，成为城乡一体化发展的最主要障碍。因此，要彻底清除城乡二元体制障碍，就必须将城市土地市场和农村土地市场统一起来，实现建设用地的依法自由流转，实现农村非农土地价格与城市建设用地价格相等，农村土地与城市土地享受相同的权益。因此，要将城乡之间的二元结构彻底打破，缩小城乡居民的生活差距，实现城乡一体化发展，全面深化土地市场制度改革势在必行。

① 这是本书的基本论断，并且符合实际和国家有关文件精神的指向，有诸多学者持有类似观点。

（一）农村土地制度安排是影响城乡一体化发展的重要制约因素，改革土地市场制度至关重要

纵观新中国成立以来我国经济的变迁史，城乡一体化发展受诸多因素的影响，而土地制度特别是农村土地制度安排是影响城乡一体化发展的重要制约因素。1978 年十一届三中全会之后提出保护农民土地所有权和经营自主权，农民开始了家庭联产承包责任制的尝试，一定程度上弱化了城乡二元结构。但在 20 世纪 90 年代末，城乡割裂的二元土地市场结构以法律的形式得以明确和固化，这就重新强化了城乡二元经济结构。2002 年党的十六大以后我国积极推进土地资源配置方式的市场化改革，土地市场改革对城乡一体化发展起到了助推作用，二元结构逐渐向一体化转化。2013 年十八届三中全会提出农村集体经营性建设用地进入土地市场，与城市土地市场上的国有土地享受同权同价的权益，为我国城乡建设用地市场走向统一提供了政策依据。到 2017 年底该改革试点工作取得一定成效①，城乡关系出现新的局面，全力向城乡一体化发展迈进。

（二）土地市场制度与城乡一体化双向影响、互动发展

从新中国成立以来城乡发展和土地改革的历程来看，土地市场制度及其改革创新可以被认为是城乡发展的制度基础和发展原动力，土地市场制度与城乡一体化之间互相影响，互动发展。

（1）城乡一体化对土地市场制度建设有重要的指导作用。我国城乡一体化的要求是实现城乡各方面的平衡发展，因此缩小城乡间的差距是基础，这便要求从本质上对农村土地制度进行改革。② 一是城乡一体化发展对土地资源的配置产生重大影响。城乡一体化发展带动了城乡地域土地利用特征、土地利用功能结构等全方位的变革，城乡一体化理论为土地制度特别是土地市场

---

① 全国人大常委会关于延长授权国务院在北京市大兴区等三十三个试点县（市、区）行政区域暂时调整实施有关法律规定期限的决定（2017 年 11 月 4 日第十二届全国人民代表大会常务委员会第三十次会议通过）[N]. 人民日报，2017-11-05（04）.

② 李俊琳 . 城乡一体化进程中农村土地流转问题研究［D］. 沈阳：沈阳师范大学 . 2016：27-29.

制度奠定改革基调。二是城乡一体化意味着土地资源的重新配置。城乡一体化就要求土地制度进行相应市场化改革，将农村土地纳入城乡统一土地市场。由于我国土地相关利益主体的复杂性，而农村集体建设用地“入市”是解决多方矛盾的关键途径。

（2）土地市场制度完善对城乡一体化发展有重大促进作用。城乡统一土地市场制度推动农村土地有序健康流转，缩小城乡差距，促进城乡一体化进程，为城乡一体化开辟新的道路。一是土地市场化制度改革会形成土地的自由流转，释放更多的农村劳动力，推动农村人口“市民化”，推动城乡一体化进程。二是农民集体依法转让土地会获得相当的土地收益，为乡村振兴提供资本，为农民从事非农生产减轻压力，降低农民对土地的依赖，促进城乡之间劳动力的合理有序流动和城乡一体化的健康发展。

（三）目前我国城乡二元土地结构与城乡一体化发展不协调，深化土地市场制度改革的任务很重，加快土地市场制度创新势在必行

目前我国城乡发展的短板仍然在农村，城乡二元结构的关键是城乡二元割裂的土地制度。我国农村集体建设用地由于流转受限，土地应有的经济价值难以通过市场实现；而我国的城市国有建设用地市场发展却比较顺利①，因此，要实现城乡一体化健康发展，彻底清除城乡二元体制障碍，加快全面深化土地市场制度改革势在必行。

（1）农村土地市场制度存在问题。一是农村土地产权主体不明确。当前《宪法》《土地管理法》都明确规定“农村土地归农民集体所有”，但对“集体”的概念并未进行明确的规定，农民缺乏行使集体所有权的组织和程序，这便造成农村土地产权主体模糊，城乡一体化发展受到阻碍。② 二是城乡市场割裂与土地市场一体化两者之间存在一定的矛盾。③ 城乡土地资源配置的市场

---

① 曹飞．转型土地管理制度变迁绩效及其制度逻辑［J］．社会科学，2017（3）：43-54.

② 曲福田，田光明．城乡统筹与农村集体土地产权制度改革［J］．管理世界，2011（6）：34-46，187.

③ 张晓山．全面深化改革，构建新型城乡关系——从社会主义新农村建设到新型城镇化［J］．学习与探索，2014（1）：86-100.

化机制仍然是改革的盲区。① 当前行政性土地征用将土地直接从农村剥离，城乡一体化进程受到阻碍。三是配套保障措施缺失导致土地市场结构不完整。由于户籍制度的限制，进城务工的农民并不能与城市居民同等的享受保障待遇。因此，一方面，进城务工农民不愿放弃农村土地，妇女、老人和儿童维持农业生产，农业生产呈现低效细碎化特点。另一方面，农民就业岗位没有固定的雇佣关系，农民仍然保留自己低效的耕地。② 由于我国财政不能实现在农村的全方位覆盖，城乡二元结构便无法从根本上得到解决。

（2）城乡一体化与土地市场制度创新的必然性及其方向。着眼于农村土地市场化过程中产生的问题，土地制度的诸多缺陷严重影响着城乡一体化进程。一是农民权益无法得到基本保护，此时的城市化过程出现“伪城市化”现象，农民无法完全脱离与土地的关系，影响城乡一体化发展进程。二是城市和农村之间市场的割裂导致生产要素的非均衡流动，农村闲置资源无法得到充分的利用，与城乡一体化的资源自由流动原则相背离；然后，城乡土地空间整体规划缺失，导致城乡空间形态紊乱，一定程度上阻碍城乡空间融合和一体化进程。三是农村和城市相关的配套措施缺失导致农地流转滞后于现代农业，农民进城之后无法与城市居民共享城市配套措施，影响城乡一体化进程。可见，目前我国城乡二元土地结构与城乡一体化发展还很不协调，深化土地市场制度改革的任务很重，因此，加快农村集体经营性建设用地“入市”，推进土地市场制度创新，实现土地市场制度和城乡一体化协同发展势在必行。

可以说，城乡一体化发展与土地市场制度创新紧密联系，城乡一体化发展能够推动土地市场化进程，而土地市场化改革及其制度创新对农业农村发展的带动作用也为城乡一体化发展开辟了新的内生道路和方法，二者相互促进，共同发展。

---

① 俞思念．从城乡统筹发展到城乡一体化——兼论党的十八大对新时期城乡关系的总布局［J］．学习论坛，2013，29（4）：8-11.

② 钱忠好．中国土地市场化改革：制度变迁及其特征分析［J］．农业经济问题，2013（5）：20-26.

第四章　我国城乡一体化发展与土地市场制度关系的实证研究

第一节　引言

目前我国城乡二元结构的关键领域是城乡二元割裂的土地市场制度，其已成为城乡一体化发展的最主要障碍。因此，通过实证研究，进一步证明我国城乡一体化发展与土地市场制度的双向互动关系，提出改革和完善我国土地市场制度推动城乡一体化发展的政策含义，具有重要意义。①

现有文献多集中于对城乡一体化发展水平或土地市场化水平的测度及影响因素进行研究。研究土地市场化水平时所选指标主要是土地价格指标②、土地一级市场的招拍挂价格和交易宗数③等。张晔、邓楚雄、谢炳庚（2015）等人利用熵权可拓物元模型评价湖南省的土地成熟度④，高燕语、钟太洋（2016）测度土地市场化水平时选取多元线性回归模型⑤，李菁、赵毅

① 张合林，刘颖．我国城乡一体化与土地市场制度关系的实证分析［J］．财经科学，2017（9）：84-95.

② 何格，赵媛．土地市场和区域经济耦合协调度分析［J］．重庆大学学报，2015，21（1）：23-27.

③ 李隆伟，郭沛．土地市场化水平及其影响因素研究——基于2006—2011年全国31个省（市）面板数据的证据［J］．北京理工大学学报，2015，7（4）：75-79.

④ 张晔，邓楚雄，谢炳庚，等．基于熵权可拓物元模型的湖南省土地市场成熟度评价［J］．资源科学，2015，37（1）：45-51.

⑤ 高燕语，钟太洋．土地市场对城市建设用地扩张的影响［J］．资源科学，2016，38（11）：2024-2036.

（2016）使用对比分析法进行研究①，田传浩、李明坤（2014）通过实地问卷调查获取数据进行实证分析。对于城乡一体化水平的测度多选取人均GDP、人均消费支出等指标②以及直觉模糊处理法③、均方差决策法④等方法。目前将我国城乡一体化与土地市场制度结合起来的研究较少，有的将经济社会发展中的某一方面比如经济增长、收入水平提高等，与土地市场化水平结合在一起进行分析，如张飞、孔伟（2011）⑤，崔占峰、李宇飞（2013）⑥，徐元栋、王考考、陆慧玲（2017）⑦。另外，李景刚、张效军、高艳梅等（2011）⑧、刘守英（2014）⑨认为改革现行土地制度能够促进城乡统筹发展，城乡二元土地制度是影响城乡平等发展的最重要的制度安排，然而这些研究成果大多是定性的一般理论分析。

本书将我国的城乡一体化发展和土地市场化水平、土地市场制度创新结合起来，实证研究二者的关系，尤其是土地制度创新及土地市场发育对城乡一体化发展的影响和推动作用关系，以期为相关体制改革和制度创新提供坚实的实证支撑。本章主要讨论如下问题：第二节是实证研究设计。首先进行实证研究结构设计，并且根据数据的易得性和可行性原则，进行测度城乡一体化发展水平及土地市场化水平指标、年份、数据的选择，数据的预处理及

---

① 李菁，赵毅．土地市场发育对城市扩张的Kuznets曲线效应验证［J］中国房地产，2016（3）：9-17.

② 完世伟．区域城乡一体化测度与评价研究——以河南省为例［D］．天津：天津大学，2006：72-87.

③ 汤春玲，马跃茹．基于直觉模糊的中国省域城乡一体化水平测度［J］．经济地理，2016，36（10）：53-59.

④ 焦必方，林娣，彭婧妮．城乡一体化评价体系的全新构建及其应用——长三角地区城乡一体化评价［J］．复旦学报（社会科学版），2011（7）：75.

⑤ 张飞，孔伟．我国经济结构失衡的土地制度成因探析［J］．经济问题探索，2011（4）：44-48.

⑥ 崔占峰，李宇飞．土地制度变迁与农村经济增长——理论逻辑与实证研究［J］．科学与管理，2013（2）：64-67.

⑦ 徐元栋，王考考，陆慧玲．土地市场化程度对经济增长的促进效应研究——基于我国省级面板数据的实证研究［J］．管理现代化，2017（5）：88-91.

⑧ 李景刚，张效军，高艳梅，等．我国城乡二元经济结构与城乡一体化市场制度改革及政策建议［J］．农业现代化研究，2011，32（3）：297-301.

⑨ 刘守英．中国城乡二元土地制度的特征、问题与改革［J］．国际经济评论，2014（3）：9-10.

测算方法的设计。第三节是二者关系实证模型构建及其实证分析。该节内容分两部分，第一部分是基于全国整体数据的实证结果分析。首先对我国整体数据进行简单描述性统计分析，然后建立测度全国整体城乡一体化发展水平和土地市场化水平的 VAR 模型，并做脉冲响应分析和二者总指标及子指标间的多维格兰杰因果检验结果分析。第二部分是基于我国四大经济板块各地区的实证结果分析。首先对东、中、西、东北四地区整体数据进行简单描述性统计分析，然后分析基于四地区城乡一体化水平和土地市场化水平数据的 VAR 模型结果及各地区城乡一体化总指标、子指标和土地市场指标的格兰杰因果检验结果，最后比较分析四地区土地市场化水平对城乡一体化水平的脉冲响应结果。第四节是实证研究结论。对基于我国整体数据的模型结果进行总结，基于四大经济板块各地区的模型结果进行总结并对其进行比较分析，同时在其基础上给出相应的政策含义。

第二节　实证研究设计

一、实证研究结构

为研究土地市场水平和我国的城乡一体化发展的关系，本书对二者建立回归模型进行分析，又对土地市场化水平及城乡一体化内部指标，进行格兰杰因果检验，以分析土地市场机制是如何影响城乡一体化发展的，以期从内部看到土地市场发育与城乡一体化发展的关系。其实证研究结构图如图 4-1 所示。

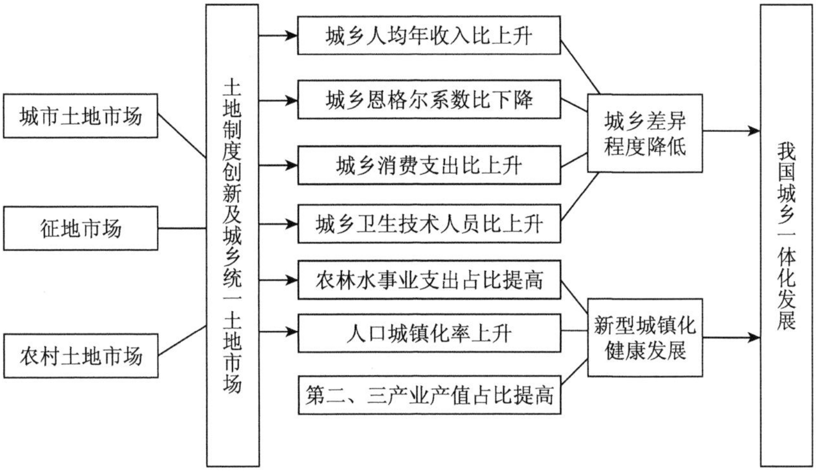

图 4-1　实证研究结构图

图 4-1 的理论推论含义如下：我国土地市场包括城市土地市场、农村土地市场以及征地市场三部分。从农村土地市场看，农地主要为承包地、建设用地，但现行二元土地市场制度导致承包地流转市场的市场化水平较低、承包地适度规模经营较缓慢，而且国家相关法律规定农村的集体建设用地不能搞开发。现行征地制度导致城乡土地市场割裂，阻碍了土地要素的平等交换，损害农村农民的土地权益。①② 因此为培育农村经济发展的内生动力机制③④，使农民土地权益得到保障，应对我国现行的二元土地市场制度改革创新。具体实施措施为“建立城乡统一的建设用地市场，在符合规划和用途管制的前提下，允许农村集体经营性建设用地出让、租赁、入股，实行与国有土地同等入市、同权、同价”。⑤⑥ 集体建设用地合法入市使城、乡之间的土地市场

---

① 张合林，郝寿义．城乡统一土地市场制度创新及政策建议［J］．中国软科学，2007（2）：28-29.

② 张合林，贾晶晶．我国城乡统一建设用地市场构建及配套政策研究［J］．地域研究与开发，2013（5）：119.

③ 张合林．实现农民的土地财产权益是增加农村居民财产性收入的根本途径［J］．城市发展研究，2008（5）：72-77.

④ 张合林，刘颖．我国城乡一体化与土地市场制度关系的实证分析［J］．财经科学，2017（9）：87.

⑤ 中共中央关于全面深化改革若干重大问题的决定［M］．北京：人民出版社，2013：13.

⑥ 全国人大常委会拟授权国务院在 33 个试点县（市、区）暂时调整实施土地管理法的相关规定［J］．国土资源，2015（3）：40-41.

对接，变为城乡一体，提高了土地资源的配置效率以及土地的市场化水平。城乡统一土地市场制度的创新会影响农村居民的收益，导致其收入水平提高，消费需求增加，追求高品质生活的意愿更加强烈，这些都会促使城乡之间差距减小，提高城乡一体化发展水平。城镇化是国家现代化的重要途径，土地市场制度创新及城乡统一土地市场的形成有效促进了新型城镇化高质量发展，提高了城乡一体化的发展水平。①

二、指标及年份选择

（一）指标选择

为了研究我国的土地市场制度与城乡一体化发展的关系，须首先量化城乡一体化发展水平和土地市场水平。

1. 城乡一体化指标选择

城乡一体化指标体系是一个综合、复杂的指标体系，本文从反映城乡差异程度、新型城镇化发展两方面选取指标（二级指标中城乡比值均为城市数值比农村数值）。所选指标如表 4-1 所示。

表 4-1 城乡一体化指标体系

<table>
<tr><th></th><th>一级指标</th><th>二级指标</th><th>指标的经济意义</th></tr>
<tr><td rowspan="7">城乡一体化水平（Y）</td><td rowspan="4">城乡差异程度</td><td>城乡居民人均年收入比（C1）</td><td>城乡经济差距状况</td></tr>
<tr><td>城乡消费支出比（C2）</td><td>城乡消费能力差异程度</td></tr>
<tr><td>城乡恩格尔系数比（C3）</td><td>城乡生活水平差异程度</td></tr>
<tr><td>城乡卫生技术人员比（C4）</td><td>城乡卫生技术水平差异程度</td></tr>
<tr><td rowspan="3">新型城镇化发展</td><td>农林水事业支出占财政支出的比重（C5）</td><td>农业支持力度</td></tr>
<tr><td>人口城镇化率（C6）</td><td>新型城镇化发展</td></tr>
<tr><td>第二三产值之和占 GDP 比重（C7）</td><td>产业结构优化水平</td></tr>
</table>

① 张合林，刘颖．我国城乡一体化与土地市场制度关系的实证分析［J］．财经科学，2017（9）：87-88.

2. 土地市场化水平的指标选择

我国土地市场结构大致包括三部分——农地农用市场、农地征收市场以及城市土地市场。首先考虑农地农用市场，目前国家法律限制了农地开发权，农地农用市场化水平的数据难以获得，故在测度我国土地市场化水平时不考虑这部分，但研究创新土地制度以构建城乡一体的土地市场时，应考虑农民自发交易产生的农村集体建设用地“灰色”市场发展。其次考虑农地征收市场，作为农地转非的特殊土地市场，其对市场化程度有重要影响。最后考虑城市土地市场，我国的城市土地市场包括城市一级、二级土地市场。理论界通常认为我国的二级土地市场是一个相对完善的市场，在测度中国土地市场化水平时对城市二级土地市场不予以考虑①，但因其活跃程度能够反映整个土地市场的发育程度和水平，所以本文尝试把城市二级土地市场水平纳入整个土地市场化水平的指标选择内进行测算。在当前研究土地市场化水平及发育程度的文献中，大多数学者的测算方法趋同，即通过对城市一级、二级土地市场加权测算或者对农地非农化市场、城市一级土地市场加权测算得出我国的土地市场化水平，本文也借鉴这种方法测算我国的土地市场化水平。②

（二）年份选择

基于数据的科学性和可得性，本文选择 2000—2015 年的全国指标数据；而东部、西部、中部、东北四个地区以及各省份的数据选取 2004—2015 年的数据。

三、数据来源

（一）全国指标的数据来源

本文选取的测算城乡一体化综合水平的指标来自 2001—2016 年《中国统计年鉴》和国家统计局官方网站。其中 2006 年的农林水事业支出及 2012—

---

① 钱忠好，牟燕．中国土地市场化水平：测度及分析［J］．管理世界，2012（7）：69.

② 张合林，刘颖．我国城乡一体化与土地市场制度关系的实证分析［J］．财经科学，2017（9）：86.

2015年城市恩格尔系数与乡村恩格尔系数数据缺失，前者使用2006年支援农村生产支出与各项农业事业费予以代替，后者分别用城市和农村的人均食品烟酒消费支出比人均消费支出进行代替。

而测度土地市场化水平所选指标的原始数据来自2001—2016年《中国国土资源统计年鉴》《中国国土资源公告》。在所选取的数据中，由于2017年的《中国国土资源统计年鉴》出版时间较晚，因此时间最新的较详细的国土资源官方数据为来自2016年《中国国土资源统计年鉴》内载的2015年数据。

（二）四大经济板块及各省数据来源

改革开放以来，我国在区域空间上逐步形成四大经济板块，包括东部、中部、西部和东北地区。其中东部地区包含北京市、天津市、上海市、江苏省、河北省、浙江省、山东省、福建省、广东省、海南省10个省市；中部地区六省分别为山西省、河南省、湖北省、安徽省、江西省、湖南省；西部地区包括的12个省市自治区为重庆、四川、云南、西藏、贵州、内蒙古、宁夏、新疆、陕西、青海、甘肃、广西；东北地区为辽宁、黑龙江、吉林三省。

选取测算我国四大经济板块及全国各省（市、自治区）的城乡一体化水平的数据大多来源于2004—2016年《中国统计年鉴》，其中2004—2009年农村每万人口占有卫生人员数来自2004—2010年《中国农村统计年鉴》；由于2005年《中国统计年鉴》中缺少各省市城乡人口数据，因此农村人口数据来自2005年《中国农村统计年鉴》，城镇人口数据为各省总人口减去农村人口；又因各省城市和农村居民的恩格尔系数难以获取，故用各省市人均食品烟酒消费支出与人均消费支出的比值予以替代。

在研究我国四大经济板块及全国各省（市、自治区）的土地市场化水平时，北京市2007—2008年土地拍卖出让宗数及收入、吉林省2008年土地招标出让宗数及收入、黑龙江省2006年及2008年招标出让宗数及收入、上海市2004—2008拍卖出让宗数及收入、江西省2007—2008年招标及拍卖出让宗数、四川省2008年土地招标出让宗数及收入、青海省2007—2008年招标出让宗数及收入、宁夏回族自治区2006—2007年招标出让宗数及收入数据缺失，而且，2009—2015年间，各个省份出租出让宗数、收入及其他方式出让宗数及收入的数据缺失多。对上述个别省市的数据缺失问题，有的进行平均值处理，个别的予以忽略。

四、数据处理和测算方法

（一）数据的无量纲化处理

建立模型前为消除因指标数量级不同造成结果出现误差的可能性，首先应对所有原始数据通过线性变换使其位于［0，1］区间内。因所选指标包括正指标（如第二三产值之和占 GDP 比重等）、逆指标（城乡人均消费支出比等），对二者的线性变换方法不同，对于正指标而言，用原数据与最小值的差值比上最大、最小值间的极差值进行处理；而对逆指标而言，利用最大值与原数据的差值比最大、最小值间的差值进行处理。经过处理后的指标数值越接近于 1，说明城乡一体化发展越好。计算公式为：

对于正指标的无量纲化处理为：

$$r_i=\begin{cases}1, & x_i>x_{i,\max}\\ \dfrac{x_i-x_{i,\min}}{x_{i,\max}-x_{i,\min}}, & x_{i,\max}>x_i>x_{i,\min}\\ 0, & x_i<x_{i,\min}\end{cases}$$

对于逆指标的处理为：

$$r_i=\begin{cases}1, & x_i>x_{i,\max}\\ \dfrac{x_{i,\min}-x_i}{x_{i,\max}-x_{i,\min}}, & x_{i,\max}>x_i>x_{i,\min}\\ 1, & x_i<x_{i,\min}\end{cases}$$

其中 x_i 为某一指标的数值，$x_{i,\max}$和 $x_{i,\max}$分别为指标的下限、上限值。

（二）城乡一体化水平测算方法

城乡一体化水平的测算步骤为指标选取、数据无量纲化处理、确定权重进行数据加权计算。经过前两步后需要确定权重系数。本文采取客观赋权法中的变异系数法计算权重系数以避免人为干扰。各项指标的变异系数公式

(4-1)和权重系数公式(4-2)如下:

$$v_i = \frac{\sigma_i}{e_i} \tag{4-1}$$

$$w_i = \frac{v_i}{\sum_{i=1}^{n} v_i} \tag{4-2}$$

其中,σ_i、e_i 分别为指标样本的标准差和均值。经计算得到各个指标的权重后,对城乡一体化水平进行计算(测算城乡一体化水平选取了七个指标),计算公式如下:

$$Y = w_1 x_1 + w_2 x_2 + \cdots + w_7 x_7$$

(三)土地市场水平测算方法

对于农地非农化水平的衡量,许恒周等(2013)①、万胜超等(2012)②采用建设用地占用耕地数量这一指标,周京奎、王岳龙(2010)③采用市辖区建成区土地面积这一指标衡量农地非农化水平,也有学者采用审批建设用地这一指标进行衡量,如许德林、欧名豪、肖霖(2010)④。本章借鉴崔凯(2016)⑤的观点,其认为部分学者采用耕地面积占用数量以代表农地非农化水平的方法低估了农地非农转移数量,由于每年审批建设用地数量多来自农用地,而且已审批的建设用地多于当年实际用地的数量一般在以后年份会得到开发,并不会转为农用地,因此使用审批的农用地转为建设用地面积(Agriculture Land Transform to Construction Use Land)来表示农地非农化量。其农地非农化水平测度公式为:

---

① 许恒周,殷红春,郭玉燕.我国农地非农化对碳排放的影响及区域差异[J].财经科学,2012(3):69-78.

② 万胜超,王良建,刘敏.基于空间的省际农地非农化驱动因素研究[J].经济地理,2012,32(7):124.

③ 周京奎,王岳龙.大中城市周边农地非农化进程驱动机制分析——基于中国130个城市面板数据的检验[J].经济评论,2010(2):28.

④ 许德林,欧名豪,肖霖.1997—2008年青岛市农地非农化过程与效果实证研究[J].中国土地科学,2010,24(1):10-12.

⑤ 崔凯.城镇化进程中农地非农化与土地市场化的作用关系研究[D].北京:中国农业科学院,2016:44-45.

$$LM_1 = L_W/L_N$$

其中 LM_1代表农地非农化水平，L_W为审批的农用地转为建设用地面积，L_N表示全部的审批建设用地面积。

对城市一级土地市场化水平的测度公式为：

$$LM_2 = \frac{\sum Q_i W_i}{Q_1}$$

其中 LM_2为城市一级土地市场化水平，公式右端 $\sum Q_i W_i$ 是对城市一级土地市场中以协议、招拍挂等出让方式出让的土地宗数加权计算得到的土地宗数和，而 Q_1 表示以各种出让方式出让的土地宗数之和。分子中 W_i 代表的是协议、招标等六种出让方式的土地出让宗数所占权重。权重的计算方法借鉴李永乐等人（2009）、钱忠好等人（2012）的研究，由土地不同出让方式的实际交易价格与正常市场交易价格的相对值决定①。具体的做法为：首先计算2003—2016 年各种出让方式出让的每宗地平均成交价款，并选取其中的最大值，将其设为基数，数值为 1；其次将剩余出让方式的每宗地平均成交价款除以基数数值相比，得到各出让方式的权重。因划拨是一种行政配置方式，故将划拨方式的权重设置为 0②。

城市二级土地市场测度的公式为：

$$LM_3 = \frac{\sum Q_j W_j}{Q_2}$$

其中 LM_3为城市二级土地市场化水平，等号右边的分子 $\sum Q_j W_j$ 是对城市土地二级市场中以转让、出租、抵押方式交易的土地宗数赋予不同的权重加权后所得的土地宗数，而分母 Q_2 表示以转让、出租、抵押方式交易的土地宗数之和。分子中 W_j 代表的是以转让、出租、抵押方式交易土地的权重，其计算方法与测算城市一级土地市场水平时 W_i 的计算方法类似。

我国土地市场化水平测度需将农地非农化市场化水平和城市一级、二级

---

① 李永乐，吴群．土地市场发育与农地非农化——基于省际面板数据的估计［J］．中国土地科学，2009，11（23）：47-48.

② 钱忠好，牟燕．中国土地市场化水平地区差异分析［J］．江苏社会科学，2012（4）：47.

土地市场化水平三部分均考虑在内，故我国土地市场的市场化水平测算公式为：

$$LM = \omega_1 LM_1 + \omega_2 LM_2 + \omega_3 LM_3$$

上式中的 ω_1、ω_2、ω_3 为农地非农化水平和城市一级、二级土地市场化水平所占权重。因三者对土地市场发育的作用都重要，将三者的权重依次设为0.3、0.35、0.35。又因2009—2015年的《中国国土资源统计年鉴》中缺乏城市二级土地市场的相关数据，故将农地非农化水平、城市一级土地市场水平权重设为0.4、0.6。

第三节 二者关系实证模型构建及其分析

一、基于全国数据的模型构建与分析

（一）基于全国数据的简单描述性统计分析

城乡一体化水平各子指标原始数据详见表4-2。

表4-2 全国城乡一体化水平各子指标原始数据表

年份	C_1	C_2	C_3	C_4	C_5	C_6	C_7
2000	2.79	3.03	0.80	2.13	0.05	0.36	0.87
2001	2.90	3.03	0.80	2.17	0.05	0.38	0.87
2002	3.11	3.33	0.81	2.13	0.05	0.39	0.88
2003	3.23	3.33	0.81	2.13	0.05	0.41	0.89
2004	3.21	3.33	0.80	2.27	0.06	0.42	0.89
2005	3.22	3.13	0.81	2.17	0.05	0.43	0.89
2006	3.28	3.03	0.83	2.27	0.05	0.44	0.89
2007	3.33	3.13	0.84	2.38	0.07	0.45	0.89
2008	3.31	3.03	0.87	2.38	0.07	0.46	0.89
2009	3.33	3.03	0.89	2.44	0.09	0.48	0.90
2010	3.23	3.03	0.87	2.50	0.09	0.50	0.91

续表

年份	C_1	C_2	C_3	C_4	C_5	C_6	C_7
2011	3.13	2.94	0.90	2.50	0.09	0.51	0.91
2012	3.10	2.86	0.92	2.50	0.10	0.53	0.91
2013	2.81	2.70	0.93	2.50	0.10	0.54	0.91
2014	2.75	2.38	0.94	2.56	0.09	0.55	0.91
2015	2.73	2.33	0.93	2.63	0.10	0.56	0.91

由表4-2可知，在2006—2016年间，城乡居民人均年收入比这一指标的变化趋势逐步减少到2.73；城乡消费能力差异程度这一指标的数值在十几年间从3.33降低为2.33；城乡恩格尔系数值越来越接近1，这些数据均说明城乡居民生活差距在逐渐缩小。但是城乡居民每千人拥有卫生技术人员比的数值则一直在2.5上下浮动，并未发生较大变化，说明城乡间卫生技术水平差异仍然很大。

农林水事业支出占财政支出的比重逐渐增加，在16年间增加了1倍，说明政府不断加大支持农业的力度，体现了城乡统筹协调发展；人口城镇化率不断提升，人口城镇化率从36%上升至56%，说明城市化进程不断深化；第二三产业产值占比的逐年提高，表明产业结构在优化升级，以上三方面说明新型城镇化在不断健康发展。

经过综合测算，基于全国数据的城乡一体化水平变化趋势如图4-2所示：

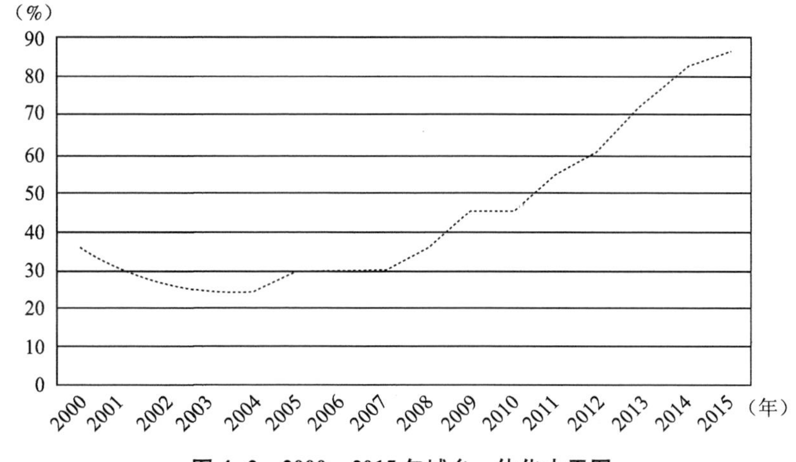

图4-2　2000—2015年城乡一体化水平图

显然，我国城乡一体化水平在16年内呈现出波动上升的趋势，城乡一体化水平值在20%~90%间浮动。在2000—2004年期间，我国城乡一体化水平略有下降，此后，我国的城乡一体化水平不断提高，城乡发展程度不断加深，而且2010—2014年间的城乡一体化水平增长速度略高于2004—2010年的增长速度。

在2000—2015年间，我国土地市场化水平变化情况如图4-3所示：

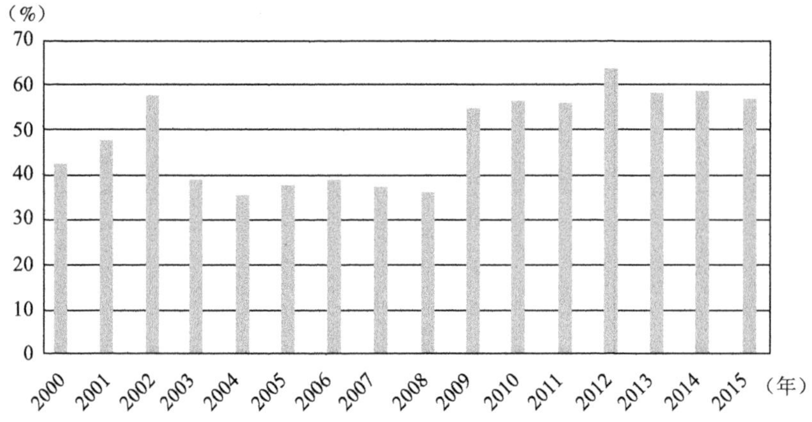

图4-3　2000—2015年土地市场化水平变化图

图4-3可以看出，在2004—2008年期间，土地市场化水平处于比较平稳的状态，而在2009年突然大幅度提高，其值达到50%，2009年至今，土地市场的市场化程度与之前年份相比是不断加深的，但是此期间土地市场化水平未发生很剧烈的变动。

（二）基于全国数据的模型分析与格兰杰因果检验①

由于无法确认城乡一体化水平和土地市场化水平二者哪个是内生变量，哪个是外生变量，故本文对城乡一体化水平及土地市场化水平建立VAR模型（也称为向量自回归模型）来实证研究二者关系。在指标容量受约束的情况下，首先构建城乡一体化综合水平和土地市场化水平的VAR模型以分析土地市场化发育程度与城乡一体化发展的关系，然后对城乡一体化体系中的二级

① 张合林，刘颖．我国城乡一体化与土地市场制度关系的实证分析［J］．财经科学，2017（9）：89-93.

指标和土地市场化水平进行格兰杰因果检验（Cranger Casuality Test）。

1. 平稳性检验

构建VAR模型、进行格兰杰因果检验的重要前提是对时间序列进行检验，本文中选取ADF单位根检验来确保所验证序列是平稳的，避免产生伪回归。首先对各指标进行ADF检验。检验结果如表4-3所示：

表4-3　基于全国数据的单位根检验结果表

序列	检验形式（C，T，K）	检验值	临界值：1%	临界值：5%	临界值：10%	结论
Y	(0，0，2)	3.36	-2.73	-1.97	-1.61	非平稳
LM	(0，0，2)	0.17	-2.73	-1.97	-1.61	非平稳
C1	(0，0，2)	0.70	-2.73	-1.97	-1.61	非平稳
C2	(0，0，2)	1.64	-2.73	-1.97	-1.61	非平稳
C3	(0，0，2)	-2.25	-2.73	-1.97	-1.61	平稳
C4	(0，0，2)	-3.05	-2.73	-1.97	-1.61	平稳
C5	(0，0，2)	1.74	-2.82	-1.97	-1.61	非平稳
C6	(0，0，2)	10.65	-2.82	-1.97	-1.61	非平稳
C7	(0，0，2)	1.84	-2.82	-1.97	-1.61	非平稳
DY	(C，T，2)	-4.05	-5.12	-3.93	-3.42	平稳
DLM	(C，T，2)	-3.88	-4.8	-3.79	-3.34	平稳
DC1	(0，0，2)	-2.34	-2.74	-1.97	-1.6	平稳
DC2	(0，0，2)	-3.79	-4.8	-3.79	-3.34	平稳
DC5	(C，T，2)	-4.27	-4.8	-3.79	-3.34	平稳
DC6	(C，0，2)	-3.48	-4.00	-3.10	-2.69	平稳
DC7	(C，0，2)	-4.42	-4.8	-3.79	-3.34	平稳

注：其中C表示检验模型中的常数项，T、K表现的含义为检验模型中趋势变量以及滞后阶数。

由表4-3可知，各指标的原始数据序列中除了序列C3、C4，其余均为不平稳序列；尽管各不平稳序列经过一阶差分后达到平稳，但是构建VAR模型的一个重要前提为所选指标必须是同阶平稳的，因此本文各序列使用Hodrick-Prescott滤波法进行处理，而且经过H-P滤波处理的序列经检验均为平稳序列，将其分别命名为HPY、HPLM等。

2. 我国城乡一体化总指标与土地市场的VAR模型分析

前文中提到经H-P滤波处理后的序列HPY（城乡一体化水平）以及HPLM（土地市场化水平）均为平稳序列，因此对二者建立VAR模型，模型结果如下：

$$HPYt = -0.728HPLM_{t-1} + 0.722HPLM_{t-2} + 2.601HPY_{t-1} - 1.672HPY_{t-2}$$

$$Adj.\ R^2 = 0.9999$$

$$HPLMt = 1.464HPLM_{t-1} - 0.470HPLM_{t-2} + 0.308HPY_{t-1} - 0.340HPY_{t-2}$$

$$Adj.\ R^2 = 0.9999$$

模型结果显示土地市场化水平与城乡一体化水平二者间存在正向的相关关系。以城乡一体化水平为被解释变量时，土地市场化水平前的系数为0.728；以土地市场化水平为被解释变量时，城乡一体化水平前的系数为0.308，可认为土地市场发育程度对城乡一体化发展有正向影响，城乡一体化水平提高对土地市场发展同样起正向的作用，而且仅从系数大小比较可得到土地市场对城乡一体化发展带动作用更大的结论。接下来以上述的VAR模型为基础，分析二者的脉冲响应函数。

脉冲响应函数（IRF）是衡量随机扰动项的一个标准差冲击对其他变量当前和未来取值的影响轨迹①。图4-4中横、纵坐标代表的含义分别为追溯期数、变量响应程度及大小。图中实线和虚线部分别为计算值、响应函数值加或减两倍标准差的置信带②。

图4-4a、图4-4b表示土地市场化水平对自身冲击和对城乡一体化水平冲击时，其二者做出的响应轨迹图。而图4-4c和图4-4d则与图4-4中上方两个图相反，分别表示土地市场化水平和自身接受城乡一体化水平冲击后做出的反应图。

首先对图4-4b进行分析，城乡一体化水平接受土地市场化水平冲击后，其响应轨迹在零之上，而且在长期内呈现出平稳的上升趋势。结合实际情况进行分析，早期土地市场尚未形成，因此1-3期内的城乡一体化发展受到冲击后未表现明显的上升趋势；而第3期开始呈现小幅上升态势，可能因为土地市场成熟度逐渐提高，在国家的宏观调控下土地市场机制对土地资源配置

---

① 杨文燕，郭如良．教育人力资本与江西省经济增长——基于VAR模型的实证分析［J］．科技、经济、市场，2013（10）：28.

② 韩萍．货币替代的变动趋势及影响因素分析——基于2001—2016年的数据［J］．经济问题，2017（7）：50.

进行调节，故而促进了城乡一体化发展；但是整体而言，土地市场在长期未对城乡一体化发展的质变起较大作用，可能是土地市场结构的二元性根本上尚未破除，有待对土地市场制度进行创新（如图 4-4b 所示）。如图 4-4a 所示，土地市场化水平接受自身冲击后，其响应路径随着期数增长有较大幅度上升，这可能由于土地市场制度在不断改革过程中对于以后年份的土地市场发育有较大影响。

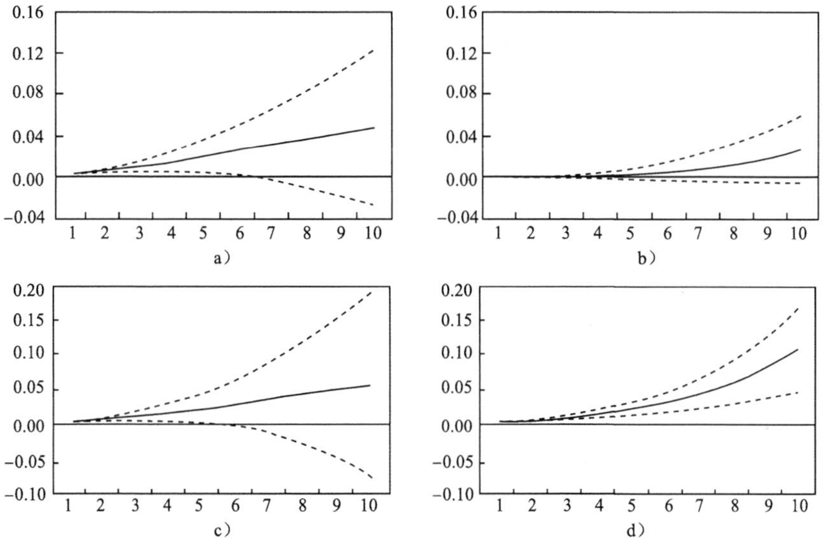

图 4-4　城乡一体化和土地市场化水平的脉冲效应图

然后分析图 4-4 中下方的两个图。图 4-4c 显示城乡一体化水平对土地市场化水平冲击后，土地市场化水平在前 3 期内变动幅度不大，从第 3—10 期，响应轨迹有较大幅度上升。结合实际情况分析，初期土地市场的发育受到城乡融合发展理念的积极影响，随着时间推移，我国不断强调城乡一体化的观念并加强实践，因此其对土地市场发育的影响不断增加。如图 4-4d 所示，城乡一体化接受自身冲击后长期处于上升趋势，这是因为受到我国长期以来实施的城乡一体化发展战略的影响。

3. 格兰杰因果检验

城乡一体化水平与土地市场化水平的 VAR 模型结果显示二者存在相互影响关系，但还需对二者进行格兰杰因果检验进一步确定这种关系是否为因果关系。前文提到进行检验前应确定所验序列的平稳性，故采用 H-P 滤波处理后的平稳序列并基于 AIC 和 SC 数值较小的原则选取滞后阶数进行格兰杰因果检验。根据此原则对土地市场化水平分别与城乡一体化综合水平、城乡发展差距程度各二级指标、新型城镇化水平各二级指标进行检验时所选的滞后阶数分别为 2、3、3 阶。

首先分析我国城乡一体化水平、土地市场水平的格兰杰因果检验结果，见表 4-4。

表 4-4 我国城乡一体化水平、土地市场水平格兰杰因果检验

Lags	Null Hypothesis	F-Statistic	Prob.
2	HPY does not Granger Cause HPLM	116. 3	0. 00
	HPLM does not Granger Cause HPY	156. 8	0. 00

由表 4-4 中 F 值和 P 值得结果表明：格兰杰因果检验选取 2 阶滞后阶数时，拒绝了 HPY（城乡一体化水平）不是 HPLM（土地市场化水平）的格兰杰原因，原假设 HPLM（土地市场化水平）不是 HPY（城乡一体化水平）的格兰杰原因也无法通过检验，前者表示城乡一体化发展对土地市场发育有作用，后者说明土地市场的发育影响城乡一体化发展。因此，二者互为彼此的格兰杰原因，互相影响。

然后，对土地市场化水平以及反映城乡差距程度的二级指标进行检验，结果如表 4-5 所示。

表 4-5 我国土地市场化水平与反映城乡差距二级指标的格兰杰因果检验

Lags	Null Hypothesis	F-Statistic	Prob.
3	HPC1 does not Granger Cause HPLM	5. 0	0. 05
	HPLM does not Granger Cause HPC1	39. 2	0. 00
	HPC2 does not Granger Cause HPLM	17. 8	0. 00
	HPLM does not Granger Cause HPC2	17. 7	0. 00
	HPC3 does not Granger Cause HPLM	21，1	0. 00
	HPLM does not Granger Cause HPC3	14. 7	0. 00
	HPC4 does not Granger Cause HPLM	67. 3	0. 00
	HPLM does not Granger Cause HPC4	3. 6	0. 08

从表 4-5 可以看出土地市场化水平和反映城乡差距程度的各二级指标互为因果，即土地市场发育程度作用于城乡居民的人均收入比、恩格尔系数比、人均消费支出比以及每千人口占有卫生技术人员比，城乡一体化发展程度影响土地市场的发展水平。

最后是新型城镇化发展各二级指标与土地市场发展的格兰杰因果检验结果表。

表 4-6　新型城镇化各子指标与土地市场的格兰杰因果关系检验

Lags	Null Hypothesis	F-Statistic	Prob.
3	HPC5 does not Granger Cause HPLM	33.4	0.00
	HPLM does not Granger Cause HPC5	3.9	0.07
	HPC6 does not Granger Cause HPLM	28.9	0.00
	HPLM does not Granger Cause HPC6	8.5	0.01
	HPC7 does not Granger Cause HPLM	20.0	0.00
	HPLM does not Granger Cause HPC7	8.0	0.02

由表 4-6 可看出，土地市场发育与农业支持力度、人口城镇化水平、产业结构优化程度互为格兰杰原因，从现实意义考虑即为土地市场发展与新型城镇化发展互相作用。

二、基于四大经济板块各地区数据的模型构建与分析

（一）基于东、中、西、东北地区数据的简单描述性统计分析

东、中、西、东北地区城乡一体化水平及其变化趋势如表 4-7 所示：

表 4-7　东、中、西、东北地区城乡一体化水平表

年份	东	中	西	东北
2004	0.45	0.38	0.10	0.38
2005	0.61	0.39	0.16	0.46
2006	0.45	0.28	0.15	0.40
2007	0.53	0.46	0.29	0.51
2008	0.55	0.39	0.32	0.54

续表

年份	东	中	西	东北
2009	0.57	0.43	0.37	0.59
2010	0.68	0.45	0.45	0.69
2011	0.70	0.49	0.50	0.70
2012	0.72	0.50	0.51	0.70
2013	0.74	0.54	0.55	0.71
2014	0.75	0.57	0.57	0.71
2015	0.76	0.58	0.59	0.74
平均值	0.63	0.45	0.38	0.59
最大值	0.76	0.58	0.59	0.74
最小值	0.45	0.28	0.10	0.38

表4-7为经处理后得到的东、中、西、东北四大地区的城乡一体化水平值。显然，自2006年至今，四个地区的城乡一体化发展水平不断加深，截至2015年，各地区的城乡一体化水平值均达到55%以上。从各个地区的城乡一体化水平平均值分析，东、东北、中、西四大地区的平均值分别为63%、59%、45%、38%，东部地区的城乡一体化发展程度最大，西部地区的则最小。从表4-7中可以看出，东部地区和东北地区的城乡一体化水平值高于中部和西部地区，2004—2006年间，各板块的城乡一体化水平中东部地区最高、其次是东北地区和中部地区，西部地区的城乡一体化水平位于末位。而在2007—2011年间东部和东北地区的城乡发展水平值基本重合，此后东部地区的城乡一体化水平值略高于东北地区。中部和西部地区的城乡一体化水平值在2010年开始发生重合，截至2015年，二者的水平值均接近60%。

根据四大板块各个省份数据求得的四地区农地非农化水平、城市一级土地市场化水平及城市二级土地市场化水平如表4-8所示：

表 4-8　四大板块各地区农地非农化、城市土地市场化水平

年份	农地非农化水平（LM_1）				城市一级土地市场化水平（LM_2）				城市二级土地市场化水平（LM_3）			
	东	中	西	东北	东	中	西	东北	东	中	西	东北
2004	0.72	0.78	0.41	0.78	0.13	0.13	0.31	0.15	0.49	0.19	0.34	0.20
2005	0.75	0.79	0.63	0.75	0.11	0.10	0.26	0.09	0.40	0.17	0.34	0.18
2006	0.71	0.75	0.69	0.74	0.13	0.16	0.21	0.15	0.46	0.22	0.34	0.23
2007	0.67	0.71	0.61	0.73	0.15	0.21	0.14	0.05	0.45	0.27	0.32	0.14
2008	0.67	0.69	0.66	0.74	0.12	0.17	0.24	0.11	0.36	0.29	0.34	0.30
2009	0.69	0.74	0.68	0.73	0.57	0.47	0.30	0.49	—	—	—	—
2010	0.67	0.72	0.69	0.74	0.60	0.49	0.35	0.54	—	—	—	—
2011	0.65	0.68	0.64	0.78	0.60	0.50	0.37	0.54	—	—	—	—
2012	0.88	0.91	0.78	0.91	0.61	0.49	0.40	0.55	—	—	—	—
2013	0.92	0.63	0.53	0.88	0.60	0.49	0.43	0.51	—	—	—	—
2014	0.68	0.71	0.66	0.82	0.60	0.52	0.44	0.60	—	—	—	—
2015	0.72	0.77	0.64	0.81	0.56	0.47	0.41	0.47	—	—	—	—

注："—"表示数据缺失。

根据表 4-8，就农地非农化水平而言，西部地区的农地非农化水平最低，东北地区的农地非农化水平值略高于东部和中部地区水平值；就城市一级土地市场化水平的发展态势而言，东部地区最高，中部、东北次之，西部最低；就城市二级土地市场化水平而言，在 2004—2008 年间，东部地区城市二级土地市场化水平高于其他地区，由于 2009—2015 年《中国国土资源统计年鉴》中无土地使用权交易数据，故此期间的城市二级土地市场化水平数据缺失。综合看，东部地区的土地市场化发育发展程度及其水平值最高，其次是东北和中部地区，西部地区最低。

东、中、西、东北地区土地市场化水平及其变化态势如图 4-5 所示：

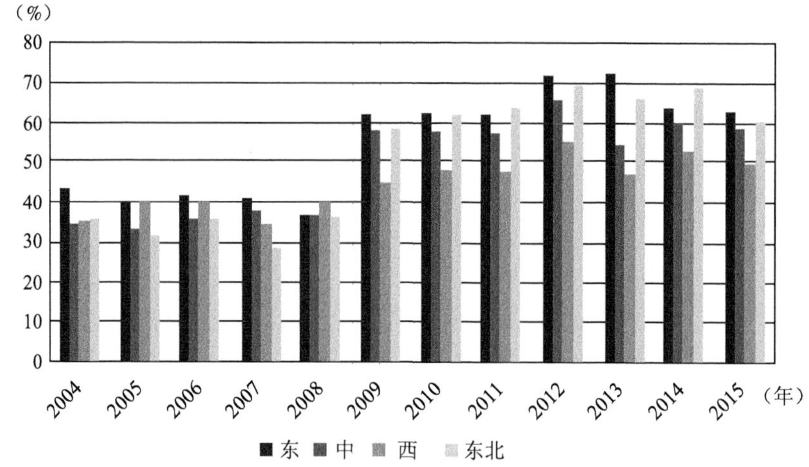

图 4-5　东、中、西、东北地区土地市场水平图

图 4-5 中显示了东部、中部、西部、东北地区的土地市场化水平。在 2004—2015 年间，从土地市场的市场化水平均值考虑，东部地区土地市场化水平的平均值为 55%，位列四大地区第一，东北地区的土地市场化水平均值为 51%，中部地区的土地市场化水平均值为 49%，西部地区的土地市场发育程度较低，其水平均值为 45%。

从土地市场水平的变化趋势分析，2004—2008 年间的土地市场化水平较低，各个地区土地市场的市场化水平在 25%～45%变动；在 2008 年之后，东部地区和东北地区的土地市场化水平变化趋势略有相同，在 2012 年和 2013 年达到高峰，而中部和西部地区的土地市场化水平在 2012 年达到最大值。整体而言，在 2004—2008 年期间，四大地区的土地市场化水平变化相对较小，在 2009 年，东、中、西地区的土地市场发育程度出现跳跃式的增长，此后的变动则为小幅度提升。

（二）基于东部地区数据的模型分析与格兰杰因果检验

1. 东部地区的城乡一体化与土地市场的 VAR 模型分析

由于东部地区的城乡一体化总指标及各子指标、土地市场水平无法同时原序列平稳及一阶差分后平稳，因此对其进行 H-P 处理后建立 VAR 模型，结果为：

$$HPY_t = -0.997HPLM_{t-1} + 0.994HPLM_{t-2} + 2.328HPY_{t-1} - 1.3330HPY_{t-2}$$

Adj. $R^2 = 0.9999$

$$HPLM_t = 1.167HPLM_{t-1} - 0.245HPLM_{t-2} + 0.556HPY_{t-1} - 0.527HPY_{t-2}$$

Adj. $R^2 = 0.9999$

模型结果显示：东部地区城乡一体化水平以及土地市场的市场化水平有互相影响的作用。城乡一体化水平为因变量时，自变量土地市场化水平系数为0.994，而土地市场化水平为因变量时，城乡一体化水平系数为0.556。系数的数值表明东部地区城乡一体化发展对土地市场的市场化程度起着积极作用，土地市场的发育程度对东部地区的城乡一体化进程同样起着重要的作用，而且东部地区的土地市场发育程度对城乡一体化发展的促进作用更明显。

2. 基于东部地区数据的格兰杰因果检验

为了分析东部地区城乡一体化发展程度及各子指标与土地市场发育程度的影响关系，对序列 HPLM 和 HPY、HPC1 等建立格兰杰因果关系，汇总后的结果见表 4-9。

表 4-9　东部地区城乡一体化水平、土地市场水平的格兰杰因果检验

Lags	Null Hypothesis	F-Statistic	Prob.
2	HPY does not Granger Cause HPLM	184.69	0.00
	HPLM does not Granger Cause HPY	16.91	0.00
	HPC1 does not Granger Cause HPLM	51.74	0.00
	HPLM does not Granger Cause HPC1	691.69	0.00
	HPC2 does not Granger Cause HPLM	61.21	0.03
	HPLM does not Granger Cause HPC2	2736.91	0.00
	HPC3 does not Granger Cause HPLM	24.91	0.00
	HPLM does not Granger Cause HPC3	69.35	0.01
	HPC4 does not Granger Cause HPLM	13.39	0.00
	HPLM does not Granger Cause HPC4	68.66	0.00
	HPC5 does not Granger Cause HPLM	61.54	0.00
	HPLM does not Granger Cause HPC5	78.61	0.00
	HPC6 does not Granger Cause HPLM	19.96	0.00
	HPLM does not Granger Cause HPC6	186.90	0.00
	HPC7 does not Granger Cause HPLM	49.77	0.01
	HPLM does not Granger Cause HPC7	55.48	0.01

表4-9分为三部分，第一部分是东部地区的城乡一体化发展水平与土地市场化水平的格兰杰因果检验；第二部分为东部地区城乡差距程度的各子指标与土地市场化水平的检验分析；第三部分为东部地区新型城镇化发展各子指标与土地市场发育程度的格兰杰因果检验。

其中，第一部分的结果表明，拒绝原假设——东部地区城乡一体化水平不是土地市场化水平的格兰杰原因以及土地市场化水平不是城乡一体化发展的格兰杰原因，因此认为东部地区的城乡一体化发展和土地市场化发展二者互为因果关系。第二部分的结果表明，土地市场化水平的高低会影响城乡居民人均收入比、恩格尔系数比、人均消费支出比、每千人口拥有卫生技术人员比，而且反映城乡差异程度的各个子指标对土地市场的成熟程度也具有明显的影响。最后，对土地市场化水平、新型城镇化发展各二级指标进行格兰杰因果分析可知，新型城镇化发展影响土地市场的成熟与否，即土地要素的流动能力高低，东部地区的城市化进程与产业结构的优化程度同样影响土地市场的发育。

（三）基于中部地区数据的模型分析与格兰杰因果检验

1. 中部地区城乡一体化与土地市场的VAR模型分析

由于中部地区部分指标原序列无法通过ADF单位根检验，而对序列进行H-P滤波处理后均平稳，因此建立的VAR模型为：

$$HPY_t = -0.810HPLM_{t-1} + 0.883HPLM_{t-2} + 2.046HPY_{t-1} - 1.080HPY_{t-2}$$

$$Adj.\ R^2 = 0.9999$$

$$HPLM_t = 1.539HPLM_{t-1} - 0.619HPLM_{t-2} + 0.397HPY_{t-1} - 0.366HPY_{t-2}$$

$$Adj.\ R^2 = 0.9999$$

模型结果显示：土地市场化水平对城乡一体化影响系数Wie为0.883，而城乡一体化对土地市场影响系数为0.397，说明中部地区的城乡一体化发展对土地市场的市场化程度有正向影响，土地市场的发育程度促进中部地区的城乡一体化发展进程，而且其影响更大。

2. 基于中部地区数据的格兰杰因果检验

对中部的城乡一体化各指标、土地市场化水平建立格兰杰因果关系。检验时选择滞后阶数 2 阶，最终的格兰杰因果检验表为表 4-10。

表 4-10　中部地区城乡一体化水平、土地市场化水平格兰杰因果检验

Lags	Null Hypothesis	F-Statistic	Prob.
2	HPY does not Granger Cause HPLM	135.36	0.00
	HPLM does not Granger Cause HPY	115.4	0.00
2	HPC1 does not Granger Cause HPLM	37.49	0.01
	HPLM does not Granger Cause HPC1	657.99	0.00
	HPC2 does not Granger Cause HPLM	39.86	0.00
	HPLM does not Granger Cause HPC2	1004.43	0.00
	HPC3 does not Granger Cause HPLM	110.33	0.00
	HPLM does not Granger Cause HPC3	6.12	0.04
	HPC4 does not Granger Cause HPLM	39.58	0.03
	HPLM does not Granger Cause HPC4	141.59	0.00
2	HPC5 does not Granger Cause HPLM	178.33	0.00
	HPLM does not Granger Cause HPC5	18.21	0.01
	HPC6 does not Granger Cause HPLM	26.75	0.00
	HPLM does not Granger Cause HPC6	50.63	0.00
	HPC7 does not Granger Cause HPLM	31.21	0.00
	HPLM does not Granger Cause HPC7	1127.27	0.00

表 4-10 划分的三部分与表 4-9 类似，其中第一部分的结果表明，城乡一体化是土地市场的格兰杰原因，土地市场也是城乡一体化发展的格兰杰原因，中部地区的城乡一体化水平与土地市场化水平互为因果关系。第二部分的结果表明，与全国的土地市场化水平与城乡差距程度的格兰杰检验结果不同，城乡差距程度包含的各子指标如城乡居民每千人口拥有卫生技术人员比等影响土地市场发育程度。第三部分的结果为中部地区土地市场发展与新型城镇化发展的关系与全国整体土地市场的市场化水平与新型城镇化水平关系类似，二者均互相影响，互为因果。

（四）基于西部地区数据的模型分析与格兰杰因果检验

1. 西部地区城乡一体化与土地市场的 VAR 模型分析

因西部地区的城乡一体化总指标及各子指标、土地市场水平的原序列及一阶差分序列无法同时达到平稳状态，故对序列 LM、Y、C1 等进行 H-P 滤波处理，而各序列经 H-P 滤波处理能同时达到平稳状态，故可建立 VAR 模型，模型结果为：

$$HPY_t = -1.830HPLM_{t-1} + 1.941HPLM_{t-2} + 1.917HPY_{t-1} - 0.946HPY_{t-2}$$

$$Adj.\ R^2 = 0.9999$$

$$HPLM_t = 1.428HPLM_{t-1} - 0.453HPLM_{t-2} + 0.175HPY_{t-1} - 0.167HPY_{t-2}$$

$$Adj.\ R^2 = 0.9999$$

上式显示的 VAR 模型结果可解释为：西部地区的土地市场发育程度对城乡一体化发展的影响大于城乡一体化水平对土地市场的市场化水平的影响，因为以城乡一体化水平为被解释变量时，土地市场化水平前的系数为 1.941；而城乡一体化对土地市场作用的系数值仅为 0.175，系数值均为正，所以二者对彼此均为正向影响且土地市场化水平对城乡一体化发展的影响作用更明显。

2. 基于西部地区数据的格兰杰因果检验

为了进一步分析西部地区的城乡一体化水平及子指标和土地市场发育程度的相互关系，对中部的城乡一体化总水平、各二级指标及土地市场化水平进行检验。最终选择滞后阶数 2 阶，得到的格兰杰因果检验表为表 4-11。

表 4-11　西部地区城乡一体化水平、土地市场化水平格兰杰因果检验

Lags	Null Hypothesis	F-Statistic	Prob.
2	HPY does not Granger Cause HPLM	41.97	0.00
	HPLM does not Granger Cause HPY	302.48	0.00
2	HPC1 does not Granger Cause HPLM	31.63	0.01
	HPLM does not Granger Cause HPC1	506.68	0.00
	HPC2 does not Granger Cause HPLM	41.51	0.01
	HPLM does not Granger Cause HPC2	874.57	0.00
	HPC3 does not Granger Cause HPLM	16.18	0.00
	HPLM does not Granger Cause HPC3	144.51	0.00
	HPC4 does not Granger Cause HPLM	17.85	0.00
	HPLM does not Granger Cause HPC4	101.03	0.00
	HPC5 does not Granger Cause HPLM	42.79	0.00
	HPLM does not Granger Cause HPC5	72.16	0.00

续表

Lags	Null Hypothesis	F-Statistic	Prob.
2	HPC6 does not Granger Cause HPLM	53.44	0.00
	HPLM does not Granger Cause HPC6	20.09	0.00
	HPC7 does not Granger Cause HPLM	16.77	0.00
	HPLM does not Granger Cause HPC7	61.62	0.00

表4-11显示的结果包括城乡一体化发展水平与土地市场化水平的格兰杰因果检验、城乡差距程度的各子指标与土地市场化水平的检验及新型城镇化发展各子指标与土地市场发育程度的格兰杰因果检验。其中第一部分的结果表明，城乡一体化发展水平与土地市场的市场化水平互为彼此的格兰杰原因，即西部地区的城乡一体化水平与土地市场化水平存在因果关系。第二部分的结果表明，城乡居民人均收入比、城乡居民人均消费支出等反映城乡差距程度的指标影响土地市场发育程度，而且土地市场的发育程度同样影响西部地区的城乡差距程度，即土地市场发育越成熟，城乡差距程度变得越小。最后一部分结果为西部地区的土地市场化水平与新型城镇化发展互为彼此的格兰杰原因。

（五）基于东北地区数据的模型分析与格兰杰因果检验

1. 东北地区城乡一体化与土地市场的VAR模型分析

在建立基于东北地区数据的VAR模型前应确定各指标是序列平稳的，经检验，8个原始序列或一阶差分序列无法同时通过平稳性检验，而经过H-P滤波处理后的数据可经过平稳性检验，故使用处理后的序列HPLM及HPY建立模型。模型的结果为：

$$HPY_t = -0.995HPLM_{t-1} + 1.087HPLM_{t-2} + 2.120HPY_{t-1} - 1.1641HPY_{t-2}$$

$$Adj.\ R^2 = 0.9999$$

$$HPLM_t = 1.311HPLM_{t-1} - 0.350HPLM_{t-2} + 0.345HPY_{t-1} - 0.320HPY_{t-2}$$

$$Adj.\ R^2 = 0.9999$$

由上式显示的VAR模型结果可以看出：东北地区的土地市场的市场化程度与城乡一体化发展的发展程度互有正向促进作用，以城乡一体化水平及土地市场化水平分别为被解释变量时，土地市场水平对前者的作用系数值为1.087，而城乡一体化对后者的作用系数值为0.345，因此东北地区的土地市场发育程度对城乡一体化发展的影响大于城乡一体化水平对土地市场的市场化水平的影响。

2. 基于东北地区数据的格兰杰因果检验

接着对东北的城乡一体化水平总指标、各二级指标及土地市场化水平建立格兰杰因果关系。对东北地区的城乡一体化水平、城乡发展差距程度子指标、新型城镇化发展子指标和土地市场化水平进行格兰杰因果检验时，滞后阶数为2阶；而对土地市场化水平与城乡差距程度子指标进行检验时，滞后阶数选择2阶，最终汇总得到的格兰杰因果检验表为表4-12。

表4-12 东北地区城乡一体化各指标与土地市场化水平的格兰杰因果检验

Lags	Null Hypothesis	F-Statistic	Prob.
2	HPY does not Granger Cause HPLM	353.52	0.00
	HPLM does not Granger Cause HPY	159.59	0.00
	HPC1 does not Granger Cause HPLM	40.41	0.00
	HPLM does not Granger Cause HPC1	260.50	0.00
	HPC2 does not Granger Cause HPLM	87.21	0.00
	HPLM does not Granger Cause HPC2	84.97	0.00
	HPC3 does not Granger Cause HPLM	79.79	0.03
	HPLM does not Granger Cause HPC3	394.97	0.01
	HPC4 does not Granger Cause HPLM	48.61	0.00
	HPLM does not Granger Cause HPC4	248.16	0.00
	HPC5 does not Granger Cause HPLM	112.15	0.00
	HPLM does not Granger Cause HPC5	135.90	0.00
2	HPC6 does not Granger Cause HPLM	69.85	0.00
	HPLM does not Granger Cause HPC6	46.19	0.00
	HPC7 does not Granger Cause HPLM	27.73	0.00
	HPLM does not Granger Cause HPC7	20.48	0.03

表4-12包括三部分，其中，第一部分的结果为城乡一体化发展水平与土地市场的市场化水平互为彼此的格兰杰原因，与东部、中部、西部地区的格兰杰检验结果类似，东北地区的城乡一体化水平与土地市场化水平存在因果

关系。第二部分的结果为土地市场发育程度与城乡融合发展各子指标间互相影响。最后一部分结果显示，在10%的显著性水平下，拒绝土地市场化水平影响反映农林力度、人口城镇化率、产业结构优化程度的建设，同时结论显示这三者同样是土地市场化水平的格兰杰原因。

最后，为了进一步探讨各地区土地市场发育对城乡一体化发展的影响，将东、中、西、东北四大板块土地市场化水平对城乡一体化发展水平的脉冲响应图整合在一起。结果如图4-6所示。

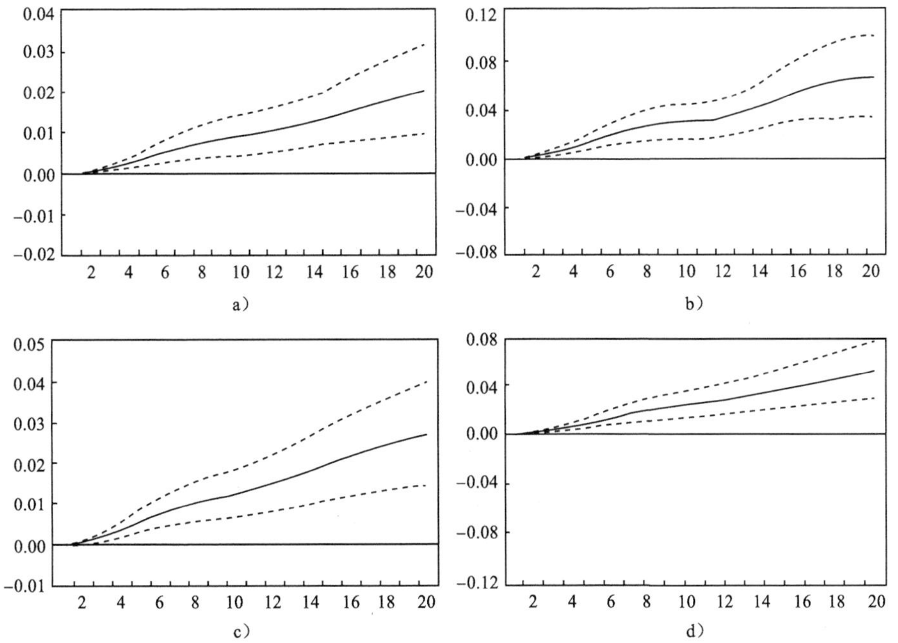

图4-6　东、中、西、东北土地市场化水平对城乡一体化水平的脉冲图

图4-6中，四大板块的土地市场化水平对城乡一体化发展的冲击影响均为正向，可理解为土地市场化水平对城乡一体化水平有正向动态的驱动作用。然而不同地区的城乡一体化水平在接受冲击后的增长速度略有不同，尽管四张图中的脉冲响应图变化趋势有些类似，但仍有部分差异。如图4-6a所示，东部地区的响应趋势在第4期开始上升，到第10期开始，增长速度略有下降，至第14期增长速度又上升；图4-6b显示中部地区的响应路径较其他地区变动幅度略大，在第8~12期期间，中部地区城乡一体化水平的增长幅度明

显下降，从第13期开始又有所回升；结合图4-6c和图4-6d可以发现西部地区和东北地区的城乡发展水平响应趋势比较相似，都是前期的增长幅度略大于后期的增长幅度。比较图4-6中的四个图，纵坐标表示的是一单位土地市场化水平进行冲击后所引起的城乡一体化水平累积波动值，显然东部地区的脉冲图纵坐标值大于其他地区，也可理解为东部地区一单位土地市场化水平冲击引起的城乡一体化水平的增加值大于其余三地区，其中西部地区的土地市场化水平对城乡一体化水平的冲击作用略小于中部和东北地区。图4-6b与图4-6d的不同在于与东北地区相比，中部地区在第8-12期时一单位土地市场化水平冲击所引起的城乡一体化水平增加值偏小。

第四节　实证研究结论

通过对我国及东部、中部、西部、东北四大地区城乡一体化发展与土地市场制度关系的实证分析，得出以下研究结论和政策含义：

（1）对以全国数据为基础的实证结果进行分析，VAR模型及脉冲响应图显示二者间有正相关的数量关系，而且二者互相影响、互相制约。其具体含义为：土地市场制度创新及土地市场化水平的提高会促进城乡一体化发展，城乡一体化发展影响土地市场的市场化程度。因此改革现行二元土地市场制度，建立新的城乡统一土地市场制度是必要的。①

（2）通过分析以全国数据为基础的格兰杰因果检验结果，得出结论：①土地市场发育越成熟，越能通过减少城乡间发展差距以促进城乡一体化水平的提高。前面讲到在20世纪90年代中后期一段时期内，我国城乡二元土地市场结构影响凸显，导致城乡发展差距不断扩大。而土地市场制度创新的焦点是改革征地市场制度，即将农村建设用地使用权直接合法入市流转作为突破点。② 农村建设用地的市场合法性确立后，会促使土地市场二元结构演变为一

① 张合林，刘颖．我国城乡一体化与土地市场制度关系的实证分析［J］．财经科学，2017（9）：93.

② 张合林，贾晶晶．我国城乡统一建设用地市场构建及配套政策［J］．地域研究与开发，2013，32（5）：119-122.

元结构，推动城乡一体土地市场制度的建立。农民集体可通过有形的城乡统一土地市场对其所有的集体建设用地进行平等交易，获得基于市场机制的土地收益，提高农民收入水平和增强投资于农村农业发展的动力。因此，土地市场制度创新及土地市场化水平的提高，降低了城乡发展差距，对城乡一体化发展产生内生推动作用，验证了前文的理论假设。②土地市场制度创新对其他三个子指标影响的解释：土地市场制度的完善及其水平的提高有利于促进新型城镇化发展，进而在高度新型城镇化发展的过程中或基础上能够最终实现城乡发展一体化；土地市场的优化配置机制间接上促进了产业结构的优化升级；土地市场发育越成熟，土地市场机制作用发挥得越充分，进而促进了城乡一体化发展。①

（3）对以东、中、西、东北地区数据为基础的分地区实证结果进行比较分析，发现它们的共同点和差异点，从而进一步验证城乡一体化发展与土地市场制度成熟程度的关系。

其一，共同点：VAR 模型结果和脉冲响应分析图结果都表明，我国东、中、西、东北四地区的土地市场化水平和城乡一体化发展水平均呈现正向促进关系，证明四地区土地市场发育程度和城乡一体化发展程度二者存在相互驱动效应，并且四地区的土地市场化水平提高对城乡一体化发展水平促进作用更大，这可理解为随着时间的推移，东部、中部、西部、东北四地区对以往土地市场进行制度改革或创新后，使得本地区土地市场更为成熟，对于城乡一体化发展影响更大。由此得到结论，土地市场创新程度越高，土地市场发育越成熟，对地区内城乡一体化发展的促进效果越大。格兰杰因果检验表的结果证实四地区城乡一体化发展程度促进了城乡间土地要素的自由流动，推动了更加完善的土地市场的形成；四地区土地市场的发育则给城市和农村居民带来直接或间接的利益，促进城市和乡村的共同发展。

其二，差异点：①四地区的城乡一体化水平和土地市场化水平不同。从各个地区的城乡一体化水平平均值看，各地区城乡一体化发展水平从高到低依次是东部、东北、中部和西部地区，而各个地区土地市场化发育发展程度

① 张合林，刘颖．我国城乡一体化与土地市场制度关系的实证分析［J］．财经科学，2017（9）：93-94.

及其水平（平均值），从高到低的排序也依次是东部、东北、中部和西部地区。说明土地市场化发育发展程度及其水平越高，城乡一体化水平越高，反之亦然。②四地区脉冲响应分析图结果显示，各个地区城乡一体化发展水平的响应路径及变化趋势均不同，中部地区的响应趋势变动幅度大于东、西、东北地区的变动幅度；东部地区的城乡一体化水平面对冲击做出的反应变化有两次，而西部和东北各有一次。另外，整体比较而言，关于一单位土地市场化水平冲击引起的城乡一体化水平的增加值，最大的为东部地区，其次是中部和东北地区，西部地区的值略小于中部和东北地区。总体来看，各地区土地制度创新及其土地市场水平提高与城乡一体化发展呈正相关的相互作用关系，土地市场化发育发展程度及其水平越高，城乡一体化水平越高，反之亦然。

所以，深化土地制度改革，加快土地市场制度创新，建立新的城乡统一土地市场是必然选择，城乡统一土地市场制度对提高城乡一体化水平和促进城乡一体化健康发展具有重要意义。

第五章　我国土地市场制度存在的问题及对城乡一体化发展的制约影响

“城乡一体化发展的主要障碍是城乡二元结构。”① 目前我国城乡二元结构的重要组成部分是城乡二元的土地市场制度。通过前述的研究，我们发现城乡二元土地市场制度制约了我国城乡一体化的发展。本章在简要回顾我国城乡二元土地市场制度演化的基础上概括其目前的基本特征，进一步分析城乡二元土地市场制度存在的问题及其对我国城乡一体化发展的制约和影响，最后指出我国深化土地市场制度改革的重要性及其方向。

第一节　我国城乡二元土地市场制度结构的演化及特征

一、我国城乡二元土地市场制度结构的演化过程

我国城乡二元土地市场制度的结构很大程度上源于计划经济时代形成的城乡二元土地所有制及其管理制度。新中国成立后，我国城市土地逐步收归国有，农村土地逐步实行了人民公社体制下的“三级所有，队为基础”的农村土地集体所有制。

在土地用途上，农村土地农用，城市土地用于城市经济建设，由于用途管制制度的存在，土地要素城乡之间不能自由流动。若军事国防或者行政用地需要占用农村土地，则需要经过土地征收变为国有土地后采取无偿划拨的

---

① 中共中央关于全面深化改革若干重大问题的决定 [M]. 北京：人民出版社，2013：22.

方式出让土地①，其他用地则采取招拍挂或者协议的方式出让。城乡之间不存在土地交易。

1978年，我国开始实施家庭联产承包责任制，拉开了农村土地改革的序幕，也促进了我国农村土地市场的发育。② 这不仅极大地提高了农民的积极性，也为我国农村土地市场的形成提供了有利的条件。③ 1980年《中华人民共和国宪法》第十条对土地的所有权做出了明确的规定，城市土地属于国家，农村土地和城市郊区的土地属于农村集体，包括宅基地、自留地、自留山等法律规定的国家所有的除外④，城乡土地产权的二元是城乡二元土地市场制度的基础。20世纪80年代，国家缺乏具体的农村土地管理政策，农民在没有约束的条件下进行土地的自发流转，开始建立企业、发展商业，在这段时期农村的土地市场得到了一定的发展，但是，这种无序非法的土地占用和开发却造成了大量耕地的减少和浪费。为了遏制这种现象，1986年《中共中央、国务院关于加强土地管理制止乱占耕地的通知》要求大力监控和处罚乱占用耕地的现象，并上收农村集体建设用地的审批权，加强对农村集体建设用地的管理，这导致农村集体建设用地的数量大量减少，在农村创办企业愈加困难，农村土地市场的发展受到限制。为了更有效地保护耕地，我国在1998年对农村土地开始进行了严格的用途管制制度。1998年《土地管理法》对此予以明确规定。⑤ 此后，农村土地转化为城市土地只能通过国家征用这一途径才能得以实施，土地征用制度阻碍了城乡建设用地之间的流动、城乡土地市场的联系，城乡二元的土地市场制度由此形成，并以法律的形式确立下来。

进入20世纪80年代中后期，我国农村土地市场制度进入调整期，而城市土地开始了有偿使用的改革尝试，为城市土地价格体系的形成奠定了基础。

---

① 张合林，郝寿义．城乡统一土地市场制度创新及政策建议［J］．中国软科学，2007（2）：29.

② 李景刚，张效军，高艳梅，等．我国城乡二元经济结构与一体化土地市场制度改革及政策建议［J］．农业现代化研究，2011，32（3）：298.

③ 贾德刚．中国土地市场的运行机理：现状与分析［D］．北京：首都经济贸易大学，2008：22.

④ 1980年《中华人民共和国宪法》第10条。

⑤ 1998年《土地管理法》第63条、第10条、第43条分别规定：农民集体所有的土地的使用权不得出让、转让或者出租用于非农业建设；国家为了“公共利益”的需要，可以依法对集体所有的土地实行征用；任何单位和个人进行建设，需要使用土地的，必须依法申请使用国有土地，依法申请使用的国有土地包括国家所有的土地和国家征用的原属于农民集体所有的土地。

1980年开始收取中外合资企业的土地使用费，1982年在深圳开始征收城市土地使用费，1986年《土地管理法》的颁布实施标志着我国对城乡两种不同产权的土地进行依法管理，土地利用开始有法可依。此后，中国的城市土地市场逐步完善起来，土地利用开始由无偿向有偿推进，1988年，第七届人大会议将《宪法》中第十条第四款中土地不得出租的条例，变更为“土地使用权可以依照法律的规定转让”。同年，《土地管理法》也同步修订，土地有偿使用制度正式确立，我国开始通过市场配置土地资源。2000年的《关于建立土地有形市场促进土地使用权规范交易的通知》、2001年的《关于加强国有土地资产管理的通知》等文件强调土地市场作为中国特色社会主义市场体系的重要组成部分，必须要严格遵守市场规则，运用市场的手段对土地资源进行调配。要求严格把控国有土地供应量，提高土地市场化配置效率，严格规范土地审批行为，在全国范围内对国有土地使用权进行招标、拍卖。2002年国土资源部出台《招标拍卖挂牌出让国有土地使用权规定》，规定房地产开发所需要的土地开始通过招标，拍卖、挂牌等方法进行市场化配置，为土地市场的发展提供了法律依据，城市土地市场不断完善并走向成熟。

相对于城市土地市场的快速发展，农村土地市场却没有相应的法律支持，反而有所抑制，1986年和1998年的《土地管理法》对农村土地的用途进行严格的规定，除了政府征地外严禁农村土地交易，这个规定将土地市场分割成城乡两个部分，城市土地市场在不断得到完善，而由于征地制度的存在，农村集体建设用地数量在不断减少的同时，流转也不具有合法性，在这种情况下，农村的土地交易只能转到地下，形成隐性的土地市场，但是由于没有合理、统一的规范约束，这种土地市场十分混乱，土地交易价格并不能反映土地本身的价值，这进一步加剧了城乡二元土地市场的不平等。① 进入21世纪特别是党的十六大以来，我国下发了一系列配套文件及政策，对土地征用制度方面做了诸多调整和完善②，要求加大农村土地制度改革，但征地制度的基本面没有根本改变，城乡土地制度依然是二元的。

---

① 李景刚，张效军，高艳梅，等．我国城乡二元经济结构与一体化土地市场制度改革及政策建议［J］．农业现代化研究，2011，32（3）：299.

② 赵阳．守住底线试点先行积极稳妥推进农村土地制度改革［J］．中国发展观察，2014（2）：4-7.

二、我国城乡二元土地市场制度的基本特征

（一）城乡二元的土地权利体系

我国土地有两种所有制形式，国家所有和集体所有，由此城乡二元的土地权利体系应运而生，是我国城乡二元土地市场制度结构的产权基础。一是城乡分治的土地权利结构。土地承包者拥有的农地使用权（承包权和经营权）、收益权和流转权仅限于农地农用范围内。一旦用途改变，其权利也将不存在。二是城乡建设用地权利不平等。国有建设用地的使用权主体可以是机构也可以是个人，且可以自由流转。集体建设用地的使用权主体是农民集体，但农村集体建设用地现阶段并不允许流转（集体经营性建设用地试点除外）。第三，城乡土地拥有的财产权益不同。国有建设用地的使用权可以担保抵押。但是，农村可担保抵押的仅限于以招拍挂方式获得的承包地、荒地以及经营性建设用地，其他均不可抵押①（改革试点的除外）。

（二）城乡二元割裂的土地市场

我国土地市场由农村土地市场、土地征收市场和城市土地市场构成。城市土地市场体系②已基本建立起来，并且形成了相应的地价体系，而在农村，大量的农村集体建设用地受到法律限制不能流动，但是由于一定的非农建设用地都在自发的流转，客观上在一定的区域或区位存在农村建设用地的“灰色”或“隐形”市场，该市场不受法律保护，也未形成合理的价格体系；同时，农村承包地经营权流转受法律支持③，其流转市场存在一定的发展，以促进适度规模经营。至于土地征收市场，仍然由政府通过行政方式进行市场的垄断，低价征收，高价出让，从中获得土地出让过程中巨大的剪刀差。土地征用制度割断了城乡建设用地之间的平等流动及城乡土地市场的联系。因此，

① 刘守英．中国城乡二元土地制度的特征、问题与改革［J］．国际经济评论，2014（3）：10.

② 我国城市土地市场包括政府垄断的一级土地出让市场，竞争性较强的二级土地转让市场和三级土地再转让市场。

③ 国家允许农民以多种方式进行土地承包经营权的流转，如转包、出租、互换、转让、股份合作等。

我国城乡土地市场及其地价体系是二元、割裂的。① 城乡二元、割裂的土地市场及其地价体系是我国城乡二元土地市场制度的典型特征（如图 5-1 所示）。

（三）城乡土地市场发展失衡

如前所述，进入 21 世纪特别是党的十六大以来，我国下发了一系列深化农村土地改革、加快农村土地市场和农村发展的配套文件及政策，取得了很大成绩。但是，目前农村土地制度改革仍然滞后，农村土地市场发育滞后，土地市场化水平及其效率偏低。

（1）土地征收制度改革滞后。② 对于征地范围依然没有明确规定，征地范围仍然较大；征地程序依然采取公告为主，并没有进一步完善；征地补偿机制、保障机制还没有很好的建立和完善，征地制度的基本面没有根本改变。

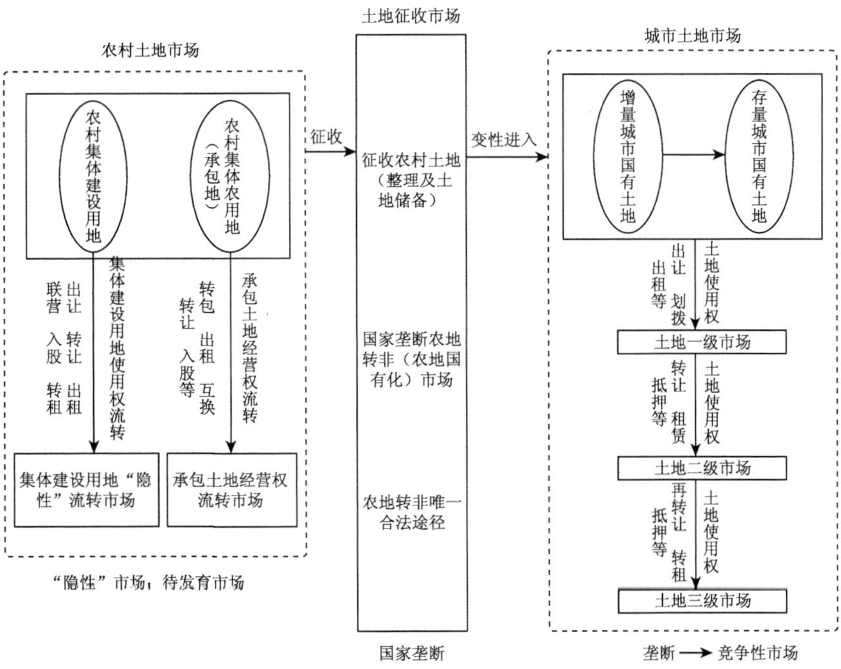

图 5-1　城乡二元土地市场制度结构图

① 张合林，郝寿义．城乡统一土地市场制度创新及政策建议［J］．中国软科学，2007（2）：28-29.

② 张合林．公共利益与征地及政府边界［J］．决策探索，2006（7）：75.

（2）集体经营性建设用地入市改革仍在封闭试点中，农村建设用地的“灰色”市场仍然有待规范，农村建设用地的开发与保护仍然不受现行法律的支持。

（3）农村宅基地制度安排落后，存在一些问题。一是宅基地大量入市。虽然法律规定宅基地不可以出租、转让和交易，但事实上，在广大沿海地区和城乡结合部地区宅基地“隐形”进入市场已呈普遍化趋势。二是宅基地可根据成员继承权无偿取得制度难以为继。三是宅基地管理权下放至村镇部门，管理混乱。四是宅基地的盲目无序扩张。五是宅基地制度的村社封闭性不利于村庄转型。① 六是宅基地使用权流转和退出机制缺失。②

（4）完善承包地“三权”分置制度改革和建立农地经营权有序流转市场任重道远。

（5）农地融资困难，导致农村发展资本不足。与城市土地市场相比，农村土地制度改革缓慢，使得农村土地市场化水平及其效率低。③ 城乡土地市场的发展失衡是我国城乡二元土地市场制度结构特征④的重要表现。

第二节　我国城乡二元土地市场制度存在的问题

一、城乡土地产权不平等

在我国城乡二元的土地市场制度和土地法律体系下，城乡土地权力处于完全不平等地位，农村集体土地不仅存在产权残缺的问题，而且具有的权能明显低于城市国有土地，农民的土地权利被排除在土地城市化之外。具体表现在以下几个方面：一是土地发展权不平等。将土地资源配置在城市工业部

① 刘守英．中国土地制度改革：上半程及下半程［J］．国际经济评论，2017（5）：29-56.

② 刘守英．城乡中国的土地问题［J］．北京大学学报（哲学社会科学版），2018，55（3）：79-93.

③ 张合林，郝寿义．城乡统一土地市场制度创新及政策建议［J］．中国软科学，2007（2）：31-34.

④ 张合林，贾晶晶．我国城乡统一建设用地市场构建及配套政策研究［J］．地域研究与开发，2013（5）：120.

门所获得的收益要远高于农业部门。但由于用途管制制度的存在，农村集体所有土地转化为建设用地要经过土地征收，征收过程产生的增值收益归国家所有，但是对于征收的农民集体土地，按原用途价值进行补偿①，不享有土地未来的发展权益，收益分配严重不公。二是土地流转权不平等。我国法律规定，“国有建设用地的使用权的主体在法律允许的范围内有权将使用权转让、互换、出资、赠予或者抵押”②。而“集体建设用地只有在依法取得建设用地的企业因破产、兼并等情形下才可以出让、转让或者出租用于非农业建设”。③ 三是土地物权不平等。我国《物权法》规定“国有建设用地使用权的主体对使用权享有占有、使用、收益的权利”，而绝大部分集体所有的建设用地使用权没有收益的权利，如宅基地使用权缺少收益的权利。④

二、土地征收制度存在诸多问题

形成于我国计划经济时期的土地征收是一个土地所有权由集体所有变为国家所有的产权转移过程，在新型城镇化发展的今天暴露出了很多问题，虽有微调，但问题依然严重。

（1）征地范围模糊，征地权力被滥用。⑤ 我国《宪法》规定，在“公共利益”需要的前提下，国家可以征用土地，但是并没有明确规定符合“公共利益需要”的建设用地项目是哪些，尺度很难把握。这种情况造成了我国目前的多数征地行为是为了赢利性质的建设用地，征地权力被滥用。

（2）土地征收程序不完善。目前我国主要采取公告征地的方式，不预先和农民进行协调，在此情况下，双方极易产生冲突⑥。

---

① 1998 年《土地管理法》第 47 条。

② 《中华人民共和国物权法》第 143 条。

③ 1998 年《土地管理法》第 63 条。

④ 国务院发展研究中心农村部课题组．从城乡二元到城乡一体——我国城乡二元体制的突出矛盾与未来走向［J］．管理世界，2014（9）：5.

⑤ 张合林．公共利益与征地及政府边界［J］．决策探索，2006（7）：74-75.

⑥ 吴伶．我国现阶段征地制度的缺陷及改进研究［D］．成都：西南财经大学，2007：11-12.

（3）征地补偿范围窄、标准低，测算方法不合理。①②

（4）缺乏有效的监督机制。在我国，农村土地的所有权属于村集体所有，而县、乡、镇政府对于农村的土地有着绝对的权力，因此，县、乡、镇政府部门不仅是土地所有者的代表，也是土地的管理者，由于在征收土地过程中都要听从上级安排。征地过程中缺少有效的监管机制，以合法形式掩盖非法占地行为或者私自买卖土地等违法行为屡见不鲜，使得土地资源浪费甚至被破坏。

（5）土地储备工作中存在经济效益偏向及资金短缺问题。土地储备作为土地征收与土地出让的中间环节，发挥了越来越重要的作用，但是也存在一些问题。一是重经济效益轻社会效益的现象非常严重，地方政府大多将实现土地收益作为第一目标，同时由于缺少对土地储备的绩效评价监控与考核体系，土地储备偏重经济效益的现象会更加严重。二是土地储备需要大量的资金，但是资金来源渠道单一③。现阶段，资金来源为政府的股权投入以及发行债券的债权投入，而其他融资方式如土地基金、土地信托等受到政府的限制较多，尚处于探索阶段。

三、土地粗放利用甚至闲置与浪费严重

我国城乡二元的土地市场制度特别是土地征地制度，使城市面积不断扩张，土地粗放利用，对耕地保护造成很大的困难和冲击，同时又出现“征而不用”和土地撂荒等，造成土地耕地减少与土地闲置浪费并存的现象，极不利于我国稀缺土地资源的节约集约与可持续利用。

（1）在我国城市化进程中，土地基本上是宽供应的状态，造成了土地的

---

① 一是征地补偿范围窄。我国的征地补偿仅包括土地补偿费、安置补助费、地上附着物和青苗补偿费，不包括残余地和连接的补偿、经营损失和租金损失补偿、迁移费补偿等。二是征地补偿费测算方法不科学。我国的征地补偿是按照被征前3年平均年产值的若干倍计算，未考虑农民的土地发展权问题。

② 张合林．城市化进程中土地征用制度的经济学分析［J］．上海经济研究，2006（3）：6-16.

③ 财政部、国土资源部有关负责人．依法规范土地储备融资行为［N］．中国国土资源报，2017-06-03（001）.

粗放利用。具体表现在土地的城市化快于人口的城市化。①（如图 5-2、图 5-3、图 5-4 所示）。

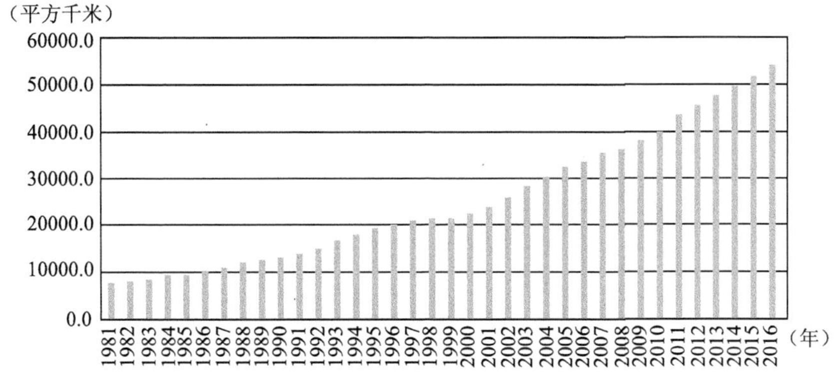

图 5-2　历年城市建成区面积变化

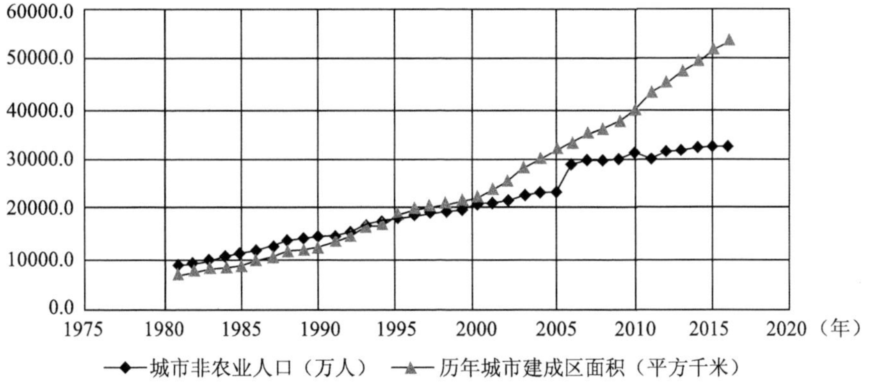

图 5-3　历年城市建成区面积及城市非农业人口对比图

① 在 1990—2000 年，中国土地城镇化的速度比人口城镇化速度快 1.55 倍（李忠．城镇化和土地制度问题研究［J］．经济研究参考，2005（48）：19），超过了合理界限 1.12：1。2000—2010 年间这一差距扩大到 1.71 倍。2010—2016 年间，我国城市建设用地增长的速度是人口增长速度的 8.88 倍（2005 年以后的城市非农业人口数据由城市人口减去暂住人口）。若考虑户籍人口与城市非农业人口的差距，该差距会更大（刘守英．中国城乡二元土地制度的特征、问题与改革［J］．国际经济评论，2014（3）：14）。

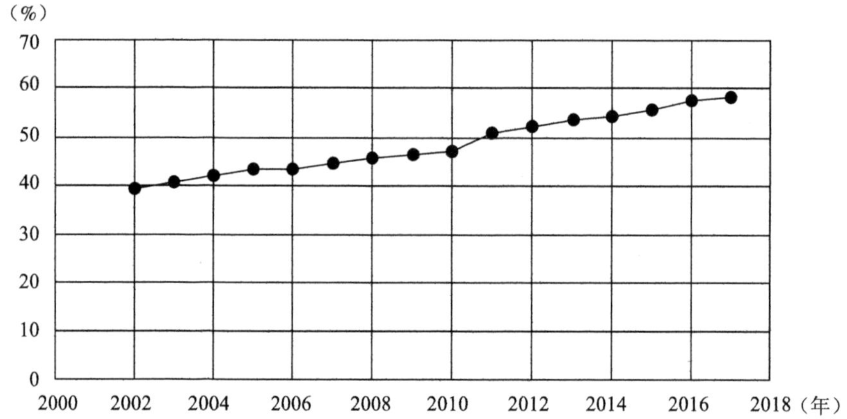

图 5-4　历年城镇化率及变化图

(2) 征地数量不断增加，滥占土地严重。农村土地作为城市土地的增量来源，在城市土地存量有限的情况下，征地数量不断增加。如图 5-5 所示，2003—2012 年，建设用地面积与征地面积同步增长，但是征地面积一直高于建设用地面积，该阶段可能处于土地粗放利用阶段。2012—2016 年间，虽然城市建设用地面积处于上升趋势，但是征地面积总体下降，这就意味着征地面积在城市建设用地面积中的比例在不断下降，该阶段可能处于存量土地利用阶段。在我国城乡二元土地市场制度框架下，农村土地转变为城市土地只能通过土地征收这一途径，在土地性质进行转变的过程中产生了巨大的收益，这就导致了许多地方政府以开发区、产业园区、大学城等名义滥占土地，但是这些土地中大部分并没有真正投入使用，其实质就是在跑马圈地，本来只用几平方公里的却扩大到几十平方公里，根据国土资源的资料显示，2003 年我国各类规划的开发区有 3.6 万平方公里，总数量有 3837 家，其中省级以下开发区有 2586 家，占开发区总量的一半以上。①

① 徐善长．土地市场二元结构与政府职能转变［J］. 经济研究参考，2004（68）：31-35.

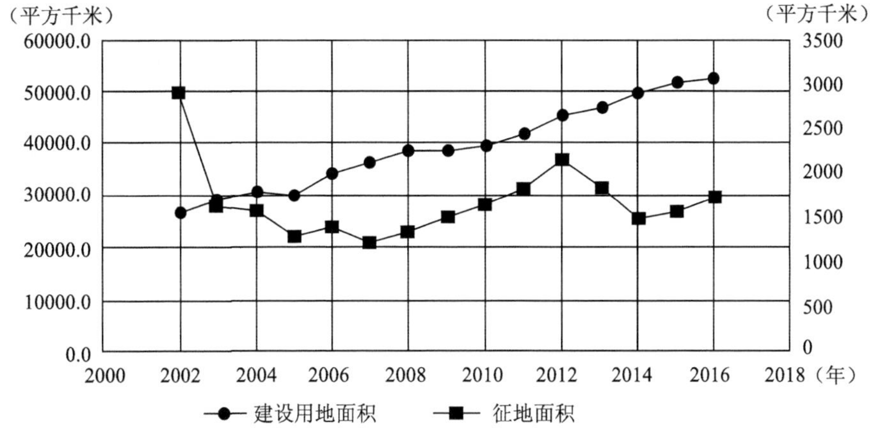

图 5-5　城市建设用地与征收土地变化图

（3）耕地面积不断减少。我国的城市扩张是以圈地为主而不是在城市内部进行集约型利用，这增加了耕地保护的难度，导致耕地面积不断减少。据统计，从 1995 年与 1957 年的总耕地量的对比来看，耕地量减少 6.51 亿亩。图 5-6 显示了我国近八年的耕地量的变化，从图中可以看出，从 2009—2016 年我国的耕地面积总体上处于下降状态，2016 年相比于 2009 年就减少 750 万亩。

（4）土地征而不用的现象相对严重。由于土地征收与土地出让的巨大利益空间的存在，土地出让收入仍然是地方政府最重要的财源，地方政府对土地财政的依赖仍很严重，近年来，土地出让金额占地方一般预算公共收入的比重超过了 40%，离开土地收入，地方政府将无法运作。① 为此，地方政府热衷于土地征收和土地出让。但是这些土地中有相当大的部分并没有真正投入使用，在城市郊区出现大量的土地征而不用或闲置的现象，这种粗放型的土地利用模式造成土地资源的大量流失。2009—2014 年，全国批而未用土地 1300.99 万亩（86.73 万公顷），年均批而未用土地 260 万亩（17.33 万公顷）。② 2016 年，各地建设使用往年批准土地 180.4 万亩，较 2015 年的 148.4

① 梁发芾．土地财政：如不能取消则必须规范［N］．中国经营报，2017-05-15（A06）．
② 数据来源于中国 2014 年国家土地督察公告。

万亩提高了 21.6%。① 同时，2016 年批而未用面积 177.3 万亩，较 2015 年减少了 64.3 万亩，为二次土地调查以来最低。在全国批准建设用地的 450.1 万亩中，当年建设面积 272.8 万亩，批准用地使用率为 60.6%，较上一年度增加了 8 个百分点。② 总体上看，往年批而未用土地明显减少，批准用地使用效率提升，积极盘活存量批准建设用地。但是由于前期土地存量基数较大，土地节约集约利用仍有很长的路要走。

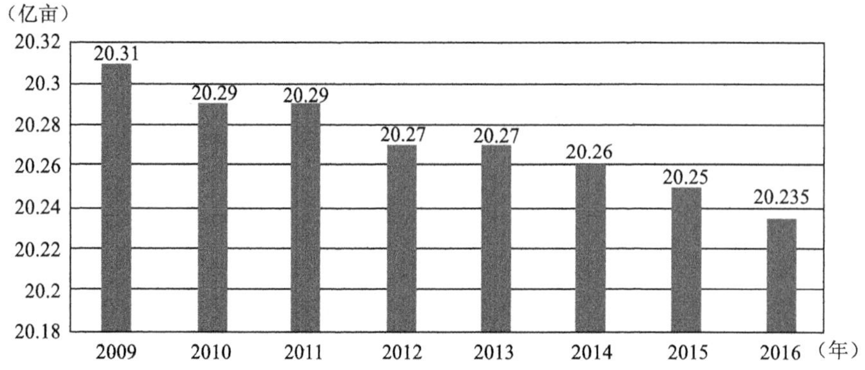

图 5-6　2009—2016 年耕地变化量

（5）建设用地闲置。以住宅用地为例，近 5 年以来出让住宅用地 52285 宗、面积 170404.7 公顷，合同正常履约率为 81.8%。③ 根据近二成的未履约率计算，2017 年住宅用地闲置面积约 3.4 万公顷，而根据国土资源部土地利用管理司原司长廖永林公开对外发布的 2012 年 11 月的数据，全国闲置房地产用地为 1.1 万公顷，其中闲置的住宅用地面积为 7461 公顷。这意味着，全国闲置住宅用地面积 5 年内增长 3 倍之多，国土资源部加大打击囤地行为的力度刻不容缓。④

① 国务院新闻办公室．国土资源部举行 2016 年度全国国土变更调查结果发布会［EB/OL］. http://www.scio.gov.cn/xwfbh/gbwxwfbh/xwfbh/gtzyb/Document/1559045/1559045.htm，2017-07-20.

② 焦思颖．2016 年度全国土地变更调查结果公布［N］. 中国国土资源报，2017-07-21（001）.

③ 高伟．去年全国 300 城土地收入破 4 万亿［N］. 经济参考报，2018-01-03（002）.

④ 李燕星．全国闲置住宅用地 5 年翻 3 倍为什么越加大打击囤地越多［N］. 中国房地产报，2018-01-08（A02）.

四、土地增值收益城乡分配严重不公

农地转非到出让开发经历了两个阶段，第一个阶段是土地征收的过程，政府给予农村集体一部分的补偿费用，将农村集体土地变为国有土地；第二阶段是性质已发生转变的农村土地被拿到城市土地市场中通过招、拍、挂等方式出让给土地使用者。在这两个过程中政府充当着农村集体和土地使用者的中间人角色，后一种的土地价格要远远高于政府对农村集体的土地补偿。按照《土地管理法》对所征收的土地的补偿办法主要分为三个部分，土地补偿费、青苗补偿费以及安置费，并对各部分补偿费用有明确的规定。① 而地方政府征地再出让后获得巨额的土地增值差价收益，随着城市土地价格的不断提升，政府获得的价格“剪刀差”越来越大。比如，2016 年出让国有建设用地 20. 82 万公顷（312. 3 万亩），出让合同价款 3. 56 万亿元②，出让价约合每亩地 114 万元。而各地补偿的标准因各地经济发展水平不同都不一致，一般在三四万元/亩到十几万元/亩之间。③ 可见，二者的差距巨大，而农民没有合理的分享。土地增值收益的大头被地方政府和建设用地使用权使用者或占有者占有，造成巨大的土地利益分配不公。④

对政府而言，土地增值收益主要来源于土地出让金以及后续的税收，土地出让收入的增加，会增加政府的财政收入。⑤ 2010—2012 年，土地出让收入占地方财政收入的比例呈现不断下降趋势，但 2013—2017 年五年的年平均仍约为 51. 28%⑥（如图 5-7 所示）。土地出让金大部分都用于城市⑦，2008—

① 土地补偿是根据征用土地前三年平均年产值的六到十倍进行补偿，对每个需要进行安置的农民的安置费是前三年平均年产出的四到六倍，且不能超过十五倍。若补偿费和安置费不能使失去土地的农民维持原有生活水平的，可进行追加补偿，但是总的补偿费用不能超过土地前三年产出的三十倍等。

② 数据来源于 2016 年《中国国土资源公报》。

③ 李海辉．建设城乡统一用地市场难在哪里［N］. 上海证券报，2014-09-03（A03）.

④ 刘守英．中国城乡二元土地制度的特征、问题与改革［J］. 国际经济评论，2014（3）：11.

⑤ 2008—2017 年，国有土地使用权出让收入从 9943. 92 亿元增长到 52059. 01 亿元（年均增长 42. 35%），占地方财政收入的比重也从 34. 71%提高到 56. 93%。

⑥ 该数据根据 2014—2016 年中国国土资源公报数据计算得出。

⑦ 唐卓，韩晓琴．房产税试点改革的效应分析及实施建议［J］. 税收经济研究，2013，18（2）：20-21.

2010年，用于城市建设、国有土地收益基金和保障性安居工程三项支出合计的年平均占比为69.56%；但是土地出让金用于农村、农业的部分较少，用于农业土地开发资金、农村基础设施建设资金的两项支出合计，三年平均占比仅为9.52%。① 另据国务院发展研究中心农村部计算，农地转为城镇建设用地的差价约在30万亿元左右，其中仅二三成用于“三农”。城镇化中的土地增值收益，确实存在“取之于乡、用之于城”现象，正是因为这个原因，导致我国出现明显的城乡之间的不平衡不充分发展问题。②

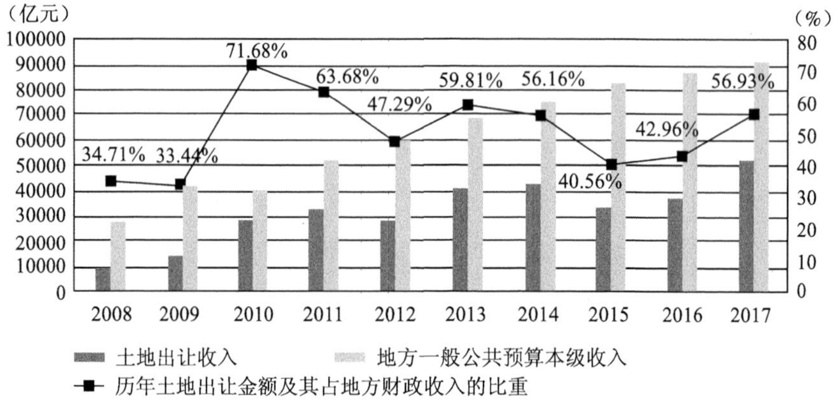

图5-7 历年土地出让金额及其占地方财政收入的比重

五、农村土地流转不顺畅

目前农村土地市场发育相对滞后，农村土地流转不顺畅，大多处于隐形交易市场状态③，并且农地闲置甚至浪费的现象也比较严重。

（1）农村土地流转不顺畅，大多处于隐形交易状态。农村土地的流转可分为承包地、宅基地、经营性建设用地的流转。承包地的承包经营权可以采用转包、出租、互换、转让或者其他方式流转。④ 当前农村承包地实行“三权”分置改革。即在所有权不变的基础上，将经营权从承包经营权中分离出

① 刘守英．中国城乡二元土地制度的特征、问题与改革［J］．国际经济评论，2014（3）：20.

② 张占仓．以土地制度改革为突破口实施乡村振兴战略［N］．河南日报，2018-03-07（010）.

③ 李海辉．建设城乡统一用地市场难在哪里［N］．上海证券报，2014-09-03（A03）.

④ 《中华人民共和国土地承包法》第32条。

来，这一举措使农用地的流转更为顺畅，有利于农业的适度规模经营，同时也弱化了农民与土地的联系，有利于增加进城就业农户的土地相关的财产收益，进而有利于加快进城农民在城市落户，符合城镇化的本质要求。现阶段承包地流转仅限于本集体内部，主要通过出租、转包、入股、流转等方式完成。其中租赁最为普遍，也最受农户欢迎。但是，“三权”分置框架下的承包地流转也存在一些问题。一方面，土地流转双方大多为有亲缘关系的熟人，合同签订不规范或者没有签订合同，使得出让双方权利义务关系不明确；同时农地流转的价格体系尚未形成，土地承包经营权的价值不明确，与土地价格相关的纠纷层出不穷。① 另一方面，承包地用途发生改变，许多土地流转到了工商资本、企业主之手，他们甚至与当地政府“勾结”，进行暗箱操作，将大块连片的土地建成了休闲度假村、私人庄园等②。对于集体经营性建设用地，虽然法律规定只有集体经营性建设用地在破产、兼并等条件下才可流转，但是集体经营性建设用地已在“隐形”市场流转。对于宅基地，法律规定宅基地不可以出租、转让，但是城郊和发达地区的宅基地已自发流转。可见，农村土地的流转大多处于隐形交易市场状态，流转不顺畅不规范，农民的权益难以得到有效保障。

（2）土地流转中介组织不健全，对土地流转引导服务作用有限。目前承包地流转局限于狭小的村域内，土地流转的供求信息不能及时跨村域互通，没有供求，也就不会存在交易。③ 除了供求信息的互通外，土地流转中介组织还承担着中间人的角色，土地流转的方式、土地流入者是否具有规模化经营的能力、交易双方合同的签订、后续可能存在的违约问题等，这些都需要中介组织来进行协调和评估。

（3）土地交易所平台尚未形成，土地资源配置不合理。

（4）承包地与宅基地闲置。与城市土地市场相比，农村土地市场还处于较低水平，除了被政府征走的土地外，其他的土地流转方式大多受到限制，并且没有统一的流转价格，那么对于放弃种地进城务工的农民来说，自家土

---

① 宋宜农．新型城镇化背景下我国农村土地流转问题研究［J］．经济问题，2017（2）：63-67.

② 刘同坤．“三权分离”下农村土地流转问题探析［J］．现代农业科技，2017（1）：289-290.

③ 刘永强，苏昌贵，龙花楼，等．城乡一体化发展背景下中国农村土地管理制度创新研究［J］．经济地理，2013，33（10）：138-144.

地无人耕种，自家宅基地无人居住，只能处于废弃状态，即使土地流转给企业，进行经济作物种植，当公司运营出现状况时，土地也会处于撂荒状态。2016 年 9 月，据民主与法制网记者佟威、宋一枫报道，安徽利辛县近 3000 亩耕地撂荒，这部分耕地由县政府于 2010 年流转给安徽华鲁酒业有限公司，进行葡萄酒酿酒生产，该公司正常经营了四年后，由于经营失败从 2015 年下半年开始放弃经营，致使流转土地开始撂荒。如此大面积的耕地撂荒十分惊人，这种情况并不是个例，在我国很多地方都存在，即使在流转中给予农民足够的补偿，但是这种大面积耕地的荒废也是对耕地保护的极大挑战。全国人大代表蔡继明在 2017 年初介绍，中国的宅基地约为 1300 万公顷。假如以 3 成的闲置率来计算，约有 390 万公顷的宅基地处于闲置状态。另外，由于宅基地制度安排的滞后，农村普遍存在宅基地面积超标或者一户多宅的情况，因此应积极探索实行宅基地有偿使用，有偿退出机制。

六、二元土地规划及土地利用中的城市偏向依然严重

城乡二元土地中的城市偏向即指土地规划、土地利用、土地供应等方面一般突出城市，弱化农村。这一问题与我国所处的历史阶段和国情直接相关，目前我国正处于工业化、城镇化快速发展的阶段，建设用地指标的获取成为促进经济发展的筹码，城市偏向依然严重。

（1）在土地规划方面，目前的土地规划更多的偏向城市，一是建设用地指标分配方面，农村获得的建设用地指标很少或者没有。二是，大多数城市土地都有远期规划，而对于农村建设用地和未利用地缺乏相应的科学的远期规划。

（2）在土地利用方面，城市外延式增长，“摊大饼”现象依然存在。城市蔓延集中表现在大城市建成区的边缘部分，这种无序发展导致了众多环境问题，包括交通污染、乱占农业用地等，严重削弱了城市的可持续发展能力。“摊大饼”现象不仅加剧了城中村的发展，也使人口资源环境矛盾加剧。然而，2013—2016 年，全国建成区人口密度从 0.76 万人/平方千米下降到 0.73 万人/平方千米①，也就是说，迄今为止“摊大饼”依然是许多城市发展的现

① 该数据根据历年《中国城市建设统计年鉴》的数据计算得到。

实选择。

（3）在土地供应方面，近年来，为了保证经济快速增长，加快工业化和城市化进程，国有土地基本上是宽供应状态。如图5-8所示，2008—2013年，国有建设用地供应面积逐年递增，从23.5万公顷增加到73.05万公顷①，2012年党的十八大要求“大力节约集约利用资源，推动资源利用方式根本转变”。在政策的引导下，2013—2015年，国有建设用地年供应面积呈现下降趋势。此时，国有建设用地处于存量盘活期，国有建设用地正朝着集约节约的利用方式转变。我国土地面积有限，国有土地市场的宽供应必然以集体所有土地的存量降低为代价。

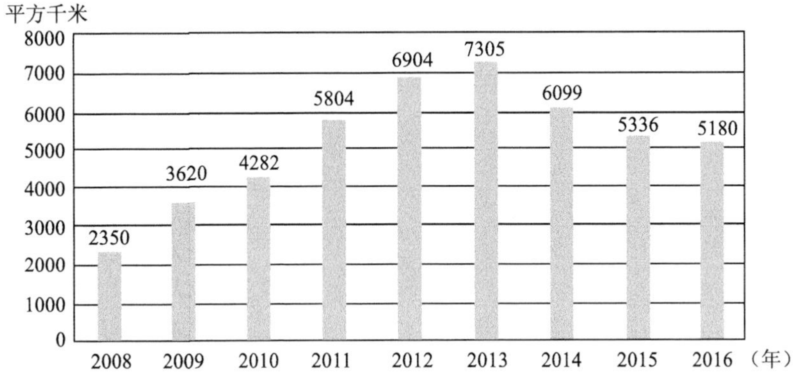

图5-8　城市国有建设用地供应面积及变化图

七、与土地市场制度相关的法律不完善

在城乡土地市场的不断发育发展过程中，配套的土地法律、法规和政策也不断出台和完善，但土地市场管理的法律和制度仍然不够成熟、不够全面，特别是在一些农村重要领域的相关法律规定仍旧不够明确，缺乏清晰的规范、界限和保障。

（1）农村集体土地所有权主体不明确。我国《宪法》规定：城市土地归国家所有，农村土地归农村集体所有，而“农村集体”具体指什么则很模糊，

① 数据来源于历年《中国国土资源公报》。

1962 年中共中央通过的《关于改变农村人民公社基本核算单位问题的指示》明确了农村“三级所有，队为基础是现阶段人民公社的根本制度”，核算单位也就是土地所有者的主体，即“三级所有，队为基础”形成并固定下来，除了因违法乱占或调整导致三级之间的比例稍微改变外，基本格局并没有改变，集体所有的归属问题在法律上的不明确，导致管理机构、村委会以及农民对此的认识很混乱。在 1986 年我国的第一部《土地管理法》对农村集体进行表述时把本应作为集体归属的村民小组放在三级所有的第三个，这也弱化了村民小组在农村土地所有权中的地位。同时，土地所有权主体的缺失或者错位也导致了一系列问题，在土地征收中失去了重要的维护土地相应权益的主体，最终遭受损失的还是失地农民，同时还导致上级集体，随意干涉下级集体行使集体土地所有权现象的发生，土地征收补偿费的层层克扣即是明证。① 2007 年颁布的《物权法》将土地承包经营权确定为用益物权，丰富了我国农村集体土地的权利范围，对我国农村土地产权制度和经济社会的发展产生深远的影响，但是，又有一项规定，土地的所有权和耕地、自留地、自留山、宅基地等属于集体所有的土地使用权不得进行抵押，这样农户就不能以这些土地的使用权进行融资，这是一种残缺的用益物权。②

（2）“公共利益”的范围不明确。《宪法》的第十款规定政府为了公共利益有权征用征收农村土地，但是却没有对公共利益给出清晰明确的界定，这样也就无法对它的具体适用范围进行严格限定。当前应尽快以立法的形式加以明确，可借鉴国外的经验，采取概括与明确列举相结合的方式界定公共利益的范围。③

（3）农村土地流转缺少法律规范和保障。由于农村土地流转的法律一直没有出台，绝大部分农村土地流转处于隐形市场，纠纷时常发生。

（4）“三权”分置中经营权的性质没有明确。现阶段，土地经营者对自己所拥有的权力不明确，地方政府也不知如何从法律角度来处理经营者和承包户之间的争执，虽然相关部门提出了修改《农村土地承包法》的方案，但

---

① 刘守英．适应新常态的中国土地政策与城市化［J］．小城镇建设，2015（10）：18-19.

② 刘灿．构建以用益物权为内涵属性的农村土地使用权制度［J］．经济学动态，2014（11）：36.

③ 杨显滨．论美国征收条款及对我国的启示［J］．政法论丛，2015（5）：104-112.

是方案仍存在一定的法理缺陷或者与制度相矛盾。一是对于“三权”分置中的三种权利，没有清晰地确定它们的法律含义。二是法律没有明确“土地经营权”的产生机制和交易规则，因此承包地转让、抵押将受到限制。三是农民家庭担心新设土地经营权可能会影响他们的土地承包经营权，且没有相应的法律来进行保障。四是经营权是属于物权还是债权没有明确的法律规定。①

（5）土地改革试点与修法没有同步推进相向而行。2013年党的十八届三中全会明确了农村土地制度改革的方向和任务。② 2015年1月中共中央办公厅和国务院办公厅联合印发的《关于农村土地征收、集体经营性建设用地入市、宅基地制度改革试点工作的意见》标志着我国农村土地制度改革即将进入试点阶段。2017年，农村土地制度改革三项试点工作进入到最关键的攻坚阶段。在历经三年的土地改革试点工作推进过程中，立法工作没有同步跟进，改革试点又被延长一年。应稳步有序推进《土地管理法》《物权法》等相关法律的修改，将三项改革试点的制度性成果和普遍性成效纳入法律修正案中，同时修改与试点相关的制度，吸收近年来的改革实践成果。

第三节　二元土地市场制度对城乡一体化发展的制约影响

一、使土地资源配置效率和社会福利受到损失

如前所述，由于现行征地制度等原因，导致形成了我国城乡割裂的土地市场制度结构。一是土地产权的城乡二元。二是城乡土地用途二元。三是城乡土地市场二元。四是城乡土地价格二元。五是城乡土地规划和土地管理二

① 孙宪忠．推进农地三权分置经营模式的立法研究［J］．中国社会科学，2016（7）：145-216.

② 在符合规划和用途管制前提下，允许农村集体经营性建设用地出让、租赁、入股，实行与国有土地同等入市、同权同价；缩小征地范围，规范征地程序，完善对被征地农民合理、规范、多元保障机制；保障农户宅基地用益物权，改革完善农村宅基地制度，选择若干试点，慎重稳妥推进农民住房财产权抵押、担保、转让，探索农民增加财产性收入渠道。建立农村产权流转交易市场，推动农村产权流转交易公开、公正、规范运行《中共中央关于全面深化改革若干重大问题的决定》［M］．北京：人民出版社，2013：13（23）。

元。规划和管理政出多门，尤其是农村土地规划和管理薄弱无力。①

市场垄断和城乡二元土地市场割裂，一方面，城乡土地之间或者农村土地内部交易过程中，排斥市场机制，使得农地非农化过度，耕地保护难度加大。另一方面，为获得土地征收、出让过程中的剪刀差，地方政府过度征地，形成土地财政依赖。两者都不利于土地的可持续利用和农民土地财产权益的保障，严重影响农民合理分享工业化、城市化成果和农村内生增长动力的生成。我国城乡二元的土地市场制度结构，使我国土地资源配置效率和社会公平福利双双受损。

二、集体建设用地制度安排制约乡村发展

改革开放初，农民建房潮和乡镇企业快速发展，农村建设用地的占用越来越多。为了遏制这一现象，政府于 1998 年第二次修改了《土地管理法》，限制集体建设用地入市流转，集体建设用地利用陷入制度困境。② 一是由于各地建设用地指标有限，为了追求更大的土地利益，农村获得的建设用地指标很少甚至为零；农民集体为了获得土地收益，不得不冒着风险自发将集体土地用于非农建设，小产权房大量涌现正是农村主动分享城市化进程中的土地收益的重要体现。据非官方的不完全统计，国内小产权房存量大约占了国内商品房存量的 1/4 到 1/3，这意味着处于灰色地带的小产权房数量庞大③。二是集体建设用地缺乏抵押融资功能，极大限制了农民的财产性收入。三是集体建设用地没有纳入城乡统一规划，抑制了集体建设用地的总体经济效益。四是集体建设用地粗放式利用，农村产业单一，产业结构升级困难，农民在乡村地区的发展机会很少，只能离土离乡，人才的流失更不利于产业结构的升级，农民在乡村地区的发展机会越来越少，最终恶性循环。④ 五是宅基地法律规定和制度安排滞后于现实，既不利于农民实现宅基地的财产权，也不利

① 张合林，郝寿义．城乡统一土地市场制度创新及政策建议［J］．中国软科学，2007（2）：28-29.

② 刘守英．中国城乡二元土地制度的特征、问题与改革［J］．国际经济评论，2014（3）：15-16.

③ 贺军．集体用地建租赁房试点具有突破意义［N］．社会科学报，2017-09-07（002）.

④ 刘守英．中国土地制度改革：上半程及下半程［J］．国际经济评论，2017（5）：51.

于土地管理。① 虽然近几年我国在集体建设用地流转方面做出了政策性的决定和局部改革试点，但是政策文件落实不到位，与集体建设用地入市流转相关的法律迟迟不见修改和出台，现行集体建设用地制度法律和安排依然有其局限。

三、加大城乡居民收入差距

不断缩小城乡之间的差距，使城乡居民同等享有市场化经济发展的成果，是城乡一体化发展的重要目标，但是在城乡二元土地市场制度下，我国总体的土地市场化水平比较低②，这严重影响到城乡居民收入差距。研究发现，土地市场化水平与城乡居民收入差距之间呈现倒 U 型关系③，如图 5-9 所示：虚线 a 左侧，在土地市场化水平比较低的情况下，城乡收入差距也比较低，两者呈正向作用阶段，这是由于市场化水平比较低的时候，经济发展水平相应的也很低，城乡的收入水平并没有很大的差异。

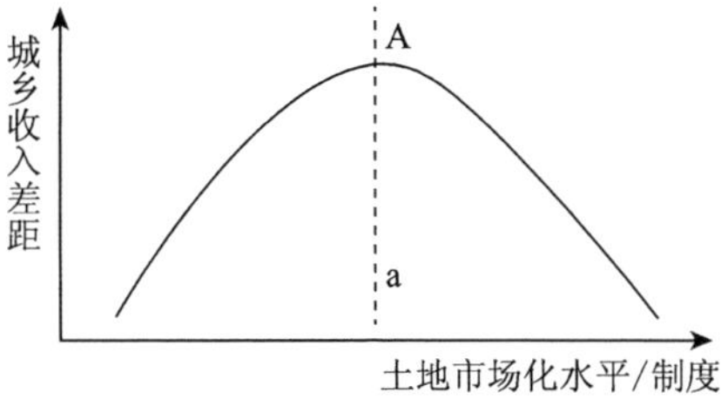

图 5-9 城乡收入差距与土地市场化水平/制度的关系

但是，随着土地市场化水平的不断上升，城乡收入差距也开始逐渐拉大，这有两方面的原因：

（1）土地市场化极大地提高了我国的经济发展水平，作为经济发展中心的城市理所当然地最先享受经济发展的成果，城市居民的收入得到很大的提

① 刘守英．中国城乡二元土地制度的特征、问题与改革［J］．国际经济评论，2014（3）：16-17.

② 这里的土地市场化水平主要是指土地市场制度安排状况，即由低水平的城乡二元土地市场制度到高水平的成熟的城乡统一土地市场制度的发展状态。

③ 钱忠好，牟燕．土地市场化是否必然导致城乡居民收入差距扩大［J］．管理世界，2013（2）：78-86.

高，对于农村来说，土地市场发展缓慢，对于土地，大多数农村进行的是农业劳作而非投资交易，其收入水平虽有所增加，但是增加速度十分缓慢。

（2）政府把农村的土地征用走了，但是所征得的土地大部分用于城市建设，能分给乡镇企业发展的土地指标很少，再加上环保等因素，乡镇企业很难得到发展，这样就增加了一部分农民提高收入的难度，那么，农民的收入只能来源于两个主要方面，即种地收入和外出务工收入。一是虽然有国家对农业的财政补贴，但是种地的生产成本也在随着物价的提高而增加，这些补贴所起的作用非常有限；二是我国的粮食价格受到多方面的影响很难得到提高，这也是国家为避免通货膨胀设定的，所以农民很难通过种地来致富；三是对于大部分农村来说，外出务工的农民大概占40%，由于文化素质水平有限和城市居民对农村居民的歧视，务工农民从事的一般都是低报酬且城市居民不愿意从事的职业。他们的工资增长赶不上城镇居民工资增长的速度。① 当土地市场化水平达到倒U型曲线的顶点A时城乡收入差距达到最大，A点是一个临界点，当土地市场化水平超过A点之后，曲线呈现向下倾斜的趋势，即随着土地市场化水平越高，城乡收入差距越小，两者之间转而呈现反向关系。

对称轴a把曲线分为两部分，左右两侧分别表示两种不同的土地市场制度：左侧表示二元土地市场制度发展阶段，右侧表示城乡统一土地市场制度发展阶段，A点作为最高点表示基本消除了城乡二元的土地市场制度，建立城乡统一的土地市场，但是仍有一定的遗留问题，统一的土地市场还不太完善，也就是市场化水平还比较低，随着统一土地市场的不断完善，农村居民的土地收益不断得到提升，城乡居民的收入差距逐渐缩小并消失。目前，我国整体上仍旧处在a的左侧，土地市场还是城乡二元化的，城乡之间的收入差距还相当大，这与城乡一体化发展目标是相违背的，那么想要改变这种情况就需要进行土地市场化改革，破除城乡二元土地市场制度障碍，建立城乡统一土地市场制度，尽快跳出土地市场化的“低水平陷阱”。事实上目前我国可能已接近A的临界点，一是城乡土地市场制度改革在顶层设计，政策不断

---

① 何立胜．我国城乡二元土地产权特性与农民土地权益的制度保障［J］．贵州社会科学，2011（10）：50-52.

调整，试点改革积极推进，整体土地市场制度改革蓄势待发，二是城乡居民收入差距近期已呈现下降态势。可见，强力推进我国城乡统一土地市场制度的改革创新正当时。

四、农民土地权利受损甚至引发社会不稳定

在现行征地制度框架下，被征地农民失去土地承包经营权和丧失了对未来土地增值收益的分享权，农民的土地权益受到很大损失①，主要体现在以下几个方面：一是征地补偿标准较低、征地补偿方式单一。二是失地农民就业压力大。现阶段农村已经存在大量的剩余劳动力，土地被征收后，剩余劳动力会继续增加，同时，随着我国产业的转型发展，逐渐由劳动力密集型产业转变为资本技术密集型产业，缺乏技术技能的失地农民就业难度更大。三是征地的补偿金不能及时足额分到失地农民手中，拖欠、克扣、截留、挪用现象严重，严重损害了失地农民的利益。② 四是社会保障不健全。由于现阶段农村社会保障制度本就不健全，农地作为农民最基本、最稳定的保障一旦失去，农民未来的生活也将难以得到保障，社会稳定也无法保障。

伴随城镇化进程加快，土地价值日益显化，且增加迅速，但土地利益的分配却极不公平，使得利益相关方矛盾加剧③，引发社会的不稳定。如前所述，土地增值收益在城乡分配严重不公，导致农村居民与地方政府之间的矛盾加剧，围绕土地的纠纷也越来越多。④ 以北京为例，对 2005 年进京上访的农民调查显示，涉及农村土地问题的案件占比 73.2%，其中征地纠纷所引发的冲突达 60.1%。与土地有关的纠纷已经威胁到了中国农村地区的社会稳定。⑤

---

① 张合林．城市化进程中土地征用制度的经济学分析［J］．上海经济研究，2006（3）：9.

② 曹圣星．城乡一体化背景下农民土地权利的保护研究［J/OL］．http：//www.jcrb.com/procuratorate/theories/academic/201606/t20160615_ 1623285.html，2016-06-15.

③ 一是被征地农民与地方政府之间的利益矛盾。二是农民和农民之间的土地利益补偿也存在不公。城市政府对城乡结合部农民的高补偿，而对农区农民的土地补偿不足额、不到位、被克扣的现象比较普遍。三是城市和农村在增值收益分配上极其不合理（刘守英．中国城乡二元土地制度的特征、问题与改革［J］．国际经济评论，2014（3）：20）。

④ 张合林．城市化进程中土地征用制度的经济学分析［J］．上海经济研究，2006（3）：9.

⑤ 刘守英．中国城乡二元土地制度的特征、问题与改革［J］．国际经济评论，2014（3）：19.

五、加重了土地利用结构的扭曲

改革开放以来，我国的经济快速发展，但同时也面临着经济转型过程中的诸多挑战。2000 年以来尤其是近几年不断攀高的城市房价，导致城市居民和向城市转移的农村居民买不起房，甚至无房可住，而农村，大量老宅子无人居住，长期闲置，大部分集体经营性建设用地处于未利用状态。出现这一现象的根本原因是城乡分割的二元土地制度安排，这一制度阻碍了城乡土地要素平等双向流动。具体包括“集体建设用地不准直接入市”“农地只有经过征地的唯一途径才能用于非农用途”“农村的宅基地不可用于抵押、出售以及交易”等。① 土地出让方式包括招标、拍卖、挂牌和协议出让等。出让价格由高到低分别为拍卖、招标、挂牌、协议出让②。近几十年来，我国的发展重点一直是工业，在建设用地利用方面，工业用地的占比一直居高不下，且在 2006 年以前工业用地的土地获得方式是协议出让，2006 年 8 月，国务院《关于加强土地调控有关问题的通知》明确要求工业用地必须采用招拍挂方式出让，在此情况下，价格相对较低的挂牌出让占比开始升高，2008 年，挂牌出让土地面积占总出让面积的比例甚至超过了 70%。③ 工业用地的获得成本相对较低。如表 5-1 所示，其他用地的土地价格约为工业地价的 5—9 倍。2016 年国有建设用地用于工矿仓储用地占 23.3%（如图 5-10 所示），这个比例相当于其他发达国家的近 5 倍，这种高比例的工业土地分配却不一定能带来同等水平的工业发展，因为其获得土地的成本太低了，就不会对每一寸土地进行很精密的规划设计。比如，部分工业企业就在其获得的土地上建设花园工厂或者进行土地投机，等着土地升值之后转手别的企业。解决这种问题的最根本方法就是把工业用地通过市场进行配置，使工业用途的土地与商业用途的土地对等起来，对整个用地结构进行调整。从发展形势来看，我国的工业

① 邵挺．二元土地市场、城乡收入差距与城市结构体系的研究［D］．上海：复旦大学，2010：124.

② 赵文哲，杨继东．地方政府财政缺口与土地出让方式——基于地方政府与国有企业互利行为的解释［J］．管理世界，2015（4）：12.

③ 赵文哲，杨继东．地方政府财政缺口与土地出让方式——基于地方政府与国有企业互利行为的解释［J］．管理世界，2015（4）：13.

化超前于城市化，但是其实质却是工业用地大于商业用地和住房用地等，这种用地结构的扭曲影响到我国经济的发展水平，所以土地改革只有调整了用地结构，才能进行经济的结构调整。①

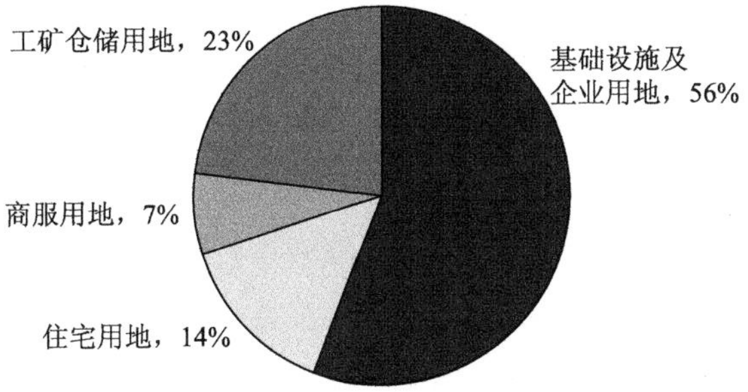

图 5-10　2016 年我国土地利用结构分析图

表 5-1　2016 年末不同土地类型的价格对比

土地类型	综合用地	商服用地	住宅用地	工业用地
土地价格（元/平方米）	3826	6937	5918	782

过去 30 多年时间里二元土地市场制度在我国经济发展中起到很大推动作用，这与当时的经济发展环境相适应。但是，我国当前的发展形势发生了很大的变化，这就需要相应的调整和改善相关的土地市场制度和体制。党的十八届三中全会提出，在城乡发展的过程中，包括土地、人员、资金在内的生产要素的配置方式中，市场可以发挥其决定性作用。城乡的发展要有合理的规划，但是这些规划也有可能有偏差，那么用来衡量的标准还是市场信号。政府和市场都要找准自己的位置，城乡一体化发展的道路才能顺畅。

第四节　总结分析

我国城乡二元的土地制度形成于计划经济时代。改革开放后，我国土地市场逐渐发育，但城乡土地市场的发展是不平衡的。1998 年新《土地管理

① 刘守英．中国土地制度改革的方向与途径［J］．上海国土资源，2014，35（1）：7．

法》明确规定：中国实行用途管制制度。这是我国土地市场制度变化的重大转折点。从此以后，农村土地转化为城市土地只能通过唯一的途径即国家征用，土地征用制度割断了城乡建设用地之间的流动及城乡土地市场的联系①，城乡二元的土地市场制度由此形成并以法律的形式确立下来。

进入 21 世纪以来，在快速城镇化过程中，由于农村土地产权制度特别是征地制度改革滞后，我国农村与城市、集体与国有、农业与工业用地分别治理的格局仍然没有得到根本的改变，城乡土地要素还不能依法公平公正使用、参与市场竞争和同等受到法律保护，土地市场的城乡二元制度结构问题仍然十分突出，整体土地市场效率较低，土地价格在不同程度上不能真实反映土地资源的稀缺程度及其市场供求关系，导致土地资源浪费现象严重，看似低成本的中国工业化和城市化付出了沉重的资源、环境代价，城乡土地市场发展失衡，农村土地流转不顺畅，集体建设用地制度安排制约乡村发展，农民的土地财产权没有得到法律保护，其土地财产权益受到较大侵害，土地增值收益城乡分配严重不公，由此引发的社会矛盾与稳定问题十分突出，在很大程度上仍然严重制约和影响着我国城乡一体化的发展。所以，全面深化土地市场制度改革，彻底清除城乡二元土地市场制度性障碍，加快构建城乡统一土地市场及其制度势在必行。

---

① 张合林，郝寿义．城乡统一土地市场制度创新及政策建议［J］．中国软科学，2007（2）：29-30.

第六章　我国土地市场制度创新及其作用机理和路径

本书以党的十六大以来关于城乡统筹、城乡一体化、城乡融合发展和深化土地制度改革的一系列方针政策为指导，基于城乡土地使用权权能一致性原理、我国不同土地市场制度社会福利比较分析和我国农村集体建设用地流转的现实基础，确立和坚持土地市场制度创新原则，在“两种平等产权，一个统一市场”的框架下，通过改革征地制度、打破政府对土地市场的行政垄断、农村集体建设用地直接合法入市的合理路径选择，实行农村集体建设用地与国有土地同等入市、同权、同价，进而构建出我国城乡统一建设用地市场制度创新框架及其运行机制和模式。在此基础上，以城乡统一土地市场制度安排及其土地资源开发利用机制为核心，揭示城乡统一土地市场制度及其机制与农村土地资源利用效率、农村农业内生增长、乡村振兴、新型城镇化高质量发展、城乡发展一体化的逻辑关系及其作用机理和路径规律。

第一节　我国土地市场制度创新的理论分析

一、城乡土地使用权权能平等一致性原理

在土地市场上，作为交易客体的是直接附着于土地上的各种内涵不同的土地财产权利。在我国土地市场上交易的是土地使用权利。土地使用权利作为交易的客体或对象，它们在产权性质上应该是平等一致的①，不应因为其是从不同所有制性质（国家所有或农民集体所有）的土地所有权分离出来的而

① 张合林，郝寿义．城乡统一土地市场制度创新及政策建议［J］．中国软科学，2007（2）：32-33.

有差别。就像一般商品市场上交易的客体商品的性质一样，不应因为它们是国有企业或是集体、私有企业生产出来的而有差别。土地使用权性质平等一致的含义是同等完整的城乡土地使用权权能即独占权、排他的使用权、相应的收益权和流转处置权；一般商品性质平等一致的含义是商品中凝结的无差别的一般社会劳动。因为它们有相同的性质才可以在市场上进行交易。在市场上，对“买”者来说，是为了得到土地的使用权利或商品的使用价值，对“卖”者来说，是为了使土地的财产权在经济上得到实现而获得土地财产权益或获得商品的交换价值。二者的交换基础或原理是一致的，由此决定了土地产权市场的自由进出和平等的土地产权交易。如果城乡土地使用权权能不平等一致，它们就无法在土地市场上进行平等的交易①，残缺产权的土地使用权益就会因无法进行市场交易流转而受损。在西方市场经济国家比如美国，农地产权是完整的，如果某一地块的农地某种权能比如发展权受限，即意味着国家购买其发展权同时给予其对等的市场价格的差价补偿。② 而目前在我国农地的产权权能是不完整的，主要是缺乏农地产权的处置权③④，表现为不拥有农地转非的开发权。农地转非的唯一合法途径是农地征收，它由国家独家行政垄断，由此造成的后果是农民土地财产权益受损，无法合理分享工业化、城市化的成果，农村农业发展缺乏内生增长动力和机制。所以，要完善农地产权，丰富其权能，其中最核心的是拥有农地市场流转的完整处置权⑤⑥，这是历史发展的必然。由此，我们建立当前我国二元结构约束下的中国城乡统一土地使用权权能平等一致性原理，即同等完整的城乡土地使用权权能包括独占权、排他的使用权、相应的收益权和流转处置权。这一理论的确立，不仅为我国土地市场制度创新——建立城乡统一建设用地市场制度奠定理论基

---

① 张梦琳．集体建设用地流转与资源配置关系的系统分析［J］．国土资源科技管理，2012，29（1）：8-12.

② Tom Daniels，Deborah Bowers. Holding our ground：protecting America ' s farms and Farmland［M］. Washington，D. C：Island Press ，1997：145-169.

③ 周其仁．农地产权与征地制度——中国城市化面临的重大选择［J］．经济学（季刊），2004，4（1）：204.

④ 张合林．对农民享有土地财产权益的探讨［J］．中州学刊，2006（2）：50.

⑤ 张合林．城市化进程中土地征用制度的经济学分析［J］．上海经济研究，2006（3）：10.

⑥ 许建生，张驰，韩芳侠．推进城镇化发展的农村土地制度改革的建议［J］．投资北京，2013（10）：92-94.

础，同时有助于在此基础上的世界现有土地市场制度理论及其运行模式机制经验在我国的借鉴与推广。

二、土地市场制度的社会福利比较分析

城市和农村土地市场制度的不均衡导致利益分配不合理，农村土地在转化为城市土地并进行交易的时候所获得的大部分收益被政府和土地使用者拿走，这严重加剧了城乡之间的收入差距，这与城乡一体化发展的目标相悖。前边的章节从不同的角度分析了二元土地市场结构对我国城乡一体化发展的制约影响，这里我们主要运用福利经济模型分析在两种不同的土地市场制度下社会总福利情况（如图6-1所示），探讨整体社会福利的改进方法，提高土地资源配置效率。

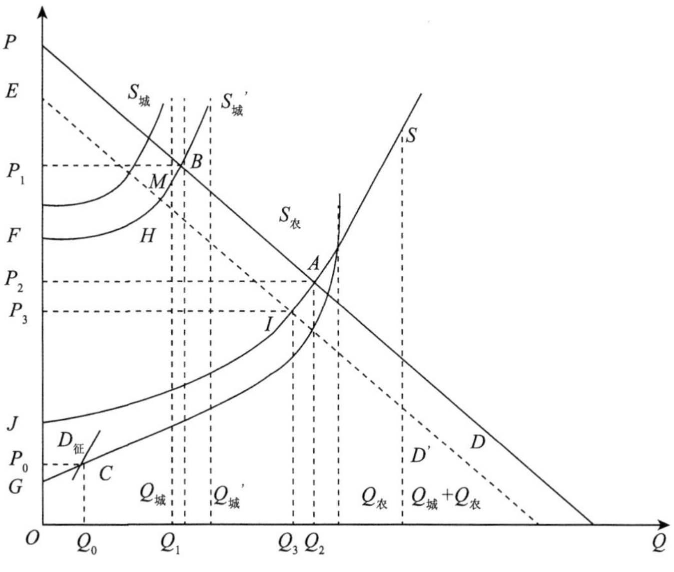

图6-1　不同土地市场制度的社会福利对比分析图

（一）城乡二元土地市场制度下的社会福利分析

在二元土地市场制度下，城市和农村分别拥有两种截然不同的土地供给曲线，如图6-1所示，我们用$S_{城}$表示城市一级土地市场的土地供给曲线，其

反函数是 $P=\varphi_{城}(Q)$；$S_{农}$表示农村土地市场的土地供给曲线（包括隐性土地市场交易和征地市场。$S_{农}$可表示隐性土地市场交易，因为缺乏法律的保障，其交易不能正常进行，所以交易价格偏低，属于买方市场；$S_{农}$同时也可表示征地市场，虽然征地市场被政府垄断，但是随着交易量 Q 的增加，农民对其重视程度会增加，从而价格会有所上升，但是上升空间仍在政府的低价控制之内并远低于城市土地的交易价格，其反函数是 $P=\varphi_{农}(Q)$；$Q_{城}$和 $Q_{农}$分别为 $S_{城}$、$S_{农}$的渐近线，分别表示城市和农村土地市场的最大交易量；另外，$D_{征}$表示征地市场的土地需求曲线，即政府在某一特定的条件下所需要的土地与征地补偿价格的对应关系，其反函数表示为 $P=\eta_{征}(Q)$，D 是城市一级土地交易市场的土地需求曲线，反函数为 $P=\eta(Q)$。在征地市场中，$D_{征}$与 $S_{农}$的交点 C（Q_0、P_0）是在某一特定条件下的征地情况，即政府在农村征取 Q_0 的土地，给予农民或农民集体的补偿费用是 P_0。此后政府征收的土地全部投入城市土地市场，使城市土地供给增加，增加量为 Q_0，供给曲线向右移动到 $S_{城}'$，$S_{城}'$以 $Q_{城}'$为渐近线，其反函数为 $P=\varphi_{城}'(Q)=Q_{城}+Q_0$。

城乡的土地供给曲线差别很大，也就是说，在相同的土地交易量下城市的交易价格是农村的好几十倍，导致这种现象的本质原因就是城乡二元的土地市场制度，从图中我们可以看出我国城乡二元土地市场制度的形成过程：土地需求曲线 D 不断向右移动，当需求曲线 D 与城市的供给曲线 $S_{城}$的交点处的土地交易量等于 $Q_{城}$时，城市的土地得到最大的利用，也就是说城市没有更多的土地供给了，城市土的地供不应求使城市化和工业化陷入困境，随之而来的就是城市土地价格的不断飙升。为了调控城市的土地市场，缓解城市土地的供给压力，政府把目光转向了农村土地，由此征地制度产生，二元土地市场制度也随之形成，因此，城市土地供给不足加速了我国征地制度的形成。

在农村土地市场上，土地进行流转的唯一合法路径就是土地征收，在这个过程中农民几乎没有话语权，政府主导整个征地过程，征地制度存在的目的就是为了增加城市土地的供给量以满足城市化和工业化的发展，因此，土地征收的价格一定会低于城市土地市场的交易价格。比如图 6-1 中的 C 点，当在农村征到 Q_0的土地时，政府支付给农民的土地补偿是 P_0，地方政府在征地过程中承担的总成本为 $P_0 * Q_0$，在城市一级土地市场中，假设 B（Q_1，

P_1）为市场均衡点，政府以 P_1 的价格把从农村征来的土地卖给城市土地使用者，政府这一买一卖获得了巨额的收入（$P_1 - P_0$）$*\ Q_0$，这些收入在很大程度上解决了地方政府财政不足的局面，同时也弥补了公益用地的成本，巨大的“剪刀差”使地方政府对农村土地的征收趋之若鹜，热衷于土地财政，征地制度不断得到强化，农村土地市场的发展得到更加严峻的压制，城乡二元土地市场进一步加深。

如图 6-1 所示，在土地二元市场制度下，土地的社会总福利分为三部分，分别是农村土地的所有者、地方政府、城市土地的最终使用者。农村土地的所有者在土地交易过程中以土地的所有权为代价得到了 $P_0 * Q_0$ 的土地补偿，其土地供给剩余为 $W_{农} = \int_0^{Q_0}[p_0 - \varphi_{农}(Q)]dQ$，即 S_{P0CG}。

政府作为农村土地的征收者和城市土地的供给者，有两部分的收入，其总的剩余为 $W_{政} = S$（征地所得收益）$+ S$（城市土地交易所得收益）$=(P_1 - P_0) * Q_0 + \int_0^{Q_1}[p_0 - \varphi_{城}{}'(Q)]dQ$，即 $S_{BMQ城Q1} - S_{P0CQ0O} + S_{P1MHF}$。

企业或厂商作为土地的使用者，在城市一级土地交易市场中的剩余为 $W_{企} = \int_0^{Q_1}[\eta(Q) - p_1]dQ$，即 S_{PBP1}。

因此，在城乡二元土地市场制度的背景下，社会总福利为 $W_{总1} = W_{农} + W_{政} + W_{企} = \int_0^{Q_0}[p_0 - \varphi_{农}(Q)]dQ + (P_1 - P_0) * Q_0 + \int_0^{Q_1}[p_0 - \varphi_{城}{}'(Q)]dQ + \int_0^{Q_1}[\eta(Q) - p_1]dQ = S_{P0CG} + S_{BMQ城Q1} - S_{P0CQ0O} + S_{P1MHF} + S_{PBP1}$

通过对这种特定土地市场制度限制下的社会福利分析，我们可以看出，总的社会福利偏小，且利益分配不合理，大部分的土地交易所得被地方政府拿走，留给农村的非常少。城乡一体化发展要求城乡均衡发展，土地方面尤其重要，因此，需要探索一种可以提高土地利用效率，同时保障农村土地所有者合法权益的土地交易制度，也就是城乡统一的土地市场制度，它把城市和农村的土地市场融合到一起，从宏观的角度对土地的供给和需求进行统一调控，减少政府的干预，充分发挥市场在土地资源调配上的作用。

（二）城乡统一土地市场制度下的社会福利分析

在城乡统一土地市场制度下，城市和农村具有相同的市场进行土地交易，如上图，S 表示统一的土地供给曲线，并且 $S = S_{农} + S_{城}$，其渐近线为 $Q_{农} + Q_{城}$，反函数为 $\varphi(Q)$，在统一的土地市场制度下，土地的供给和需求主要是通过市场调配，市场在进行资源配置的过程中必然会产生交易费用，由于市场中土地的总供给量有限，再加上政府长期在土地市场交易中的垄断地位造成土地价格较高，此时，土地的所有者占据有利地位，进入卖方市场，所以，土地交易过程中产生的交易费用大部分转移到土地需求者身上，那么，土地使用者对土地的需求将有所缩减，D 向下移动到 D'，因此，在城乡统一土地市场制度下，社会福利会分为两种不同的情况：无交易费用和有交易费用，下面我们对这两种情况分别进行分析：

假设土地市场交易过程中存在零交易费用的完全竞争市场，市场的均衡点会由 $B(Q_1, P_1)$ 移动到 $A(Q_2, P_2)$，在这个状态下，市场的交易量为 Q_2，交易价格为 P_2，由于此时的土地供给者是农村集体和政府，所以，农民和政府共同的的生产者剩余 $W_1 = \int_0^{Q_2}[p_2 - \varphi(Q)]dQ$，即 S_{P2AJ}。企业或厂商作为土地需求者的消费者剩余 $W_2 = \int_0^{Q_2}[\eta(Q) - p_2]dQ$，即 S_{PAP2}。所以，在没有交易费用的情况下，社会总的福利水平 $W_{总2} = \int_0^{Q_2}[p_2 - \varphi(Q)]dQ + \int_0^{Q_2}[\eta(Q) - p_2]dQ = S_{P2AJ} + S_{PAP2}$

土地交易市场中存在土地交易费用时，因为土地总量不变，所以供给曲线也不变，仍然为 S，土地需求曲线则由 D 移动到 D'，其反函数为 $P = \eta'(Q)$，此时的市场均衡点为 $I(Q_3, P_3)$，即土地市场的交易量为 Q_3，交易价格为 P_3。土地的供给者也为农民和政府，其生产者剩余为 $W_3 = \int_0^{Q_3}[p_3 - \varphi(Q)]dQ$，即 S_{P3IJ}，企业或厂商作为土地的需求者的消费者剩余 $W_4 = \int_0^{Q_3}[\eta'(Q) - p_3]dQ$，即 S_{EIP3}。所以，有交易费用的情况下，社会总的福利水

平 $W_{总3}=\int_0^{Q_3}[p_3-\varphi(Q)]dQ+\int_0^{Q_3}[\eta'(Q)-p_3]dQ=S_{P3IJ}+S_{EIP3}$

在城乡统一土地市场制度下，不同交易费用情况下的社会福利之差为

$\Delta W_1=W_{总2}-W_{总3}=(S_{P2AJ}+S_{PAP2})-(S_{P3IJ}+S_{EIP3})=S_{PAIP3}>0$

根据科斯定理，在产权明确的前提下，交易费用为零或者很小时，不管利益进行怎样的分配，都可以使资源配置达到帕累托最优状态，因此，建立城乡统一的土地市场制度时，需明晰农村土地产权，尽量减少交易费用，增加总的社会福利水平。

（三）不同土地市场制度条件下的福利对比与评价

在二元土地市场制度中，交易费用也是存在的，只是交易费用被农民承担，因而进一步压低了征地过程中的土地补偿费用，农村的土地供给曲线 $S_{农}$ 没有变化，因此，本文不再详细说明，我们在此主要分析均无交易费用的情况下两种不同制度的福利关系，由上文可知，二元土地市场制度下的社会总福利水平为

$W_{总1}=W_{农}+W_{政}+W_{企}$

$=\int_0^{Q_0}[p_0-\varphi_{农}(Q)]dQ+(P_1-P_0)*Q_0+\int_0^{Q_1}[p_0-\varphi_{城}'(Q)]dQ+\int_0^{Q_1}[\eta(Q)-p_1]dQ$

$=S_{P0CG}+S_{BMQ城Q1}-S_{P0CQ0O}+S_{P1MHF}+S_{PBP1}$

城乡统一土地市场制度下的社会福利总水平为

$W_{总2}=\int_0^{Q_2}[p_2-\varphi(Q)]dQ+\int_0^{Q_2}[\eta(Q)-p_2]dQ=S_{P2AJ}+S_{PAP2}$

$\Delta W_2=W_{总1}-W_{总2}=(S_{P0CC}+S_{BMQ城Q1}-S_{P0CQ0O}+S_{P1MHF}+S_{FBP1})-(S_{P2AJ}+S_{PAP2})$

二元土地市场制度下城市土地交易量最大为城市土地储存量与从农村征收的土地之和，也就是 $W_{总1}<(P_1-P_0)*Q_0+SPBHF<W_{总2}$，因此，$\Delta W_2>0$。即城乡一体化的土地市场下的社会福利水平远大于二元体制下的社会福利水平。

福利经济学第一定理表明由市场主导的完全竞争机制可以使资源得到最

优配置，达到帕累托最优状态，在没有交易费用的完全竞争条件下，土地市场的参与者都追求自身利益的最大化，这就使土地的价值得到有效的体现，土地利用效率极大提高，社会福利达到最大化。城乡一体化的土地市场的构建会带动农村土地市场的快速发展，更加完善城市土地市场，使城乡两种不同的土地市场最终达到统一，提高市场在土地资源配置中的作用。① 因为在城乡一体的土地市场下，土地市场的供给量急剧增加，在需求量不变的情况下市场均衡价格将有所下降，远远低于二元市场下的市场垄断价格，从农村集体来看，获得的收益不再是低水平的征地补偿，可直接按照高于征地价格数倍的土地市场价格进行交易，福利水平得到极大提高；而作为土地的需求者的企业或厂商，可以用较低的价格买到自己需要的土地，这部分的福利水平也有所增加；作为曾经的土地市场的垄断者的地方政府，虽然失去了农村土地的征收利润，但是，城乡一体化的土地市场提高了土地流转效率，土地资源得到最大化的利用，因此，福利总水平相比于二元市场有所提高。② 可见，城乡统一土地市场制度的创新具有经济性。

第二节　我国土地市场制度创新的现实基础

本书研究已表明，加快推进我国城乡统一的土地市场制度创新势在必行，事实上我国一直在进行自上而下的城乡土地市场制度改革或自下而上的土地流转模式探索，为我国城乡统一土地市场制度创新提供了现实基础和启示。

我国城乡土地市场制度改革和集体建设用地土地流转模式的探索过程可分为四个阶段：第一，培育城镇土地市场，农村土地市场受限阶段。20 世纪 80 年代末到 90 年代末，城镇国有土地市场开始培育发展，农村集体建设用地流转受到政府约束，其交易形式处于“隐形”市场交易，政府开始介入，对非法违规交易进行整顿。第二，农村集体建设用地流转试点阶段。1999—

① 何立胜．我国城乡二元土地产权特性与农民土地权益的制度保障［J］．贵州社会科学，2011（10）：47.

② 刘奎娟．我国城乡一体化发展的二元土地市场制度障碍及破解研究［D］．郑州：郑州大学，2017：24-28.

2004 年国土资源部在浙、江、粤、皖、豫等地进行试点，积累了一定的经验。第三，集体建设用地入市探讨阶段。从 2005 年广东省出台有关专门文件①开始到 2008 年十七届三中全会颁布《决定》，国家在长三角、珠三角、天津滨海新区、成渝地区尝试探索实施集体建设用地入市、指标交易等办法。探索出浙江“跨区指标交易”、嘉兴“双置换”、天津“以地换房”、成都“双放弃”、重庆“地票交易”等模式。② 其中，土地股份合作制度由广东省南海市最先探索并成功实施，这是土地模式创新的一大进步，有利于让农民分享工业化进程中的土地级差增值收益③，它将集体建设用地合法入市问题正式摆到政府的“桌面上”。④ “浙江模式”和美国的发展权空间转移机制比较相似，这种模式使得经济发达地区和落后地区在建设用地指标的约束问题得到了缓和，有利于土地开发与保护，兼顾效率与公平。⑤⑥⑦ “成都模式”可以直接使集体经营性建设用地使用权通过“招、拍、挂”等方式转让给使用者，用于工商业开发，同意农村集体对土地进行整治，在指标交易市场将土地开发指标流转，来促进城乡建设用地“同地、同价、同权”的实现。⑧ “重庆模式”则将农村宅基地等农村集体建设用地复垦为农地，然后可以增加的建设用地指标称为“地票”，并通过在农村“地票交易所”交易的“地票”来冲击土地征收制度，是利用土地发展权的还原机制，通过地票交易的模式创新

---

① 2005 年 6 月广东省出台《广东省农村集体建设用地流转办法》。

② 文兰娇，张安录．论我国城乡建设用地市场发展、困境和整合思路［J］．华中科技大学学报（社会科学版），2017，31（6）：75-76.

③ 蒋省三，刘守英．土地资本化与农村工业化——广东省佛山市南海经济发展调查［J］．管理世界，2003（11）：88.

④ 周其仁．农地产权与征地制度——中国城市化面临的重大选择［J］．经济学（季刊），2004，4（1）：208.

⑤ Wang H，Tao R，Tong J. Trading land development rights under a planned land use system：the “Zhejiang Model［J］. China and World Economy，2009，17（1）：66-82.

⑥ Chau N. H，Zhang W. Harnessing the Forces of Urban Expansion：The Public Economics of Farmland Development Allowances［J］. Land Economics，2011，87（3）：488-507.

⑦ 汪晖，陶然．论土地发展权转移与交易的“浙江模式”——制度起源、操作模式及其重要含义［J］．管理世界，2009（8）：5-6.

⑧ 唐健，谭荣．农村集体建设用地价值“释放”的新思路——基于成都和无锡农村集体建设用地流转模式的比较［J］．农村经济，2013（3）：12.

了虚拟指标交易制度①，在一定程度上将农村的土地资产的价值显现②，对当地城乡土地市场的协同发展产生了积极的影响。第四，农村土地制度综合改革试点和城乡建设用地市场全面建设阶段。③

尽管上述改革和探索还存在这样和那样的问题，但其为我国城乡统一的土地市场制度创新提供了现实基础，并得到如下重要借鉴与启示。一是“确权”是农村集体建设用地入市和构建城乡统一建设用地市场的基础和前提性工作；二是放开建设用地市场交易流转和建立其交易平台是农村集体建设用地入市改革的重点；三是管住规划是农村集体建设用地入市和城乡统一建设用地市场健康运行的关键；四是成熟健全的土地评估机构是农村集体建设用地入市和城乡统一建设用地市场健康运行的保障；五是土地所有权与使用权的分离使用，设计出合理的建设用地使用权市场交易指标，将加快农村集体建设用地入市的进程④；六是农村集体建设用地入市是一个复杂的系统工程，需要深化相关领域的配套改革。

---

① 文兰娇，张安录．地票制度创新与土地发展权市场机制及农村土地资产显化关系［J］．中国土地科学，2016（7）：34，40.

② Wen L，Butsic V，Stapp R J. Zhang A. Can China’s Land Coupon Program Activate Rural Assets? An Empirical Investigation of Program Characteristics and Results of Chongqing［J］. Habitat International，2017，59（1）：82-89.

③ 2015年1月中共中央办公厅和国务院办公厅联合印发《关于农村土地征收、集体经营性建设用地入市、宅基地制度改革试点工作的意见》，同年2月27日，全国人大常委会通过《关于授权国务院在北京市大兴区等33个试点县（市、区）行政区域暂时调整实施有关法律规定的决定》，决定在全国选取30个左右县（市）行政区域进行改革试点，允许试点地区突破现有土地制度框架。到2017年底该改革试点工作取得一定成效，2017年11月4日第十二届全国人民代表大会常务委员会第三十次会议通过《全国人大常委会关于延长授权国务院在北京市大兴区等三十三个试点县（市、区）行政区域暂时调整实施有关法律规定期限的决定》，决定试点期限延长一年至2018年12月31日。全国人大常委会关于延长授权国务院在北京市大兴区等三十三个试点县（市、区）行政区域暂时调整实施有关法律规定期限的决定（2017年11月4日第十二届全国人民代表大会常务委员会第三十次会议通过）［N］．人民日报，2017-11-05（04）.

④ 贾晶晶．中国城乡统一建设用地市场构建研究［D］．郑州大学，2012：51.

第三节　我国城乡统一土地市场制度创新的原则

一、把握正确改革方向的原则

坚持社会主义市场经济改革方向，充分发挥市场在资源配置中的决定性作用，更好发挥政府作用，明确农村集体经济组织的市场主体地位，完善农民土地权能，把实现好、维护好、发展好广大农民的根本利益作为改革的出发点和落脚点，促进集体经济发展、农民持续增收和城乡一体化发展。①

二、坚守改革“三条”底线的原则

坚守确保土地公有制性质不改变、耕地红线不突破、农民利益不受损“三条”改革底线②，保障我国城乡统一土地市场制度创新健康有序进行。一是坚守确保土地公有制性质不改变。土地公有制作为中国宪法的一项基本制度，是我们必须坚持的，而城市国有和农村集体所有的两种土地所有制，是中国特色社会主义制度在土地方面的两项基本制度安排。对于土地市场制度的改革与创新需要始终坚持农村土地集体所有制，农村土地既不能私有化，也不能再搞国有化（确实为了公共利益征收农村集体土地除外），而是在符合规划和用途管制的前提下农村集体经营性建设用地直接合法入市，实现其土地权益。在完善农村土地集体所有制的前提下，进行“三块地”改革，即集体经营性建设用地入市、农村土地征收、宅基地制度改革。二是坚守耕地红线不突破。严守耕地保护红线原则是农村集体经营性建设用地入市和城乡统一土地市场制度创新的重要原则。经济社会的高速发展导致了尖锐的土地供需矛盾，促使建设用地不断地增加，但我国的土地总量有限，必须杜绝建设用地过多侵占耕地的情况出现。耕地红线涉及国家粮食安全，底线原则不容

① 中共中央国务院关于稳步推进农村集体产权制度改革的意见［N］. 人民日报，2016-12-30（001）.

② 陈铁雄 . 加快推动“法治国土”建设保障经济社会可持续发展［J］. 政策瞭望，2015（1）：32.

打破，守住18亿亩耕地是农村集体经营性建设用地入市机制长期稳定的基础。三是坚守农民利益不受损。改革开放以来很长的一段时间内，政府通过征地这种所谓的“低成本”方式获取土地来满足工业化城市化发展的需要。[①]在20世纪90年代之后，农地非农化增值收益极其明显，一块农地转变用途成为商业用地后可以增值几十上百倍，然而失地农民得到的征地补偿极其有限，仅按照农业用途的几倍或者一段时间的农业收入进行补偿，损害了农民的合法权益。这就违背了党中央制定的保护农民合法权益的原则，致使征地矛盾日益突出，因此，在进行土地市场制度创新中要坚守这个原则，保护农民合法权益。

三、效率与公平相兼顾的原则

效率与公平是对立统一的关系，在社会经济生活中处理二者关系的总原则是效率与公平兼顾。农地是特殊的稀缺资源，是人类生存之本、发展之基，关乎各行各业，影响千秋万代。把握正确的改革方向，坚守改革底线，决定了我们在进行土地市场制度创新过程中更要坚持效率与公平兼顾的总原则。农村集体经营性建设用地合法入市是一种帕累托改进，这就要求农村集体经营性建设用地的入市机制要遵循效率与公平兼顾的原则，不管是资源配置效率还是机制运行效率都是为了最大限度地释放入市流转效益，而入市过程的公平和收益分配的公平则是农村集体经营性建设用地入市机制有效实行的重要保障。所以入市机制的构建与路径的选择要遵循效率与公平兼顾的原则。

四、市场机制与政府宏观调控有机结合的原则

综合其他国家和地区土地资源配置模式和经验来看，成熟的市场机制是有效的，但同时需要相关的规划和法律等手段予以保障。在我国土地市场特别是农村土地市场发展滞后，市场机制在土地资源配置及保护中的作用没有得到较好的发挥，导致在现行征地制度框架下土地资源的利用效果不佳。所以，进行土地市场制度创新，强调保证各种所有制经济公开、公平、公正参

---

① 钱忠好，曲福田．中国土地征用制度：反思与改革［J］．中国土地科学，2004（5）：5-11.

与市场竞争，推动城乡要素依法依规自由流动、平等交换，保障农民公平分享土地增值收益。市场决定资源配置是市场经济的一般规律，健全社会主义市场经济体制必须遵循这条规律。① 要按照市场经济规律，推动土地资源配置依据市场规则、市场价格、市场竞争实现效益最大化和效率最优化。② 当然，以市场机制为基础配置土地资源绝不是什么单纯的市场调节，当今世界单纯的市场调节是不存在的，而是我国在深化土地市场化方向改革的同时，强调国家宏观调控政策对土地市场机制的调控与保障，使市场机制在土地资源配置与保护中起决定性作用，更好发挥政府作用，实现市场机制与政府调节的有机结合，保障让广大农民平等参与现代化进程、共同分享现代化成果。

五、统一监管和分步推进的原则

政府作为公共管理者，应从市场效率和兼顾公平的原则出发，建立健全符合我国国情和市场经济规律要求的，城乡统一建设用地市场的规划管制、土地“招拍挂”、土地交易许可、土地储备、土地登记和土地市场等市场监管体系，保障我国城乡统一建设用地市场的健康运行。城乡统一建设用地市场制度创新及其市场的培育，应坚持综合配套、分步推进、分步实施的原则。先试点，总结经验，再把改革推向全国。比如，征地要以严格的“公共利益”为原则，对于集体建设用地，应按照由规划圈外到规划圈内、由存量到增量、由经营用途的农村集体建设用地到农民宅基地的路径，逐步扩大范围允许其合法依规入市。③

---

① 中共中央关于全面深化改革若干重大问题的决定［M］. 北京：人民出版社，2013：22.

② 中共中央关于全面深化改革若干重大问题的决定［M］. 北京：人民出版社，2013：5-6，8，22-23；中共中央关于全面深化改革若干重大问题的决定［N］. 人民日报，2013-11-16（01）

③ 陈乙萍. 城乡统一建设用地市场培育问题及运行机制研究［D］. 重庆：西南大学，2017：95.

第四节　我国城乡统一土地市场制度创新框架

一、土地市场制度变迁和创新的分析框架

根据新制度经济学制度变迁理论，我们可以建立如下用于分析中国土地市场制度变迁和创新的经济学理论分析框架。① 外部利润是推动中国土地市场化改革的主要动力，而外部利润的产生是由于已有的制度②已经不能适应新的社会状况。外部利润无法在现有的制度安排下实现，其可以通过改变当前的制度安排来适应制度环境，进而得到实现。③ 外部利润随着制度安排与制度环境的隔阂程度的增大而不断增加，利益相关者在这部分利益的驱动下，开始致力于调整当前的制度安排，来实现这部分利润，因此，外部利润是制度创新的重大推动力。当市场制度的变迁能够满足主体的要求时，也就是当外部利润得到内部化时，制度变迁完成。

改革开放之后，我国经济高速发展，城市化、工业化进程持续加速，人口和资源向城市集中，原有的城市范围已经不能满足发展的需要，城市空间必定会外延，此时城乡接合部以及农村地区土地的价值属性不断显现，特别是当农地变为城市建设用地时，其价值会呈十倍甚至百倍增加，政府的征地制度使农民感受到自己的利益受到损失，政府通过行政手段从农民手中低价征收土地，然后通过出让获得高额土地财政收入，但农民不能从巨大的土地转换收益中获得相应的补偿，即在现行的市场制度下存在外部利润，而且数

① 张合林，郝寿义．城乡统一土地市场制度创新及政策建议［J］．中国软科学，2007（2）：33.

② 在新制度经济学中，制度指的是用来约束个人或团体来促进社会健康发展的行为规范（诺斯．经济史中的结构与变迁．上海三联书店，1994：64）。这些规则的制定有助于人们节省相关的交易费用（罗纳德·哈理·科斯．社会成本问题．罗纳德·哈理·科斯．企业、市场与法律．盛洪，陈郁译．上海三联书店，上海人民出版社，2009：101-147）。兰斯·E·戴维斯和道格拉斯 C·诺斯将制度区分为制度环境和制度安排。制度环境是指“一系列用来规范生产交换与分配基础的基本的政治社会和法律基础规则”，制度安排是用来规范人们行为的一种具体约束。制度环境的变化会改变经济主体经济活动的潜在成本与收益，产生外部利润（L·E·戴维斯，D·C·诺斯．制度变迁的理论：概念与原因［M］．上海：上海人民出版社，1994：10）。

③ 钱忠好，曲福田．中国土地征用制度：反思与改革［J］．中国土地科学，2004（5）：5-11.

额巨大。于是政府和农民就开始展开非合作博弈，政府和农民关于土地利益的矛盾激化，导致社会存在大量不和谐因素，这就要求进行土地制度改革和创新，使得外部利润内部化。

二、我国城乡统一土地市场制度创新的路径

我国土地市场制度创新的基本路径是：打破政府对土地一级市场的垄断，以农村集体经营性建设用地使用权直接合法入市流转为突破点，在城乡土地使用权权能一致基础之上构建城乡统一建设用地市场制度。① 打破政府对土地一级市场垄断的实质，就是改革“征地作为土地农转非这一唯一合法途径”的现有制度安排，而创新的制度安排是城乡统一的土地市场制度。土地市场制度转换的具体操作手段是：把征地行为严格限定在“公共利益”用地的范围内，并按照成熟市场经济国家的做法，把征地权作为对土地市场宏观调控的一种手段谨慎行使。② 那么其他大量的非“公共利益”用地，不能依靠发动土地征收权征收农地，而应主要依靠盘活城市土地存量市场，允许农村集体建设用地使用权直接合法入市等市场机制解决。由此，城乡建设用地市场由割裂走向统一，城乡统一的建设用地市场制度得以初步建立。

三、我国城乡统一土地市场制度创新框架构建

基于前面的研究成果，遵循前述我国城乡统一土地市场制度创新的“五大”原则，按照完善农地产权结构体系、依法放活建设用地交易流转、严格管住土地规划的思路，我们构建出我国城乡统一建设用地市场制度创新框架。如图 6-2 所示。

---

① 陈乙萍．城乡统一建设用地市场培育问题及运行机制研究［D］．重庆：西南大学，2017：100.

② ［美］伊利，莫尔豪斯．滕维藻，译．土地经济学原理［M］．北京：商务印书馆，1982：260-264.

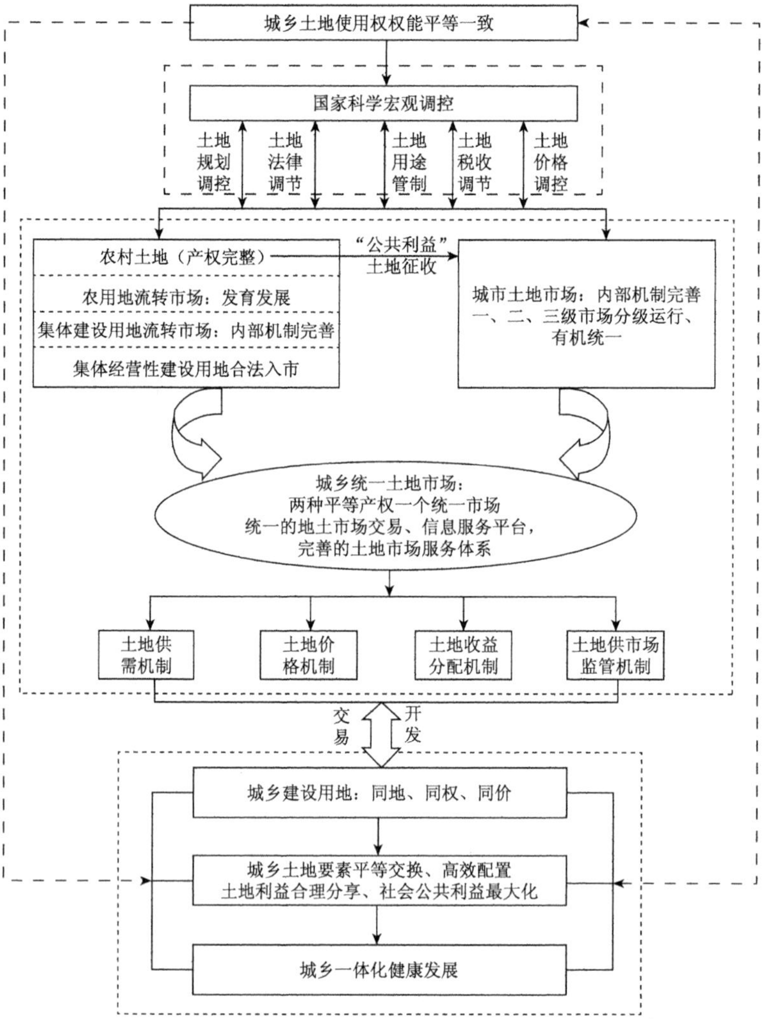

图 6-2 城乡统一土地市场制度创新框架

从图 6-2 可以看出，我国城乡统一土地市场制度创新框架的基本内容是：

（1）打破法律制度对农村土地产权的歧视和政府对土地一级市场的行政垄断，通过农村土地产权、征地制度改革，使城乡土地使用权权能趋于一致，实现城乡土地产权的对等，破除城乡二元土地市场结构，实现城乡土地市场的对接统一。

（2）通过农村土地市场的发育和内部机制优化，在符合国家土地利用总体规划和用途管制的前提下，允许农地首先主要是农村集体经营性建设用地直接合法进入市场，将农村集体建设用地纳入城乡统一土地市场中，农村集体经营性建设用地使用权通过出让、租赁、入股、联营、抵押等方式进行交易流转和市场化配置，同时完善城市土地市场的内部机制和一并纳入城乡统一的建设用地市场的制度框架。

（3）在城乡统一建设用地市场的构建中，着力构建城乡统一建设用地市场交易、信息服务平台，城乡统一建设用地市场中介服务组织体系如土地价格评估机构及土地市场咨询机构等，土地供需、土地价格、土地收益分配和土地市场监管等机制，通过这些平台、体系、机制的建立，城乡统一建设用地市场的成熟运作，使得农村集体建设用地和城市建设用地一样，均能通过城乡统一土地市场机制与用地单位之间进行平等的交易和开发，实现土地资源的有效配置，实现与国有土地同等入市、同权、同价。①

（4）这样一来，政府不再垄断整个土地“农转非”市场，垄断被打破，城乡两种所有制性质的土地市场融为一体，城乡统一的土地市场制度建立，即两种平等的土地产权，一个统一的土地市场，实现城乡建设用地同地、同权、同价。

（5）在城乡统一建设用地市场制度实现过程和框架中，政府的定位和作用实现重大转变，即从大量的非公共利益征地活动中“解放”出来，从原有的“土地垄断者”向“公共管理者”转变，转为通过税收、管理、规划及法律等手段，对城乡统一土地市场进行科学的宏观调控，推动深化城乡统一土地市场制度创新的配套改革，不断完善对城乡统一土地市场的管理服务（这三方面的内容将在下一章具体论述），以保障城乡统一土地市场的健康、有序运行。

（6）在国家科学宏观调控下市场机制对土地资源配置起决定性作用，由此实现土地资源高效配置利用和社会福利最大化，促进城乡一体化的健康发展。

我国城乡统一土地市场制度的本质、核心和优点如下：其本质，是城乡

① 全国人大常委会拟授权国务院在33个试点县（市、区）暂时调整实施土地管理法的相关规定［J］. 国土资源，2015（3）：40-41.

有机统一的建设用地市场制度即两种平等的土地产权一个统一的土地市场制度①，并通过城乡建设用地在城乡统一土地市场中的平等交易，实现城乡建设用地同地、同权、同价。其核心，是在国家科学宏观调控下统一的土地市场对土地资源的配置充分起基础性和决定性作用。② 其优点，一是有利于保护和实现农民的土地财产权益；二是有利于理顺政府、开发商、农户之间的经济利益关系；三是有利于建设用地资源的合理高效和可持续利用；四是有利于实现有效的建设用地市场管理；五是有利于从源头上杜绝征地中的腐败；六是有利于农民分享工业化、城市化成果和社会的和谐发展。③

四、我国城乡统一土地市场运行机制和模式

在城乡统一土地市场中有国有和集体所有两种并行的土地市场交易，其运行机制和模式如下：

（一）国有土地市场运行

目前，全国所有省、市、县（市）国有土地市场体系框架均已搭建，主要分为三级市场④，城市国有土地一、二、三级市场分级运行并且有机联系。近年来，国有土地使用权招标、拍卖、挂牌出让的比例继续扩大，国有土地使用权市场交易成交量不断增加。国有建设用地的有偿出让，一方面使得国有土地基于市场机制实现集约开发利用；另一方面使得国有土地所有权在经济上得到一定的实现。由于国有建设用地有偿出让制度的实施，土地二级市场的活力得到很大程度的激发，其交易更加活跃，主要交易形式为抵押、租赁和转让。但是我国国有土地市场制度仍存在诸多有待解决的问题。比如，有些地方政府为了追求高收益而大肆圈占土地，划拨土地的比重仍然很大；

① 这与第五章图 5-1 所示的城乡二元割裂的土地市场制度有本质的区别。

② 党的十八届三中全会通过的《决定》指出："经济体制改革是全面深化改革的重点，核心问题是处理好政府和市场的关系，使市场在资源配置中起决定性作用和更好发挥政府作用。市场决定资源配置是市场经济的一般规律，健全社会主义市场经济体制必须遵循这条规律。"所以，在国家科学宏观调控下统一的土地市场对土地资源的配置决定性作用是我国城乡统一土地市场制度的核心。

③ 对此，还将在下一节"土地市场制度创新推进城乡一体化的机理和路径"中进一步阐述。

④ 即农地征收市场、国有土地使用权出让市场（城市土地一级市场）、国有土地使用权转让市场（城市土地二级市场）和国有土地使用权再转让市场（城市土地三级市场）。

政府经营土地的财政和金融风险。因而，我们也要做好现行城市国有土地制度的改革和内部机制的完善，比如，建立健全国有土地供求、土地价格、土地竞争和土地监管机制；加快改革征地制度，推动城镇多主体供地；扩大国有土地有偿使用范围，减少非公益性用地划拨；进一步完善土地租赁、转让、抵押二级市场；对土地垄断炒作、投机闲置用地等不利于土地市场健康发展的不良现象加大惩处力度，从而解决城市土地资源浪费，避免造成对土地供应计划、土地利用规划，国民经济和社会发展规划的巨大损害等。

（二）集体建设用地入市流转的运行机制和模式

1. 入市的前提条件

为了从源头上规范土地流转市场，农村集体经营性建设用地要想入市必须满足以下两个条件：

（1）产权清晰。产权界定清晰是农村集体经营性建设用地入市的首要前提。这里的产权界定清晰包括产权主体清晰、产权权能完整和权属边界清晰。土地市场必须是极其严格和规范的，清晰的产权可以有效避免因产权不明晰产生的利益纠纷，保障土地市场有序高效地运转。

（2）符合规划与用途管制。农村集体经营性建设用地必须符合这个条件才能入市。土地是一种宝贵稀缺的不可再生资源，所以，为了使土地资源得到最高效利用，所有入市流转的农村集体经营性建设用地都要受到严格的土地规划约束和用途管制，土地用途管制不仅符合市场规律，更能够有效防止土地性质与用途的随意改变。

2. 入市的范围界定

关于集体经营性建设用地入市的范围，目前有“圈内”与“圈外”和“存量”与“增量”两方面的争议。① 我们认为，可以流转的集体经营性建设用地，不分存量与增量，而是以现行规划为准界定。具体讲：一是对于现有的存量集体经营性建设用地，符合现行规划的，可以入市。二是对于当前用

---

① 集体经营性建设用地的入市，是仅限于现有的“集体经营性建设用地”（即存量），还是包括依据规划和用途管制可以转变为经营性建设用地的其他集体土地（即增量），换句话说，是以入市之前的现有用途为依据，还是以规划的未来用途为依据。显然后者的范围远远大于前者的范围。对此，目前尚存不同认识。

途不属于集体经营性建设用地，但是按照现行规划可以用作经营性建设用地的，例如宅基地整理后节余的建设用地，按照规划可以用作经营性建设用地的，或者按照现行规划将其他公益性集体建设用地调整为经营性建设用地的，或者废弃地等，均可以入市，而这一部分的潜能和意义是巨大的。①②

3. 入市的机制构建

农村集体经营性建设用地入市机制是指土地市场运转机制，在遵循入市机制原则与条件的前提下，应从土地供需机制、价格机制、收益分配机制和监管机制四个方面着手构建。其中，土地供需机制是核心，土地价格机制是手段，土地收益分配机制决定其稳定性，土地市场监管机制则提供了重要的保障。

构建农村集体经营性建设用地入市机制的根本目的是为了实现入市交易市场的长期性、稳定性、有效性，是为了促进农民增收，推进城乡一体化发展，实现效率和公平的最理想状态，也就是帕累托最优状态，最终实现可持续发展。

其一，土地供需机制

供需机制是调节市场供给与需求之间的矛盾，使供需重新趋于均衡的机制。供需机制反映了市场供需运动，供需运动受价格、竞争等因素的影响，又反过来作用于价格和竞争的变动。供需机制是整个市场机制的核心，也是农村集体经营性建设用地入市机制的核心，这是因为只有供需双方的同时存在，交易才有可能达成，市场才有生存发展的土壤。农村集体经营性建设用地入市供需机制，就是土地的供需双方都以自身的利益追求为出发点，动态调整市场供给或需求土地的类别和数量，相互制约、动态平衡，最后实现供需均衡状态。

对于供给侧，首先，要明确农村集体经营性建设用地的出让方，即土地所有权人。当前情况下多以村委会作为土地所有权主体，但却普遍存在村干

---

① 宋志红．集体经营性建设用地入市改革的三个难点［J］．行政管理改革，2015（5）：41.

② 上述界定的理由和意义：如果将流转范围限定为“存量”，则仅指向乡镇企业用地，其占比十分有限，还会影响到宅基地制度改革的推进。故此，出于改革目的的实现和农村“三块地”改革政策的系统性和协调性，集体经营性建设用地的范围应以现行规划为准界定。这有利于宅基地的整治、重新利用和土地规划的实施，让农民合理分享土地发展权益。

部土地寻租乱象，所以，本书本着制度创新、效率与公平原则，认为应成立法律意义上的受农民群体监管的农村集体经济组织作为土地的所有权主体，参与市场交易活动。其次，要对入市土地实行准入机制。土地来源须“根正苗红”，即取得“集体经营性建设用地”的合法身份，符合规划与用途管制，如此方能进入市场。

对于需求侧，主要是要确认和明确土地需求方的开发资质与用地目的。首先，设立严格的资质审查制度，防止滥竽充数的企业混入。其次，建立完善的企业用地目的登记制度，用地企业的用地目的要符合当地建设的总体规划与用途管制，防止乱建乱造现象。

其二，土地价格机制

土地价格是决定一笔交易能否达成的最根本原因。价格机制作为一种手段，是农村集体经营性建设用地入市机制的重要组成部分，是促成交易，使土地交易市场正常运转的重要保障。农村集体经营性建设用地入市价格机制受到土地市场供需运动的影响，应建立在入市供需机制的基础上。

由于当前农村集体经营性建设用地入市还处于试点工作阶段，没有全国推广，所以现行的价格机制还比较混乱并不统一，使一些利益集团有空子可钻，损害了广大农民群众的利益，因此，构建科学合理的价格机制显得尤为重要。本书认为创新的价格机制应包括三个方面：一是建立竞价机制，使土地价格主要受市场供需调节，多方参与市场竞价，避免政府及人为的过多干预，政府主要充当“裁判员”和“服务员”的角色，要充分发挥市场在资源配置过程中的决定性作用。二是建立价格评估机制，引入专业、权威的第三方评估机构，参考现有价格体系，对土地价格进行科学的评估，以供土地供需双方参考。三是建立低价保护机制，由政府出面，通过第三方评估机构，为土地设置一个最低交易价格，防止因市场信息不对称而形成的低价交易，致使土地资产流失、农民利益受损、市场秩序混乱，杜绝无序竞争，为市场的健康发展提供一个良好的环境。

其三，土地收益分配机制

土地增值收益分配机制是农村集体经营性建设用地入市机制公平与效率原则的集中体现，涉及地方政府、农村集体、农民个人等多方利益主体之间的博弈，是最复杂的。如何协调多方利益，使得各方共同参与农村集体经营性建设用地入市，保证土地资源得到合理优化配置，是收益分配机制的根本目的。各方利益主体对于收益分配的诉求均不相同，不可能同时满足，因此本书认为收益分配机制的构建应从效率与公平兼顾原则出发，构建各方利益主体均接受认可的收益分配机制，实现布坎南的“一致同意”规则。因此，我们提出如下收益分配机制。

（1）政府参与土地收益分配。农村集体经营性建设用地直接合法入市，地方政府将失去因征地产生的土地增值收益，政府在入市过程中所扮演的角色由原有的“土地垄断者”向“公共管理者”转变。因此，需通过创新税收制度使政府参与到土地收益分配中来，调动其改革积极性。根据马克思主义级差地租理论，农村集体经营性建设用地入市增值收益的很大部分，来源于整个国家工业化、城市化推进的社会效益。所以，无论是国有建设用地还是集体经营性建设用地，政府都应按照一定的比例征收土地增值收益。为此，要创新土地税收体系，使政府以税收的形式参与到土地收益分配中来。建立城乡统一的土地税收体系，在税率等方面进行顶层制度设计，以此进一步转变政府角色，如设立土地财产税。集体经营性建设用地和国有建设用地“同权同价”入市，二者也应承担相同的税费义务。政府还可通过税收的二次分配平衡地区土地收益。这也是将地方政府财政从“土地财政”向税收型财政转变的体现。

（2）农村集体和农民是收益分配的主体。农村集体和农民应是土地增值收益的主要获得者，二者既是利益统一体又是矛盾体。除去政府征收的土地增值收益，剩余部分如何分配于农民集体，是整个收益分配机制中最需要解决的问题，应建立健全公平公正的集体成员内部收益分配机制。根据入市试点现行的分配方案，本书在此基础上提出如下三点建议：一是统一管理机制。入市增值收益分配给农民集体的，属于集体成员共有的部分，应当进行统一管理，优先用于加强农村基础设施建设，建立健全农村社会保障体系。二是产权比例机制。大部分土地增值收益应分配给农民。应按产权构成比例，制定农民认可的收益分配比例，分配结果应公平公开。三是可持续发展机制。鼓励农民将分红入股村集体经济或入市土地的开发项目，以获得持续收益。

其四，土地市场监管机制

一套健全的土地市场机制体系不仅需要运行机制，也需要监管机制。为了维护土地市场的正常合理运转，保障农民权益不受侵犯，防止违法与腐败现象的出现，保护土地资源不流失，农村集体经营性建设用地入市需要构建严格健全的监管机制。

（1）严格制约公权滥用。即便地方政府参与了土地增值收益的分配，其仍然有阻碍入市的潜在可能。地方政府掌握公共权力，因农村集体经营性建设用地不再被征用而是入市，可能引发“土地财政”危机，地方政府可能会以公共利益之名，在土地规划和征地方面继续走征地老路，这必然损害农民的利益。因此，要限制公共权力，政务要公开透明。在入市过程中，每一块入市交易的土地交易信息（土地用途、受让双方、土地位置、交易价格、使用年限）都要公布在县（市）土地管理部门官方网站上，接受群众监督，做到流向明晰，符合管制。农民集体对入市土地的真实市场价值难以进行准确判断，这时是否同意入市很容易受到村民委员会或者乡镇土地工作人员的诱导。如果土地开发商与村委会或乡镇土地工作人员产生土地寻租，则必然产生腐败和损害农民利益的行为。因此，应引入专业的第三方评估机构，结合基准地价制度，对入市土地预期增值收益进行专业评估，由农村集体经济组织通过表决或入股成立资产管理公司来决策是否入市和入市方式。

（2）严格土地用途监管。土地用途的监管贯穿着集体经营性建设用地入市的始终，入市前要审查土地是否符合土地用途规划，入市后更要实时跟踪是否按照土地用途进行土地建设和使用。建议从以下三个方面着手：一是动态跟踪。集体经营性建设入市管理部门应组织相关人员对已入市土地的当前用途进行动态跟踪和定期视察。二是监督举报。发动群众对入市土地的用途进行监督，实行举报有奖制度。三是处罚机制。土地受让方对土地的使用和开发，都必须符合规划和用途管制。对于不符合规划和用途管制的土地使用方，要收回其土地使用权，并处以相应罚金。

（3）严格监督收益分配去向。土地增益收益巨大，可能存在有组织或者个人铤而走险，在收益分配方面中饱私囊。为了维护收益分配机制的公平原则，保障农民权益，一是政府的税收体系与税率设计应该公开接受社会与群众的监督，防止巧设名目巧取豪夺事件的发生。二是应对农村集体经济组织获得的那部分收益进行去向追踪，判断是否用于加强农村基础设施建设和建立健全农村社会保障体系。三是要定期走访农民群众，确保农民群体获得了土地增值收益，体现农民群体在收益分配活动中的主体地位。①

4. 入市的一般方式

按照党和国家的有关文件要求②，在我国城乡统一有形的土地市场（比如土地（产权）交易所/中心），集体建设用地使用权流转的方式可以采用招、拍、挂等，经批准可采用转让、租赁、入股、联营、抵押等多种形式交易流转。有的甚至可以以村为单位成立股份公司负责土地规划、开发、商铺建设和出租等。集体土地在保持其所有权不变的前提下，还可以在遵循农民意愿的基础上，将其使用权流转到村，再由村流转到类似于镇农民集体土地股份信托管理中心的组织，由这些组织进行经营，农民享受分红。比如，广东等省市已出台实施有关办法和规定。③

5. 入市的途径

农村集体经营性建设用地入市途径是为了解决怎样入市、如何入市的问题。本书根据我国农村集体经营性建设用地的分布情况，综合考虑土地入市成本和收益以及农民利益，给出三种入市途径：即就地入市、调整入市、整治入市（有学者称为就地入市、产业集中区入市、城中村入市④）。

其一，就地入市

适合采用就地入市途径的土地有两种，一是指那些已依法入市交易并投入

---

① 于一洋．我国农村集体经营性建设用地入市问题研究［D］．郑州：郑州大学，2017：32-36.

② 十七届三中全会通过的《决定》提出“对依法取得的农村集体经营性建设用地，必须通过统一有形的土地市场、以公开规范的方式转让土地使用权，在符合规划的前提下与国有土地享有平等权益”，十八届三中全会通过的《决定》提出“建立城乡统一的建设用地市场。在符合规划和用途管制前提下，允许农村集体经营性建设用地出让、租赁、入股，实行与国有土地同等入市、同权同价”。

③ 2005 年 6 月广东省出台《广东省农村集体建设用地流转办法》，明确规定，集体建设用地使用权出让、出租用于商业、旅游、娱乐等经营性项目的，应当参照国有土地使用权公开交易的程序和办法，通过土地交易市场招标、拍卖、挂牌等方式进行（魏峰，郑义，刘孚文．城乡统一建设用地市场现状及建立［J］．现代农业科技，2010（11）：391-392）。

④ 陈乙萍．城乡统一建设用地市场培育问题及运行机制研究［D］．重庆：西南大学，2017：97.

使用的农村集体经营性建设用地①，应采取就地入市的途径。针对这些土地，当地农村集体经济组织作为土地出让方应该与土地受让方本着效率与公平兼顾的原则，以专业的市场评估价值为参考标准，重新商定一个合理的土地出让价格，并重新签订土地出让或者租赁合同，合同中要明确注明土地价格、土地用途和使用年限等。第二类是对符合规划和用途管制、土地产权清晰的农村集体经营性建设用地，开发建设所需条件齐备的、规定在当地直接使用的，应采取招标或者挂牌出让等方式直接就地入市。就地入市的优势是基本没有前期开发成本、准备周期短、容易操作、入市难度低、利益关系易协调。

其二，调整入市

我国农村集体经营性建设用地大多数都是分散的，一直面临着整合成本高、整合难度大等困境。这也是当前农村集体经营性建设用地途径设计所面临的头等问题，是入市途径设计的重中之重。根据马克思的规模生产与效率理论，将分散的小块土地整合起来形成集中的大块土地，可以有效提高生产效率。调整入市途径就是这一理论的生动实践，变劣势的小块分散土地为优势的大块集中土地。本书立足于我国国情，针对当前土地分散困境，结合试点地区的经验，吸收借鉴美国 TDR 制度②，探索出适用于我国绝大部分地区的调整入市途径。具体操作如下：对于偏远的、小面积的、分布较为分散的、经济发展缓慢地区的农村集体经营性建设用地，可根据土地利用总体规划和整治规划③，经上级政府批准，复垦形成集体经营性建设用地指标，然后将其开发权经过一定比例折算后有偿让渡于其他符合规划，地处县（市、区）域范围内的产业集聚区内，但现状为农用地或者未利用地的地区，即可入市。其中，复垦要在所有相关利益主体之间达成共识，且符合当地总体规划的前提下进行，要求在数量和质量上均达到耕地指标方能获得集体经营性建设用

① 佚名．已经符合法律规范进入市场交易并投入使用的农村集体经营性建设用地［EB/OL］．https：//wenku. baidu. com/view/bf54df4a6137ee06eff918e2. html，2015-07-17.

② 所谓美国 TDR 制度是指土地可转移发展权（Transferable Development Right），是基于土地发展权和严格分区规划的新举措。其实质是土地发展权经过某一比例折算后，从不适宜开发的土地上转移到适宜开发的土地上。

③ 董秀茹，张宇，卢巍巍．农村集体经营性建设用地入市途径选择研究——以黑龙江省安达市为例［J］．江苏农业科学，2017，45（4）：276.

地指标。调整入市就是希望通过“化零为整”的手段整合土地资源，实现规模生产，进而实现规模效益。

其三，整治入市

整治入市的途径主要是针对城中村集体经营性建设用地。城中村是中国改革开放后三十多年城镇化进程所遗留下来的历史问题。城中村一般占据了城市的优越位置，但其规划和建设却极其混乱，土地占有率高但利用率却很低，在发展上也远远落后于周边。因此，本书建议通过整治入市的路径使城中村集体经营性建设用地入市，提高土地资源利用率。由政府主导，并且农民、政府和集体共同参与，在符合规划的前提下开展城中村集体经营性建设用地的整治，对规划区域内的不同种类土地采取统一的复垦办法、不断完善基础设施配套建设，重新划分宗地和明确产权归属，由村集体经济组织作为产权主体开展入市工作。①

第五节　土地市场制度创新推进城乡一体化的机理和路径

第四章的实证研究结果表明，土地市场对城乡一体化发展有正向的促进作用，但其如何对城乡一体化起促进作用，还需要进一步探讨。这里我们基于本章的土地市场制度创新成果，以城乡统一土地市场制度安排及其土地资源开发利用机制为核心，揭示城乡统一土地市场制度及其机制与农村土地资源利用效率、农村农业内生增长、乡村振兴、新型城镇化高质量发展、城乡发展一体化的逻辑关系及其作用机理和路径规律。认为在政府宏观调控下城乡统一的土地市场制度及其机制，是解决上述问题的关键，因为在城乡统一土地市场制度框架下，通过发挥土地市场机制对农地资源的决定性配置作用，将有力促进城乡要素的平等交换，提高农村土地利用效率，实现农民的土地财产权益，形成农村农业内生增长、乡村振兴机制和农民分享工业化、城市

① 董秀茹，张宇，卢巍巍．农村集体经营性建设用地入市途径选择研究——以黑龙江省安达市为例［J］．江苏农业科学，2017，45（4）：276.

化、现代化的长效机制，同时推动转变经济发展方式和新型城镇化高质量发展，并且乡村振兴和新型城镇化双向互动，协调发展，形成合力，共同推进形成城乡发展一体化和融合发展新格局。如图 6-3 所示，具体阐释如下。

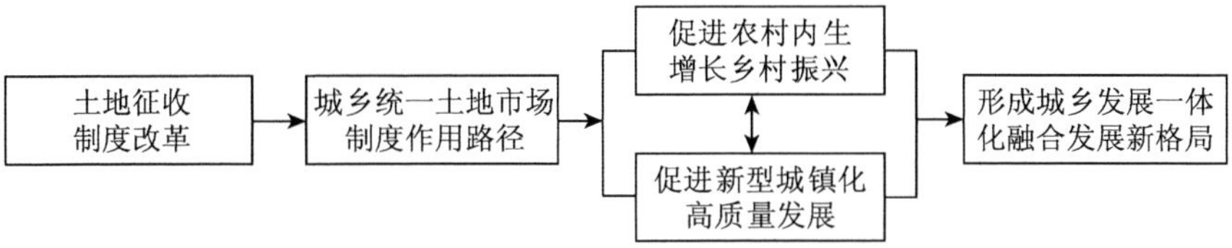

图 6-3　土地市场制度创新推进城乡一体化的机理和路径

一、土地征收制度改革

深化土地征收制度改革是进行城乡统一土地市场制度创新和促进城乡一体化发展的重要前提。我国《宪法》和《土地管理法》都规定："国家为了公共利益的需要，可以依照法律规定（依法）对土地实行征收或者征用并给予补偿。"① 然而，在实行操作中，由于有关法律规定的模糊和矛盾及地方政府利益的驱使，土地征收权被滥用，土地征用成为农地转为国有建设用地（包括大量的非公共利益需要的用地）的唯一合法途径，由此产生一系列经济和社会问题，极不利于城乡一体化发展，所以必须对其进行改革。党的十八届三中全会通过的《决定》提出："缩小征地范围，规范征地程序，完善对被征地农民的合理、规范、多元保障机制。"《决定》为深化土地征收制度改革指明了方向，根据国家政策的引导，提出具体的改革意见：

（1）界定政府征地边界和规范其行为。只有把政府征地权规范到合理的范围内，才能防止征地权滥用和保护土地权利人的利益，才有市场机制对土地资源配置和发挥其保护农地资源的应有之义。借鉴国际先进经验和做法，采用概括加列举的办法，在法律上明确界定"公共利益"的范围及其具体项目，真正把政府征地权边界规范到"公共利益"用地范围内。同时其他非公益性用地也不再是土地征用权行使的范围，这部分新增用地通过在符合土地

① 赵云海．关于土地征用中的公共利益原则［J］．理论探索，2005（3）：78.

利用规划的前提下允许农村集体建设用地使用权直接入市等市场机制来解决。

（2）确立公开规范的征地程序。一是应建立土地征用司法审查制，包括事前司法审查以决定是否动用征地权和事后司法审查以裁决完成的项目是否真正符合公共利益。二是法律上保障农民对土地征用的知情、参与、异议司法救济权①，构成农民土地产权以及国家司法权对政府行政征地权的制衡机制。②③

（3）建立和完善征地的合理补偿机制。近期应根据分享城市化成果的原则提高补偿标准，扩大补偿范围；从长远看，应借鉴国际经验，按“等价交换”的市场原则，以土地被征收时的市场价格为基础，探索建立基于市场机制的合理的征地补偿机制。④ 按市价确定征地补偿费用的意义是显而易见的，它较好地反映了土地资源的稀缺程度和潜在价值，有利于促使人们珍惜和节约利用土地。⑤

（4）建立合理的土地增值收益分配机制，调低地方政府的分成比例，提高农民和集体的收益分配比例，增加农民收入。

（5）建立多元的保障机制。多元有两个层次的含义：一是多元化的安置方式，保留一部分闲置土地，以应对各种地区的多种情况；二是多元化的参与主体，农地征收过程中涉及多方主体共同参与，因此需要农村集体、政府以及企业三方共同对该过程进行监督，从而保障土地征收的合理性和公平性。⑥

二、城乡统一土地市场制度作用路径

如前所述，征地制度导致我国城乡土地市场割裂，征地制度改革为城乡统一土地市场制度创新创造了重要前提。我们以党的十六大以来关于城乡统筹、城乡一体化、城乡融合发展和深化土地制度改革的一系列方针政策为指

① 常瑜．浅论我国土地征用制度中的公共利益目的与程序正义［J］．新学术，2007（6）：38.
② 赵云海．关于土地征用中的公共利益原则［J］．理论探索，2005（3）：79.
③ 常瑜．浅论我国土地征用制度中的公共利益目的与程序正义［J］．新学术，2007（6）：38.
④ 张浩洁．土地征用补偿问题研究［D］．长春：吉林大学，2007：30.
⑤ 张合林．试论土地征用中的合理补偿机制［J］．生产力研究，2006（9）：143-144.
⑥ 林瑞瑞．土地增值收益分配问题研究［D］．北京：中国农业大学，2015：55-59.

导，基于城乡土地使用权权能一致性原理、我国不同土地市场制度社会福利比较分析，依据我国农村集体建设用地流转的具体情况和制度基础，牢固确立并始终坚持土地市场制度创新的原则，在“两种平等产权，一个统一市场”框架下，通过改革征地制度、打破政府对土地市场的行政垄断、实现农村集体建设用地直接合法进入土地市场交易的合理路径选择，实行农村集体建设用地与国有土地同等入市、同权、同价①，进而构建出我国城乡统一建设用地市场制度创新框架及其运行机制和模式。并指出城乡统一土地市场制度的本质是城乡有机统一的建设用地市场制度即两种平等的土地产权一个统一的土地市场制度，并通过城乡统一土地市场中的平等交易，实现城乡建设用地同地、同权、同价。其核心是在国家的科学宏观调控下统一的土地市场对建设用地资源的配置充分起基础性和决定性作用。城乡统一土地市场制度一旦建立，必将对城乡一体化发展产生重要促进作用和影响，其促进作用和影响是同时通过两个路径进行的：一是促进农村农业内生增长和乡村振兴；二是促进新型城镇化高质量发展，并且乡村振兴和新型城镇化双向互动，协调发展，形成合力，共同推进形成城乡发展一体化和融合发展新格局。下文分别阐述。

三、促进农村内生增长和乡村振兴

城乡统一土地市场制度创新对农村农业内生增长和乡村振兴的促进作用主要表现在以下几个方面。

（1）城乡统一土地市场制度创新促进城乡收入差距的缩小。我国城乡二元结构的最主要表现就是城乡收入差距的不断扩大，这不仅不利于农业现代化的实现，也劳动力的流动产生制约影响。而城乡一体的土地市场制度可以实现农民获得等同于城市的土地增值收益，为农民提供生存生活保障，最终表现为提高农民实质性收入。另一方面，土地市场的制度创新有利于土地的集约利用，促进农业机械化发展，减少农业劳动力的需求，为城市化建设提供更多的人力资源，达到提高农村收入和社会经济进步的双赢。因此，土地市场制度创新促进城乡收入差距的缩小，间接促进城乡一体化发展；同时土

① 全国人大常委会拟授权国务院在 33 个试点县（市、区）暂时调整实施土地管理法的相关规定［J］. 国土资源，2015（3）：40-41.

地市场制度创新促进全社会的经济增长，直接促进城乡一体化的发展。

（2）城乡统一土地市场制度创新促进产业结构升级。产业结构的优化是经济转型期的关键。土地市场制度创新为产业结构的升级提供了杠杆作用。建立城乡统一的土地市场，发挥土地市场的资源配置作用，使杠杆作用得以有效发挥，促进产业结构的升级。① 在城乡统一土地市场条件下，通过价格机制的作用，土地市场可以产生和传导土地供求信息。一方面，在有限土地供给的条件下，土地市场可以按照各类土地的紧迫性和重要程度来确定土地使用方向、组合方式及数量结构，提高土地的集约度。城乡统一土地市场机制对产业定位起到择优安排的作用，基于竞标地租理论优势区位土地走向生产效率高即出价高者，这样对于有发展潜力且资金雄厚的产业，可以以价格优势得到优势区位的用地，而低效的粗放的产业则被安排到偏远的地区甚至被淘汰掉，因此土地市场的优化配置机制间接促进了产业结构的优化升级。另一方面，城乡统一土地市场还可以刺激土地经济供给的增长，开发后备土地资源，调节土地用途等，使土地需求得到最大限度的满足。

（3）城乡统一土地市场制度创新促进城乡土地的集约利用。土地市场化运作，土地交易应供求变化而价格发生变化，非公共利益的计划征收土地的现象不再发生，土地利用土地市场的资源优化配置作用能够得到集约化发展。我国在工业化、城市化进程中，利用计划征地的方式占用耕地，并给予与土地价值完全不对等的补偿，不仅造成土地资源的浪费，也损害了农民的利益。建立在政府宏观调控下城乡统一的土地市场制度及其机制要求集体建设用地与国家土地具有同能的权利，都能进入市场进行交易，政府土地垄断被打破，真正形成由供求决定土地价格的机制，市场机制才能充分发挥配置土地资源的决定性作用，滥用稀缺土地资源的现象就会得到有效遏制，合理利用和节约土地的机制才能形成。城乡统一土地市场制度以供求理论为依据，能够反映土地资源的稀缺程度，具有发展潜力的高新技术和资本雄厚的企业当然可以拥有更优越的地理位置，粗放的低效的旧产业模式必将被排斥在中心地以外，或者被逐渐淘汰，形成合理的地域劳动分工，促进产业空间结构优化，

① 郑新奇，王筱明．城镇土地利用结构效率的数据包络分析［J］．中国土地科学，2004（2）：23-26.

实现土地集约利用。

（4）城乡统一土地市场制度创新促进形成农村农业内生增长机制。如前所述，在现行城乡二元土地市场制度框架下，据国务院发展研究中心农村部计算，农地转为城镇建设用地的差价在30万亿元左右，其中仅二三成用于“三农”，城镇化中的土地增值收益，确实存在“取之于乡、用之于城”现象，正是因为这个原因，导致我国出现明显的城乡之间不平衡发展问题。① 即便后来要求适当增加对失地农民的补偿和利益返还，但这些是属于外生的。城乡统一土地市场制度创新将从根本上扭转这种局面，因为，在以城乡统一土地市场制度为基础的土地交易市场中，农村集体建设用地合法进入交易流转，首先显现和实现其土地财产权益，并且随着集体建设用地的开发利用进一步增进其土地资本收益，工业化、城镇化越发展，越能更大程度地实现土地财产权益和获得更多的土地开发利用效应，进而形成农村农业内生增长，农民分享工业化、城市化、现代化成果的长效、内生机制。

（5）城乡统一土地市场制度创新促进乡村振兴。在城乡统一土地市场制度框架下，农村农民获得合理的相当规模的土地增值收益，积累了建设发展资金，加之能够进行农地抵押贷款等，融资能力显著增强，发展的资本瓶颈被打破，可以实力进行“三农”投资，促进产业兴旺、生态宜居、乡风文明、治理有效、生活富裕的新农村建设，实现乡村振兴。

四、促进新型城镇化高质量发展

由于现行的土地产权制度与土地征收制度存在较明显的缺陷，在城镇化过程中农地非农化速度过快、规模过大，“土地城镇化”快于人口城镇化，并且农地非农化存在着严重的乱占乱用、利用效率低以及人为毁地等不规范的农地流转行为，造成了土地资源的低效率利用和大量浪费。城乡统一土地市场制度创新，促进转变城镇化发展模式，打破城市化对土地征收、“土地财政”的依赖，实现城市化集约、节约、高质量发展。

（1）遵循城镇化发展规律，走中国特色新型城镇化道路。在城乡统一土

① 张占仓．以土地制度改革为突破口实施乡村振兴战略［N］．河南日报，2018-03-07（10）．

地市场制度框架下，土地价格反映其稀缺程度，其价格机制促使人们不顾我国人多地少的基本国情、盲目追求“拼大饼”式城市扩张的做法，走新型城镇化道路。① 实现城市化集约、节约、高质量发展。

（2）促进由“政府主导”型城镇化向“市场主导、政府引导”型城市化转变。在现行土地产权制度和土地征收制度背景下，政府主导型的城市化导致基础设施等的高投入、高成本，而且存在地方政府债务和城市化泡沫的危险，一些地方片面追求城市化水平在数字上的提高，大铺摊子、不重内涵且盲目无序扩大用地规模的问题相当严重。而市场主导型城市化，集聚经济是根本动力机制，集聚经济促进人口、资金、技术、信息等要素向城市集聚并进行优化配置，当集聚不经济时要素则向城市外围扩散并形成新的集聚，从而达到一种均衡，使城市空间结构有序化了，以此推动城市化健康发展进程②。在市场机制的作用下，对农地的征收按照市场公平合理的交易原则，让市场来决定农地价格，减少政府的行政干预及对农地的盲目大范围征收，保护农地资源及农民利益。使城镇化成为市场主导、自然发展的过程，成为政府引导、科学发展的过程。③④

（3）在促进城市空间扩展上借鉴“城市增长边界”理念，实现城镇化的精明/理性增长、都市圈的紧凑型发展。城市增长理念的研究和实践主要集中于美国，是随着城市问题的蔓延而提出的。我国目前主要以征收农地进行城市建设来促进城市化的方式，造成了农地的大量流失、土地粗放利用及结构的不合理。我国仍处城镇化快速发展阶段，粗放的城镇化对农地保护造成不利影响。城乡统一土地市场制度创新，促进我国在城市空间扩展上借鉴“城市增长边界”理念，改变目前盲目占用农地搞城市建设这种粗放低效的城市化方式，从保护农地的角度出发研究城市土地的集约利用，协调土地资源短缺与城市发展之间的关系，促进城镇化的理性增长、都市圈的紧凑型发展。

---

① 国家新型城镇化规划（2014—2020年）[N]. 人民日报，2014-03-17（01）.

② 常缨征. 市场主导型城市化模式的选择 [D]. 西安：西安科技大学，2006：25.

③ 国家新型城镇化规划（2014—2020年）[N]. 人民日报，2014-03-17（01）.

④ 梁启东. 全面深化改革是新型城镇化的根本保障 [N]. 沈阳日报，2014-03-24（5）.

五、形成城乡发展一体化和融合发展新格局

乡村振兴和新型城镇化双向互动，协调发展，形成合力，共同推进形成城乡发展一体化和融合发展新格局。

城乡一体化就是要把工业与农业、城市与乡村、城镇居民与农村村民作为一个整体，统筹谋划、综合研究，实现城乡经济社会关系的高度协调与融合、城市与乡村各具特色和共同繁荣。城乡一体化就是要通过改革与政策调整，打破我国长期以来的二元结构，实现城乡共同发展。

农村农业发展和乡村振兴必须与新型城镇化结合起来。乡村是农业的载体，要让居住在乡村的农民富裕并文明起来，必须以农业劳动生产率提高为前提。在农村土地数量既定的情况下，农业劳动生产率提高有两条途径：一是向城镇转移农村人口，扩大农业经营规模；二是通过引导城市现代要素下乡，促进农村一二三产业融合发展。这两条途径分别对应于城镇化较低阶段的“集聚”和较高阶段的“扩散”，即当城镇化处于较低阶段时，城市对周边地区的影响以极化效应为主，表现为周边乡村地区和小城镇的人口等要素在市场机制作用下向城市集中，为农业规模化经营进而农业劳动生产率提高创造条件；在城镇化发展的较高阶段，由于城市生产生活成本增加，城市要素开始向周边次一级城镇和乡村地区溢出，出现逆城市化现象，城市对周边地区的影响以扩散效应为主，农村得益于外部要素的拉动实现一、二、三产业的融合发展，并最终实现城乡一体化发展。因此，乡村振兴是城镇化发展到较高阶段的产物。①

城乡一体化既是新型城镇化的特征体现，又是其目标所在，二者密不可分，应统筹兼顾，在新型城镇化引领城乡一体化发展的基础上缩小城乡差距，实现城乡协调、一体化发展。既要摒弃过去那种城乡分割、牺牲“三农”的城镇化思路，又要防止就“三农”发展“三农”、甚至做简单的“加减法”放缓城镇化发展“三农”的片面思维，二者应共同推进，协调发展，才能既缩小城乡发展差距，实现城乡整体经济协调发展，又能做到人口城镇化与土

① 河南省人民政府发展研究中心乡村振兴战略研究课题组．河南实施乡村振兴战略的约束与路径选择［N］．河南日报，2018-04-10（09）．

地城镇化相协调，实现国家现代化目标。① 实现高质量城镇化和城乡一体化发展，最大制度障碍是城乡二元土地市场结构。城乡统一土地市场制度的创新，为农村居民市民化开辟了资本通道和增强了能力②，这是促进农民向城市转移有效的资本杠杆。而随着农村劳动力大量向城市转移，农业规模化、专业化生产以及资本替代劳动的进程才会加快，有利于实现农地适度规模经营，因此城乡统一土地市场机制形成有助于提高土地利用效率，促进人口有效转移，使得大量劳动力向城镇聚集，必然促进城市的发展，推进我国城镇化进程。新型城镇化的高质量发展又反作用于城乡一体化发展，在高度城镇化基础上实现城乡一体化③，是我国社会发展的必然趋势。一是高度城镇化是经济发展的一般规律，发达国家在高度城市化基础上实现了城乡一体化，这也是我国的发展趋势。二是高度城镇化为农村剩余劳动力转移提供了现实条件，同时也为生产技术进步和劳动生产率提高创造了必要条件和环境。三是高度城镇化是农业现代化和农民增收的必要条件。四是在城乡统一土地市场制度框架下，高度城镇化撬动了农村集体建设用地包括宅基地的合理流转，提高了其利用效率，促进实现和增加其土地财产权益。五是新型城镇化高质量发展和高度城镇化是社会稳定、政治民主的必要基础。

可见，城乡统一土地市场制度创新通过促进乡村振兴和新型城镇化高质量发展及其二者的双向互动，协调发展，形成合力，进而共同推进和形成城乡发展一体化和融合发展新格局。

---

① 黄祖辉．以新型城镇化引领城乡一体化发展［J］．农业经济与管理，2014（5）：12-15.

② 农民集体就可以以市场价格出让土地使用权，获得相当可观的土地资本收益，这样就会显著增强农民向城市迁徙、适应城市生活环境的能力。也就是说，土地资本化使那些有意进入城镇居住的农民，可以携带最低限度的资本进入一个新的环境。

③ 党国英．在高度城镇化基础上实现城乡一体化［J］．新视野，2013（1）：22-27.

第七章　我国城乡统一土地市场制度创新的配套改革与政策措施

为了加快推进我国城乡统一土地市场制度创新，保障城乡统一土地市场的平稳有序运行，促进城乡一体化的健康发展，需要深化土地产权制度、农村土地制度、土地法律制度和土地税收制度等配套改革，配套搞好我国城乡统一土地市场运行的管理服务和土地市场的科学宏观调控。

第一节　城乡统一土地市场制度创新的配套改革

一、土地产权制度改革

（1）明晰土地产权关系和完善农村土地产权制度。尽快在全国范围内完成农村的集体土地所有权、农民的土地使用权和农民的集体收益分配权的确权、登记和颁证工作，并在全面确权的基础上，推动集体土地权利①的规范流转，逐步构建中国特色社会主义的农村集体土地产权制度②，保障农民合法的集体经济组织成员权益。③④⑤

（2）完整的农村土地产权权能体系的构建。按照现代土地市场和产权理

---

① 包括承包经营权、山林承包权、集体建设用地使用权以及宅基地使用权。

② 即归属清晰、权能完整、流转顺畅、保护严格的中国特色社会主义农村集体土地产权制度。

③ 中共中央国务院关于稳步推进农村集体产权制度改革的意见［N］. 河南日报，2016-12-30（13）.

④ 张东升. 论我国农村土地权利的演变——析1978年后七次中央全会决定［J］. 赤峰学院学报（哲学社会科学版），2014（5）：52-55.

⑤ 推进农村产权制度改革培育发展多元化服务主体——“中国农村经营体制机制改革创新问题”之三［J］. 毛泽东邓小平理论研究，2013（8）：48-54，93.

论，根据《中华人民共和国物权法》关于国家、集体、私人的物权受法律平等保护的精神，在普遍的、全覆盖的农村土地“确权”的基础上，赋予农民集体拥有完整的农村土地财产权利①，与国有土地财产权利及其主体拥有平等一致的法律地位，法律将农村集体的土地财产权利的独立性、排他性和确定性进行明确并保障其不受损害。②

（3）明确界定产权主体和行使主体。针对入市困境中的产权界定及权能保障的问题，必须明确界定集体经营性建设用地入市的产权主体和行使主体。目前农村土地产权中的主要问题，一是集体经营性建设用地所有权性质不清晰、不明确；二是集体经营性建设用地所有权主体不能真正拥有土地权利或者主体错位；三是集体经营性建设用地所有权行使主体极其混乱。上述集体产权制度的问题直接影响了经营性建设用地入市。为此，我们根据《宪法》《物权法》《土地管理法》《民法通则》等现行法律规定，结合集体土地产权演进历史，借鉴入市试点经验③，进行如下界定：①集体建设用地（包含集体经营性建设用地）的所有权主体为乡（镇）、村、组农民集体，即此范围内的所有农民。②现行法律没有对“农民集体”进行详细解释，我们可以通过制度安排，使“农村集体经济组织”代表“农民集体”行使集体建设用地所有权。其中，需要对所有权行使主体和代行使主体进行明确界定，即集体经营性建设用地所有权的行使主体为乡（镇）、村、组集体经济组织。若无所有权行使主体或者主体不明，可由乡（镇）人民代表大会、村委会、村民小组代为行使集体经营性建设用地所有权。其中，在农村集体经济组织不存在的情况下，由“村民会议2/3以上成员同意”并授权村集体经济组织或村委会代为行使集体建设用地所有权。

---

① 包括所有权、使用权、发展权、收益权以及转让权、抵押权、租赁权等处置权等。

② 张合林，郝寿义．城乡统一土地市场制度创新及政策建议［J］．中国软科学，2007（2）：36-37.

③ 比如，浙江德清在试点中认为，应加强集体经济组织的地位，确定了三类入市主体：即集体经营性建设用地属乡镇集体经济组织的，由乡镇资产经营公司等乡镇全资下属公司或其代理人作为入市实施主体；属村集体经济组织的，由村股份经济合作社作为入市实施主体；属村内其他集体经济组织的，在该集体经济组织依法申请并取得市场主体资格后，可由其作为入市实施主体，未依法取得市场击体资格的，可委托村股份经济合作社等代理人作为入市实施主体（江宜航．德清集体经营性建设用地入市的改革路径［N］．中国经济时报，2016-05-20（012））。

（4）土地产权的平等合理流动。布坎南和图洛克的契约论提出，评价效率的唯一标准是同意的一致性。① 根据这个基本标准，若要提高土地的利用效率，必须改革现行征地制度，给予农民在土地交易市场中进行平等流转土地使用权的权利，建立国有与集体所有、城市与农村土地之间多向的流动而不是单纯的征地式的单向流动，其流动应该是建立在平等基础之上的。这有利于在此基础上，构建规范、完整、涵盖土地所有权、使用权等权能的我国城乡统一的建设用地市场，实现农民集体的土地财产权益和整个社会土地产出效率的提高。②

二、农用地制度改革

十一届三中全会以后，我国开始在农村推行家庭联产承包责任制③，这是农村土地制度改革的一次重大创新，激发了农民的劳动积极性，生产力也得到发展。在新形势下，我国工业化、城镇化快速发展，带动了劳动力由乡镇转移到城市，农村劳动力数量急剧减少，为了适应这种状况，我国在农村土地制度改革中又完成了一次重大创新，即明确提出“三权分置”。④⑤ 农村土地农民集体所有是我国农村的根本制度，意义重大，必须坚持；稳定农户承包权，保持现有的承包关系稳定并且长久不变。习近平在十九大报告中指出第二轮土地承包到期后再延长三十年。这样，农民可以安心地流转土地，流入方也能获得稳定的经营预期，农民的土地权利得到了充分保证。要加快落实承包地确权登记颁证工作。⑥ 放活土地经营权，即对土地流转形式进行创新，促进实现土地适度规模经营。按照前述研究，可通过两种路径创新土地

---

① 詹姆斯·M·布坎南，戈登·塔洛克．同意的计算：立宪民主的逻辑基础（中译本）［M］．北京：中国社会科学出版社，2000：28-29.

② 张合林，贾晶晶．我国城乡统一建设用地市场构建及配套政策研究［J］．地域研究与开发，2013（5）：121.

③ 农村土地所有权和承包经营权分开，集体土地所有权归集体，农户拥有承包经营权。

④ 即落实集体所有权，稳定农户承包权，放活土地经营权。

⑤ 陈晓华．引导农村土地经营权有序流转促进农业适度规模经营健康发展［EB/OL］．http：//theory.people.com.cn/n1/2016/0310/c40531-28187340.html，2016-03-10.

⑥ 即做好农村土地承包经营权登记确权工作，明确、具体地界定农民土地承包经营权的权利范围、责任义务以及相关权益，通过制度的确立和实施保护农民相关的土地权益。落实土地颁证工作，保障让农民能够顺利对其拥有的土地进行转包、出租、抵押等。

流转形式，促进实现土地适度规模经营：一是在劳动力需求高、技术发展速度快、农村劳动力从事农业生产的比例低的城市郊区和发展较快的农村地区，应发展新的农业生产主体，加快通过土地经营权的流转实现规模经营。其具体形式或模式为以土地入股、土地托管、地块互换等方式促进土地有序流转，提高土地产出率。二是在农村年轻劳动力大量外流，农民不再仅依靠农业生活，仅剩老人和妇女小孩从事农业生产的落后地区，应完善农业相关的指导、服务工作，发展新型农业服务主体，达到农业服务的规模化经营，来解决“如何种好地”的问题。[①] 其具体形式或模式有依托龙头企业，通过“龙头企业+基地+ 农户”“龙头企业+合作社+基地+农户”“龙头企业+合作社+农户”等运作模式，打通产供销（生产—加工—物流—销售）全产业链，促成产业分工、协作和利益的有机联结，实现规模经济效应。

三、农村宅基地制度改革

农村宅基地的审批是根据农村居民的集体经济组织成员身份，所有权属于村集体，而使用权属于农村居民，并且由于“地随房走”的政策要求，只要房屋在，农村宅基地使用权就不会消亡。[②] 宅基地是农民主要的生活和生产场所，也是农民生存的最后保障。近年来，随着市场经济发展和农民生活水平的显著提高，宅基地管理出现了以下几个方面的问题：一是农民的人均住房面积不断增加，土地利用率低。二是经济发达地区和城市近郊“一户多宅”、私自占用土地、私下土地流转的现象比较严重。[③] 三是在我国严格限制农村宅基地流转和农村宅基地退出机制缺失的法律制度安排下，农民权益受到极大侵害，由此引发的各种矛盾也日益尖锐。

因此，根据《决定》精神，结合我国集体建设用地流转发展实际，提出如下对策建议：

（1）保障农户宅基地用益物权，完善宅基地产权制度。《物权法》的颁布，明确了农村宅基地使用权的性质为用益物权，确定了宅基地使用者的相

① 张红宇．我国农业规模经营的两种路径选择［J］．农村经营管理，2015（10）：1.

② 梁丹辉．城镇化背景下农村宅基地整理问题研究［D］．北京：中国农业科学院，2013：19.

③ 徐璐．京郊农村宅基地退出机制探析［D］．北京：首都经济贸易大学，2014：2.

关权利。用益物权是一种具有排他性的对财产的支配权，所有者可以根据个人意志对财产进行处置。因此宅基地作为一种用益物权，理应有使用、收益以及完整的其他处置权利。①

（2）建立农村宅基地有偿使用制度。通过该制度让多占地的人多出钱，少占地或者不占地的农民得到集体建设用地流转收入的分红，可以促进宅基地的公平、合理分配，在经济上体现农民对集体土地的权益；有偿使用能够培育农民的用地成本意识，自觉少占土地，达到节约用地效果。

（3）积极探索宅基地使用权流转，建立健全宅基地退出机制。目前宅基地只有使用功能而无资产功能，由于不能在土地市场交易、不能抵押，也没有退出的激励机制，造成利用效率低下和闲置。② 在目前建设用地越来越难于满足经济发展需要的情况下，这种状况难以为继。按照2018年中央一号文件《中共中央国务院关于实施乡村振兴战略的意见》关于探索宅基地所有权、资格权、使用权“三权分置”，落实宅基地集体所有权，保障宅基地农户资格权和农民房屋财产权，适度放活宅基地和农民房屋使用权③的要求，认真总结试点地区“宅基地换社保”“宅基地换经济适用房”“地票交易”等经验，探索完善宅基地“有限流转”的途径和形式。与此同时，还要建立退出激励机制，鼓励进城农民有偿退出宅基地，既维护了农民宅基地的权益，又实现了农村集体建设用地的高效利用。④ 从而使农民获得进城的原始资本，有利于促进农村住房市场的形成，让资本进入农村市场，盘活农村存量建设用地，激发土地活力，让农村闲置住房和宅基地拥有新的生命力。⑤

（4）进行试点改革，慎重稳妥地推进农民住房财产权的抵押、担保、转让，在试点改革取得一定成果和经验之后，再在全国推行。将农房抵押、担

---

① 黄贻芳．农村宅基地退出中农民权益保护问题研究［D］．武汉：华中农业大学，2014：86-87.

② 张青松．推进农业转移人口市民化须完善“三权”制度［J］．中共青岛市委党校、青岛行政学院学报，2015（1）：101-103.

③ 中共中央国务院关于实施乡村振兴战略的意见［N］．河南日报，2018-02-05：5-6.

④ 丁宏俊．关于农村土地制度改革的思考［EB/OL］．http：//www.henantudiwang.com/News/n937.html，2012-01-13.

⑤ 饶永辉．农村宅基地使用与管理改革研究［J］．Proceedings of 2012 2nd International Conference on Social Sciences and Society（ICSSS 2012），2012：112.

保及转让的权利交给农民，农民的财产权益能够得到有效的尊重，这样可以增强农民的幸福感。①

（5）建立健全相应的农村社会保障体系。完善农村社保体系，让农民与城市居民拥有同等的社会保障，不断加强乡镇医疗、养老、保险等方面的建设，当农民有房住，有工作做，生活有保障之后，农民对于农村宅基地和农地的退出和流转的积极性也会增加。

（6）建立严格的宅基地监督管理制度。坚持统一规划、合理布局、“一户一宅”、集约用地的原则，加强农村土地规划利用，对于不同地区，要因地制宜，设立不同的面积标准，对新农村建设也应制定一个用地标准，对多余宅基地及宅基地转让、继承、赠予、收回等程序也要制定明确的流程和标准，严格规范登记程序，加强审批后的监管，严格保护农民对宅基地的权利。②

四、土地法律制度改革

目前我国农村集体经营性建设用地还未设立完善的土地流转系统和制度。农村集体经营性建设用地入市流转已经在法律之外的“灰色地带”游离许久。因法律上尚未为其开通入市通道，尽管各地试点或多或少打破了法律的束缚，但是始终未真正在法律上予以确认和准许。③ 针对此困境，必须制定和完善相应法律制度，修改限制农村集体经营性建设用地入市的法律条款，新增全面规范其入市流程的法律文件。为农村集体经营性建设用地入市提供法律许可和支持。为此，建议加快重新修订和安排我国现行的法律制度等内容。④

（1）加快以《物权法》为基础的土地法律体系的构建。土地物权⑤是土地权利关系中最为关键的一个方面，也是土地制度创新中的重要因素。故我国的土地立法要以物权法为基础构建土地法律体系。所以要加快立法进度，并以此为基础，待条件成熟时制定出台我国专门的《土地法》。

---

① 刘守英．中国城乡二元土地制度的特征、问题与改革［J］．国际经济评论，2014（3）：23.

② 黄发儒．宅基地管理方式亟待创新［J］．中国土地，2008（1）：54-55.

③ 刘海帆．农村集体经营性建设用地入市的探究［D］．西安：西安工业大学，2015：30.

④ 朱林兴．农村集体建设用地流转政策的实质［J］．上海市经济管理干部学院学报，2009，7（1）：18-23.

⑤ 即对国家和农村集体土地所有权的平等拥有和对土地的使用、占有和收益权利关系平等的法律调整和保护。

（2）抓紧进行土地管理法律的修改和完善。相关立法应确定土地市场中各个交易主体的资格，完善相关交易规则，重视地籍的登记注册程序，明确转让条件，明晰交易程序，规范执法过程，严厉打击土地交易中的贪污腐败。

（3）根据党的有关文件①的指导精神，抓紧修改现行法律法规对“建设用地使用权”的规定，以确保集体建设用地所有权能够得到有效保护，并且集体经济组织和农民能够获得相关经济利益，允许集体建设用地使用权在一定期限内有偿流转，将土地所有权与使用权拆分开来，独立流转其使用权，并完善相关的法律法规。②

（4）法律上明确在保留集体土地所有权性质的基础上农民和集体可以在土地市场上交易农村集体建设用地；在城乡统一土地市场上流转的土地法律必须明确，必须要符合政府规划并且经过政府批准，以公开规范的方式进行交易，与国有土地享有平等权益；法律上允许农民依法通过土地入股、产权交易、租赁等多种方式参与开发经营，并保障农民的合法土地权益。③

（5）应制定《农村集体经营性建设用地入市管理条例》。针对入市无法可依的问题，通过对试点地区经验的总结可发现，经营性建设用地入市需要有专门的规章制度作为管理的依据，例如，甘肃陇西县 2015 年 11 月制定《陇西县农村集体经营性建设用地入市试点工作领导小组关于同意农村集体经营性建设用地入市出让方案的批复》，2015 年初，四川省郫县根据土地管理法规的有关规定，探索出集体土地出让制度、规则、管理办法和实施意见等 14 条综合管理措施文件。农村集体经营性建设用地若要实现入市，则同样需要制定全国范围内普遍适用的管理条例。新制定的《农村集体经营性建设用地入市管理条例》中应当包含以下内容：入市原则、入市范围、入市条件、入市方式、价格、期限、入市程序、收益分配等。使农村集体经营性建设用地入市有法可依。

（6）出台土地用途管制的有关法律规定。各地对入市范围和界限解读不

---

① 即十七届三中全会通过的《中共中央关于推进农村改革发展若干重大问题的决定》和党的十八届三中全会通过《中共中央关于全面深化改革若干重大问题的决定》。

② 张合林，贾晶晶．我国城乡统一建设用地市场构建及配套政策研究［J］．地域研究与开发，2013（5）：121.

③ 茆荣华．我国农村集体土地流转制度研究［D］．上海：华东政法大学，2009：173.

清，尤其是关于“符合规划和用途管制”，没有统一的用途管制法律规范，各地的规划和用途管制也有一定的随意性和不确定性。因此，除需要在《入市管理条例》中划定入市范围，还需要对完善土地利用规划体系做出规定，站在全局角度，结合国家总体城乡一体化土地规划制定科学的符合当地发展现状的地方土地利用规划；增加土地用途管制法律规定，制定科学的土地用途管制手段和流程等。

五、土地税收制度改革

（1）建立合理的土地税收种类。应总结并借鉴国外成功的经验、结合我国经济发展的现实情况和对相关税收制度的需求，建立适应城乡统一建设用地市场的土地税收体系。①

（2）完善土地占用税。完善耕地占用税，扩大征收范围；调整税率，其征收标准可在原适用税额的基础上大大提高；建立一套长效的土地税征管制度，加强土地占用税的征管力度。②

（3）在土地保有税项下研究创立土地财产税。③ 改革地方政府对土地直接管理权和经营权，适度限制土地征收，减少“土地财政”，探索设立以市场价值为基础的土地财产税体系，明确规定农民可以依法取得对集体建设用地使用权出让、租赁的收益④，使农民集体获得合理的土地增值收益，由税法来调节土地增值收益的用途以及分配方式。

（4）在土地转让税项下研究设立土地增值税。⑤ 农民集体取得集体建设用地使用权出让、租赁收益后，须向政府交纳一定比率的土地增值税。政府对土地级差收益的征税，可以保障政府长期稳定的收益来源，政府的收益可

---

① 可以考虑包括土地取得税、土地保有税和土地转让税等三种类型。

② 曲顺兰，路春城．构建节约型社会与土地税制的完善［EB/OL］．www.studa.net，2006-08-10.

③ 国务院发展研究中心中国土地政策改革课题组．中国土地政策改革：一个整体性行动框架［J］．改革，2006（2）：5-8.

④ 张合林，贾晶晶．我国城乡统一建设用地市场构建及配套政策研究［J］．地域研究与开发，2013（5）：122.

⑤ 张合林，郝寿义．城乡统一土地市场制度创新及政策建议［J］．中国软科学，2007（2）：37-38.

以用来加强基础设施的建设，更好地体现政府的服务职能，同时也有利于地方经济持续健康发展，通过政府税收的再分配，可以促进社会公平。

（5）适时全面开征物业税。在改革土地保有环节的征税上，开征物业税是一个合理和必然的选择。开征物业税可以使政府税收更多来源于对城市环境的优化建设，而不是过多依赖土地财政，有利于转变政府职能。有利于减少房地产商支付的土地出让金，减轻其资金压力，减少其运营过程中的风险，同时刺激更多开发商进入市场，通过加强行业竞争并且降低拿地成本，政府可以有效抑制房价涨幅过快，有效地保护消费者利益，增加消费者福利；有利于鼓励和实现房地产的自住性需求；有利于抑制房地产市场的投资和投机行为。

（6）适时开征土地用途调节税，对各类开发商的土地开发行为进行调节，使其节约、集约用地。①

第二节　城乡统一土地市场的管理服务措施

一、建立健全城乡统一建设用地市场运行机制和规则

为了搞好管理服务，保障城乡统一土地市场平稳有序运行和交易主体的权益，要进一步建立健全城乡统一建设用地市场运行机制和交易规则。

（1）整合土地市场运作机制，建立市场主体平等进入、市场客体公平交易机制。在城乡统一建设用地市场制度框架下，打破只能由政府一家垄断供地格局，形成农村集体与政府两大土地供给主体，其分别平等向用地企业供应两种类型的建设用地。城乡统一建设用地市场体系应该具有以下特征：不区分土地是国家所有还是集体所有；不因居民或者企业的背景不同而差别对待，只要土地具有相同的使用性质，那么其开放范围以及限制条件、交易规

① 张合林，贾晶晶．我国城乡统一建设用地市场构建及配套政策研究［J］．地域研究与开发，2013（5）：122.

则就应当一致。两种性质的土地可以在统一土地市场上合法平等地交易流转。[①][②] 就集体建设用地的交易流转而言，具体设计如下：在城乡统一土地市场制度框架下，基于对国有土地使用制度改革的模式的经验分析、总结，将集体建设用地使用权流转市场分为一级市场[③]（首次流转市场）与二级市场[④]（再次流转市场）。当然，集体建设用地的收益是农地的几十倍甚至上百倍，因此必须对集体建设用地使用权的流转予以约束，提高土地交易门槛，以防农用地遭到破坏，从而维护粮食安全。因此，集体建设用地入市流转必须符合以下条件要求：①产权清晰。包括产权主体清晰、产权权能完整和权属边界清晰。②符合规划与用途管制。农村集体经营性建设用地必须符合这个条件才能入市。土地是一种宝贵稀缺的不可再生资源，所以，为了使土地资源得到最高效利用，所有入市流转的农村集体经营性建设用地都要受到严格的土地规划约束和用途管制，土地用途管制符合市场规律，能够有效防止土地性质与用途的随意更改。

（2）建立健全城乡统一建设用地的市场交易规则，合理规范其交易秩序。一是政府应制定相应的法律法规以及规范性文件，确定监管的相关部门，监管者拥有的职能、具有的责任和监察范围，以及管理的相关方式，同时要明确处罚的方式。[⑤] 规范交易服务机构和交易者，促进交易高效有序进行。二是规范城乡统一建设用地市场的交易合同和交易程序。相关管理部门应确定统一的合同制式，斟酌确定合同的相应条款，规定必备内容。可以参照当前成都的办法[⑥]制定相应程序。三是加强市场交易规则制定与加强相关服务体系的建设。制定统一的交易规则，完善交易程序，并严格执行，加强审核、监督

---

① 黄珂，张安录．城乡建设用地的市场化整合机制［J］．改革，2016（2）：77.

② 倪维秋，俞滨洋．基于城乡统筹的城乡统一建设用地市场构建［J］．商业研究，2010（10）：87-90.

③ 一级市场是指土地所有者与使用者之间的流转市场，是集体土地所有者将集体建设用地使用权让与土地使用者而形成的市场，可以采用出让、租赁、作价入股等流转模式。

④ 二级市场是土地使用者与土地使用者之间的流转市场，是指依法有偿取得集体建设用地使用权的单位或个人将余期的土地使用权进行转让、出租或抵押的行为，可采用转让、出租、抵押等流转模式。

⑤ 段海霞．农村土地产权交易市场的构建［J］．法制博览，2015（15）：49-50.

⑥ 即集体决议、依法申请、部门审查、公开交易、登记颁证的程序。

与交易纠纷调处服务，在交易进行之前对其严格审查，如不符合相关法律法规的要求，则令其完善或直接取消其进入市场的资格，并且在交易过程中，监管部门也应全程跟踪，督促相关主体承担其责任并获得权力，杜绝违法的土地交易。① 四是明确监管重点。政府监管的重点应该是交易的合法性，严厉打击违法违规交易，同时，督促机构准确、及时地披露信息，禁止暗箱操作，严禁利用内幕消息获取非法收益。统一土地市场交易平台提供的土地产权交易必须保证交易信息和程序的透明。五是履行监管职责。政府应发挥其监管主体的作用，对统一土地市场交易行监督，监督交易的合法合规性，督促交易主体履行信息披露义务，对不合规情况责令整改和处罚。

二、健全城乡统一土地交易及信息服务平台和中介服务组织体系

要尽快建立健全我国城乡统一土地交易市场及信息服务平台，建立健全具有资质条件的土地评估机构等中介组织，这有助于增强土地交易双方获取信息的能力以及建设用地的市场价格更好地被市场显化，土地中介服务体系的建立健全，城乡统一土地交易场所以及信息服务平台的培育发展，是建立我国城乡统一建设用地市场制度的应有之义。

（1）建立统一的土地交易平台。实物交易平台以及地票交易平台的建立和公平、透明的交易环境对城乡统一建设用地市场的运行极为重要。② 因城乡统一的建设用地市场是将城市国有土地市场包括在内的，因此可供城乡建设用地交易的无形、有形交易平台的建立，可在已有的城市国有土地市场交易平台基础上进行扩展。政府有关机构可通过提供场所、组织地产交易方的交易活动等对城乡建设用地交易进行管理和服务。可比照城市国有经营性建设用地的出让制度③，并在城乡统一市场交易平台进行土地交易。④ 同时，发挥

① 陈乙萍．城乡统一建设用地市场培育问题及运行机制研究［D］．重庆：西南大学，2017：101-102.

② 陈乙萍．城乡统一建设用地市场培育问题及运行机制研究［D］．重庆：西南大学，2017：102.

③ 即可比照城市国有经营性建设用地招标、拍卖的模式，建立公开、公正、公平的出让制度。

④ 黄珂，张安录．城乡建设用地的市场化整合机制［J］．改革，2016（2）：78.

中介机构在交易中的作用，由其向交易双方提供相关法律和政策方面的咨询服务，及时发布市场信息，评估土地市场价值，提供资金融通等服务。

（2）构建城乡统一的建设用地信息服务平台。可以借鉴上海市统一地理信息服务平台的经验①构建城乡统一的土地信息服务平台。② 该平台为国土资源信息化管理和公共服务提供了很好的技术支撑。地理信息服务推动了土地资源落地化管理的进程，并为土地管理的监测、预警和辅助决策等提供帮助，同时为包括农民在内的土地使用权市场交易流转主体基于有效土地信息的决策提供了良好的服务。

（3）建立健全城乡统一建设用地市场的中介服务组织体系。农村土地使用权交易流转所涉及的环节有估价、谈判、签约、鉴证、登记等，而且出现违约情况还需对违约纠纷进行处理，而农户农民作为弱势群体无法独立完成估价、谈判等事情。日本的农地中介组织在农地交易流转中发挥了极其重要的作用，例如日本土地管理公司买进或者租进农地然后以优惠的方式出租或出卖给其他农民，极大地加快了农地交易流转的速度。为保证农村土地使用权交易的顺利进行，我国可借鉴日本农地流转的经验，积极发展一些土地服务性组织，如土地委托代理、土地价格评估、土地法律政策咨询、土地流转仲裁、土地合同管理机构、土地融资、农业保险等组织或机构。另外，尽快出台能使土地交易流转中介组织顺利运行的行为规范以及管理办法，比如机构资质认证、人员资格审查等。在土地中介组织的培育过程中，还应将其视为有独立市场行为能力的经济主体以保持其在市场运行过程中的独立性，以便提供客观公正和有效的土地市场服务。③

---

① 统一地理信息服务平台对上海市规划、国土资源管理局获取基础地理信息工作而言起到重要的支撑作用，该平台基于已有的空间数据库提供全市土地、房屋、遥感影像的基础空间数据给各个业务系统，也提供图形浏览等操作界面、工具以及图形数据分析给其他业务系统。这个平台是将数据、管理、服务三层架构集于一身的 B/S 系统，且数据、管理、服务层的功能规划上相对独立，为上层提供提供服务的方式都是采用接口方式。其中服务层通过浏览、定位、查询、分析等服务发布土地信息，其主要面向外部业务系统。

② 刘峰．统一地理信息服务在土地管理信息系统建设中的应用［J］．国土资源信息化，2010（1）：50-54.

③ 梅琳．我国农村土地流转模式研究［D］．福州：福建师范大学，2011：154-155.

三、加强土地价格管理和建立城乡统一土的地价格体系

（1）加强我国农村集体建设用地入市的价格管理。在确立集体建设用地合法入市后，应明确土地价格的内涵及测算，针对不同土地交易形式下的集体建设用地价格进行规范和管理。而且将土地价格和市场统一管理，二者的相互影响有助于推进合理、公平的土地价格体系的形成。我国农村集体建设用地的价格管理工作是逐步推进的，首先是政府为了市场中公平、合理的市场价格顺利形成，通过开展区片定价、分等定级等工作，在评估不同类别农村建设用地等级及其相对应的市场价格基础上建立、完善农村集体建设用地的评估价格体系。其次，通过前一步的努力完善了土地市场价格体系之后，市场价格会因农村集体建设用地市场的建立和完善逐渐自然形成，这对规范的市场秩序提出了要求，政府需通过建立健全土地市场内的相关信息系统、完善市场监测分析机制等措施以促进信息披露的制度化、规范化，为合理的农村集体建设用地价格的形成提供保障。①

（2）建立我国城乡统一的建设用地价格体系。地价内涵及测算、分类标准应在不同城市、不同的价格形式之间是统一的，即可以使用一套统一的内涵测算标准对不同交易形式、交易目的下的各种地价进行分类。对于城市和农村的建设用地价格也应有统一的地价内涵，具体解释为：隐形市场中在同种交易形式和交易目的下，集体建设用地与城市建设用地之间的价格差异是因土地的区位条件、获取成本不同产生的。那么在确定农村集体建设用地的市场合法性后，应对其地价进行统一管理并通过法律和法规的确立促使统一地价体系的形成。②

（3）建立我国城乡统一建设用地价格监管制度。地价监管制度是地价管理部门对辖区内的土地市场的价格进行监测，应建立全国范围内的地价动态监测信息系统，并重点监测重要城市的地价水平动态变化形势。当土地价格严重背离政府指导价格或者超出价格合理区间时，应及时发出预警，必要的

---

① 叶剑平，金晓月．以用途管制为导向健全农村土地管理制度［N］．中国国土资源报，2010-03-26（07）．

② 袁弘．我国城乡土地市场与地价体系研究［D］．北京：中国农业大学，2003：50.

时候采取价格调控手段进行适当控制，防止价格严重扭曲。国有建设用地的价格监测制度已经建立，国土资源部对全国主要城市的地价进行监测，并按季度发布监测报告，地方对本区域的地价进行动态监测，监测部门是地方政府的国土部门。以往未对集体建设用地建立地价检测制度是因为集体建设用地价格长期处于隐性市场之中，不具合法性。但是将集体建设用地市场并入城乡统一市场，农村集体建设用地的价格波动必定会对土地市场秩序产生一定的影响，将其纳入全国的地价监测系统中是一种必然。且地价监测只是一种了解市场的方式，统一的地价监测系统的建立并不存在制度和土地权利上的障碍。

第三节　城乡统一土地市场的科学宏观调控

为了确保我国城乡统一土地市场依法、规范、有序运行，需要综合运用经济手段、法律手段和必要的行政手段，加强科学宏观调控。

一、土地规划调控

土地利用规划制度是土地管理的依据，必须制定好和实施好土地利用规划制度。一是突出土地利用规划的科学性、系统性和协调性。全国、各地和各种类型土地都要修编好新一轮的科学的土地规划，并做到互相衔接协调。二是坚持城乡土地规划统一、城乡土地规划一体化管理。三是强化土地利用规划的约束力。全国任何性质的土地利用都必须符合土地规划。四是提升土地利用规划的法律地位和权威性。强化对于农地和建设用地的规划权，各级土地利用规划在保证科学合理的前提下，要通过法律手段的保障加以执行，提升其法律地位和权威性，在已经规划的期限内不得随意更改。

二、土地用途管制

土地用途管制是土地的相关权利主体按照政府所编制的土地利用总体规划中已经确定的土地使用用途、使用条件来使用土地的一项制度，目的是合理利用土地资源，使其与经济、社会、环境的发展相协调。

（1）科学、合理实施农用地用途转变管制。① 目前我国的农用地用途转变管制主要是政府对土地开发利用规划实施的自上而下的管控，但缺乏市场性、经济性、利益调节性，所以效果不够理想。为此，要基于市场机制和通过相关利益调整实施土地用途管制和农地总量动态平衡，以增强其效率。

（2）严格执行建设用地审批制度。建设用地审批制度是指针对那些破产、停产和半停产的企业用地，征而未用的闲置土地，有一定调整改动空间的城镇国有土地等进行盘活，提高土地利用效率。建设用地审批制度主要包括国有土地的建设用地审批和农民集体所有土地的建设用地审批，前者主要是通过加强非农业建设用地存量的管理来实施的。我国建立起了系统、严格的农用地用途转变审批制度以便更好地管制农地用地转变行为。在一定规模范围内，相关部门应对符合土地利用规划规定的建设项目中有意将农地转为特定用途的建设用地按土地利用年度的土地利用计划分批次审批。对于农用地用途转变审批手续已通过的具体项目建设，可由市级、县级人民政府审批；征用基本农田面积大于 35 公顷的或征用其他农用地面积大于 70 公顷的建设项目、省级政府批准的大型基础设施建设项目、国务院批准建设项目，均需国务院审批。

（3）严格规定农村集体经营性建设用地入市流转的条件。为了从源头上规范土地流转市场，农村集体经营性建设用地入市流转必须满足以下前提条件：一是产权清晰。产权界定清晰是农村集体经营性建设用地入市的首要前提。这里的产权界定清晰包括产权主体清晰、产权权能完整和权属边界清晰。

---

① 农用地用途转变管制在国外也被称为“土地使用分区管制”“土地规划许可制”等，实质上是对种土地利用施加一种约束机制，也就是对农用地用途改变实行严格的条件限制，对农用地用途转变进行管制的具体措施是采用农用地用途转变许可制度，即对所有想将农用地转变为其他用地的建设项目实行农用地用途转变审批手续办理，任何未通过审批手续而擅自将农地转换为其他类型用地、非法批准改变农地用途的行为都将受到来自经济、行政和法律方面的处罚。批准立项的建设项目均是递交审批手续且通过审批的项目，所有不符合土地用途分区规划或者与土地利用总体规划有出入的建设项目均不能立项。农地用途管制的主要特点：强制性、严肃性、权利性和直接性，管制是为了将建设项目中农地资源的占比控制在一定范围内及盘活存量建设用地以消除土地利用中存在的负外部性，最终目标为农地可持续利用以及总量的动态平衡。农用地用途转变管制这一大类分为限制转变管制、许可转变管制两类，前者是一种地政管理制度，其是根据土地利用总体规划严格控制、排除划定数量的农用地转为其他用途的行为。

土地市场必须是极其严格和规范的，清晰的产权可以有效避免因产权不明晰产生的利益纠纷，保障土地市场有序高效地运转。二是符合规划与用途管制。农村集体经营性建设用地必须符合国家土地利用总体规划和当地的城乡建设规划才能入市。土地是一种宝贵和稀缺的不可再生的资源，所以为了使土地资源得到最高效利用不至于浪费，所有入市流转的农村集体经营性建设用地都要受到严格的用途管制，土地用途管制不仅符合市场规律，更能够有效防止土地性质与用途的随意改变。只有符合上述条件，经县级以上人民政府批准，集体经营性建设用地使用权才可以依法入市进行流转。①②③

三、土地法律调节

（1）建议抓紧修订相关的法律法规，在法律规定上允许我国集体经营性建设用地合法平等入市。根据党的十七届三中全会和十八届三中全会作出的两个《决定》的指导精神，结合改革试点经验，建议对《土地管理法实施条例》《土地管理法》《城市房地产开发经营管理条例》等法律进行相应的修改，在法律规定上允许我国集体经营性建设用地合法平等入市。对有关法律法规的修改要坚持有关原则④，以保证积极稳妥。

（2）抓紧界定土地收益在中央和地方之间分配的立法。中央和地方这两级政府对土地各自拥有哪些权利应由法律规定清楚。对中央和地方同时拥有的权利进行收益划分时应以预先规定的比例为准。譬如，对一定时期内保留的土地出让金的收益要纳入中央和地方财政预算，并且对于土地出让金的分

---

① 张合林，郝寿义．城乡统一土地市场制度创新及政策建议［J］．中国软科学，2007（2）：38.

② 张合林，贾晶晶．我国城乡统一建设用地市场构建及配套政策研究［J］．地域研究与开发 2013（5）：122.

③ 吴月芽．农村集体建设用地使用权入市流转的可行性探析［J］．经济地理，2005（3）：401-405.

④ 即七个原则：《宪法》原则、地权唯一性原则、同地同权原则、农民主体性原则、城乡要素平等交换和农民土地产权平等流动原则、地权的权力与责任对等原则、物权的平等保护原则（我国《物权法》第四条规定“国家、集体、私人的物权和其他权利人的物权受法律保护，任何单位和个人不得侵犯”，这体现了物权的平等保护原则）。前四个原则所对应的具体解释分别为：第一，坚持和落实“土地村民集体所有制”；第二，地权或农地的所有权由农民集体唯一享有，农村农民集体是所有农村土地的唯一的合法的主体；第三，即土地收益不会因同种土地（农地或非农地）被不同身份所有人（个人所有、集体所有、国家所有）拥有而存在差异性；第四，作为农地的所有者与经营者，农民享有全部的土地经营权与土地收益分配权。

配，要法律明文规定好分别上交中央财政和地方财政的比例。

（3）规范行政、执法人员的合法调节。其中主要是界定执法过程中可能出现的行政管理人员“寻租”、执法人员执法不规范行为是否违法，并对违法行为进行处罚。

（4）建立健全土地纠纷管理制度，为农民提供相应的法律援助。在改革农村集体建设用地制度使其市场化过程中易出现种种纠纷，农民作为社会中的弱势群体，自身受教育水平较低及欠缺法律知识等原因均使其难以解决纠纷和在纠纷中保护自己。长时期积累下来的结果就是缺乏保障的这一群体极易影响社会稳定。因此，我们应针对这一弱势群体存在的问题，积极构建相应的法律援助体系，从两方面采取措施以使农民的合法权益免受侵害，第一是建立相关的法律法规，第二是对农民法律援助施以资金上的支持，政府应通过财政补贴等形式加大对农民法律援助的倾斜力度，并承担相应的责任。①

四、土地税收调节

国际上通行和成熟的做法是在以平等交易为原则的基础上，进行土地产权市场化交易，并且通过税收制度，来调节土地交易市场，达到调节土地市场关系及其收益的目的。前文已经证明，通过土地税制改革而建立的新的土地税收制度及征管机制不仅有效、合理，而且更加优越。② 土地税收调节的目标如下，一是促进节约集约利用土地。在土地税制改革有立法支持的基础上，新的土地税制需要重点解决土地资源浪费、集约水平低下等因土地利用外部性所导致的问题，而且不同环节中土地税的调节目标不同，在土地占有、保有、转让环节中土地税的调节目标分别是调节控制用地数量、调节提高用地质量、规范土地交易和调整利益合理分配等方面。二是调节人地关系、人人关系。新的土地税制应能通过税率提高、降低及税收增加、减免等手段从土地占有、土地增值、土地收益方面提高土地利用效率，最终目的是使农民土地财产权益有所保障及社会财富的均衡分配，并且使人与地、人与人发展达到协调。

① 中国社会科学院农村发展研究所宏观经济研究室．农村土地制度改革：国际比较研究［M］．北京：社会科学文献出版社，2009：174.

② 张合林，贾晶晶．我国城乡统一建设用地市场构建及配套政策研究［J］．地域研究与开发，2013（5）：122.

三是规范不合理收费，避免政府短期行为。新的土地税制使各种具有税性质的收费都归于税收，纳入财政预算管理，规范征收与使用程序。① 与此同时，新土地税制中的一些税种如土地财产税、土地增值税和物业税的开征有助于改变目前地方政府中普遍存在的"寅吃卯粮"、只重短期利益忽视长期利益的现象，新的税制下税收可成为地方政府的一个长期、稳定的收入来源。② 当然，整体说来，土地税收调节的目的，是为了促进土地资源的有效可持续利用和社会福利的最大化及其社会财富分配的均衡，所以，要体现社会所处的发展阶段和时代特征，在我国新型城镇化背景下和中国特色社会主义进入新时代，尤其要注重促进土地资源的科学利用和保护农民土地财产权益的调节目标。

五、土地价格调控

（1）健全城乡建设用地价格评估和基准地价制度。首先应全面、深入开展全国城乡建设用地价格评估工作以提高土地市场的透明度，减少或避免非公开交易、非契约化交易，其次为了达到避免竞相压价、低价甚至无偿出让土地出现的目的，应根据修正后的评估价格来确定全省不同地价区的地价水平；而且要依据土地市场收益情况编制地域性地价等值线③，使城乡建设用地价格的确定具有一个统一的标准，从而确定土地市场开发的地域指向；在此基础上，制定不同类型城乡建设用地的基准价格制度。④

（2）建立科学的土地收购储备投资制度，适时合理调节土地市场的供求。政府必须建立土地储备机构，并以土地储备为保障，在市场过于低于或高涨的情况下通过收购或供应进行干预。土地储备机构应是非营利性的，即其不是追求土地收益最大化的，而是通过干预土地发展活动以促进土地收益总体平衡，它是政府为调控土地市场所设置的政策性机构。但在现实中，存在不

---

① 曲顺兰，路春城．构建节约型社会与土地税制的完善［J］．税务研究，2006（2）：23-27.

② 张合林，郝寿义．城乡统一土地市场制度创新及政策建议［J］．中国软科学，2007（2）：37-38.

③ 黄贤金．农地价格论［M］．北京：中国农业出版社，1997：43.

④ 张合林，贾晶晶．我国城乡统一建设用地市场构建及配套政策研究［J］．地域研究与开发，2013（5）：122.

同程度的逐利行为。[①] 所以，对我国现存的所谓的土地储备制度和机构要进行改造归位，恢复其非营利性和公共利益调控手段的性质和本来面目。

（3）建立我国城乡统一土地市场价格调控机制。[②] 在政府宏观调控时，土地价格调控机制、土地储备制度二者之间互为前提、互为结果。一般的市场经济发展规律适用于土地供求关系并不紧张的国度或地区内，土地供应量增加引起土地市场价格上升，而土地价格上升会刺激土地供给的增加。但是，我国是一个人多地少且人地关系很尖锐的发展中大国，市场经济规律与我国的实际状况不相符，即土地的供求关系不平衡，而且长期内土地供不应求的状态难以改变。在这种经济发展背景下，价格机制不起作用的现象是存在的，一些地区土地供给弹性不足会产生一些反常现象，而且现实中情况也是十分复杂的。因此，仅靠土地储备制度的作用还达不到对市场的有效调节。在社会主义市场经济的初级发展阶段，总体而言，土地价格呈现的上升与经济发展趋势是比较一致的。在经济体制转型期，土地价格调控主要是防止地价的暴涨暴跌以应对土地需求急剧上升的现象。而且政府可以采用收购土地的措施控制土地价格降低的状况，因此应对政府如何针对土地价格上涨进行价格管制问题予以重点关注。在土地价格暴涨时，政府除了增加必要的土地供应外，更重要的是采用价格控制措施[③]抑制价格的上扬。[④]

总之，通过以上各种方式的科学宏观调控，从而促进我国集体经营性建设用地依法，规范入市，保障我国城乡统一土地市场的良好运行。

---

① 宋玉波．经济转型时期中国土地市场建立和管理研究［D］．南京：南京农业大学，2004：93-94.

② 张合林，贾晶晶．我国城乡统一建设用地市场构建及配套政策研究［J］．地域研究与开发，2013（5）：122.

③ 主要包括：政府直接出让的土地以较低价位的水平推向市场，以土地一级市场的价格引导土地二级市场价格的发展；政府高价收购、低价出让，实行财政补贴；实施限价销售；实行地价冻结，这种手段只有在土地价格的上涨已经严重影响经济发展全局的情况下，方可利用。

④ 宋玉波．经济转型时期中国土地市场建立和管理研究［D］．南京：南京农业大学，2004：96.

第八章　结论与展望

第一节　主要结论

第一，本书在对新型城镇化背景下我国城乡一体化发展与土地市场制度创新研究背景、意义以及基本理论和国内外相关文献研究总结的基础上，在第二章对美、英、日、韩等典型国家和地区城乡一体化发展与土地市场制度的双向互动关系演化进行了专门的历史考察。

（1）发现城乡一体化发展与土地市场制度关系的演变规律，即在发展城市、工业化的同时一定不要忽略农村经济的发展；而土地制度的相应变革是政府用以推动农业规模经营，提升土地资源利用效率，促进城乡协调、一体化与融合发展的关键和重要法宝。这种土地市场制度的变革，美国、英国主要以市场机制推进，而其他国家和地区做到了市场机制与政府规划推进的不同程度的有机结合。

（2）得到诸多对我国城乡一体化发展的重要启示和借鉴：一是注重从土地产权制度层面来保证城乡一体化发展的实现；二是建立完善的土地流转机制促进城乡一体化发展；三是改革征地制度，切实保护农民合法权益；四是加强城乡统筹规划，促进城乡一体化发展；五是注重发挥市场机制作用，合理配置土地资源；六是充分发挥政策优势，支持和加快乡村振兴。

第二，在第三章用大量的篇幅对我国城乡一体化发展与土地市场制度关系变迁进行了全面、系统的分析。

（1）梳理了我国城乡二元结构形成以及向城乡一体化发展的制度变迁过程，重点把我国城乡一体化发展与土地市场制度变迁结合起来，尝试将建国近70年来的演变历史梳理成五个阶段：第一阶段为1949—1978年间，此阶段城乡关系波动复杂，二元结构矛盾凸显；第二阶段为1978—1984年间，此阶段城乡改革发展，二元结构有所松动；第三阶段为1984—2002年间，此阶段城乡差距扩大，二元结构固化、影响持续；第四阶段为2002—2012年间，此阶段城乡差距逐渐缩小，二元结构逐步转向一体化；第五阶段为2012至今，此阶段城乡关系出现新局面，全面向城乡一体化发展迈进。

（2）通过对上述五个阶段我国城乡一体化发展与土地市场制度关系变迁的全面、系统分析，得出如下结论：一是农村土地制度安排是影响城乡一体化发展的重要制约因素，改革土地市场制度至关重要；二是土地市场制度与城乡一体化双向影响、互动发展；三是目前我国城乡二元土地结构与城乡一体化发展不协调，深化城乡二元土地市场制度改革的任务很重，加快城乡统一土地市场制度创新势在必行。

第三，在第四章运用VAR模型和格兰杰因果关系检验等对我国城乡一体化发展与土地市场制度的关系进行了实证研究。得出以下研究结论和政策含义：

（1）通过对我国整体以及东部、中部、西部、东北四大地区的城乡一体化总指标与土地市场进行的VAR模型分析和格兰杰因果关系检验，从数量上证明二者存在正相关的相互作用关系。

（2）对我国整体土地市场化水平与城乡一体化水平各子指标的格兰杰因果关系检验显示：①土地市场发育越成熟，土地市场化水平的提升越快，越能够促进城乡间各方面差距的减小，进而对城乡一体化的发展产生积极影响。②土地市场制度创新对其他三个子指标影响的解释：土地市场的完善及其水平的提高有利于促进新型城镇化发展进而在高度新型城镇化发展的过程或基础上能够最终实现城乡发展一体化；土地市场的优化配置机制间接上促进了产业结构的优化升级；土地市场发育越成熟，土地市场机制作用越发挥，农林水事业支出占比也就提高，进而促进城乡一体化发展。

（3）对以东、中、西、东北地区数据为基础的分地区实证结果进行比较分析，发现它们共同点和差异点。共同点：VAR模型结果和脉冲响应分析图结果都表明，我国东、中、西、东北四地区的土地市场化水平和城乡一体化发展水平均呈现正向促进关系，证明四地区土地市场发育程度和城乡一体化发展程度二者存在相互驱动效应，并且四地区的土地市场化水平对城乡一体化发展水平促进作用更大。差异点：四地区的城乡一体化水平和土地市场化水平不同。从各个地区的城乡一体化水平平均值看，各地区城乡一体化发展水平从高到低依次是东部、东北、中部和西部地区，而各个地区土地市场化发育发展程度及其水平（平均值），从高到低的排序也依次是东部、东北、中部和西部地区。说明土地市场化发育发展程度及其水平越高，城乡一体化水平越高，反之亦然。

通过上述新视角、多维度的研究分析，发现和证明城乡一体化发展与土地市场制度存在双向互动关系，尤其是土地市场制度创新及土地市场化水平提高对城乡一体化发展有更大的正向推动作用。当然，目前我国城乡二元土地结构与城乡一体化发展不协调，土地市场制度改革的任务很重，深化土地制度改革，加快土地市场制度创新，建立城乡统一土地市场制度对提高城乡一体化水平和促进城乡一体化健康发展具有重要意义，加快城乡统一土地市场制度创新势在必行。

第四，在第五章对我国城乡二元土地市场制度的形成、基本特征、存在的问题及其对我国城乡一体化发展的制约影响，进行了深度的研究剖析。

（1）我国城乡二元土地市场制度的基本特征。一是城乡二元的土地权利体系；二是城乡二元割裂的土地市场；三是城乡土地市场发展失衡。

（2）我国城乡二元土地市场制度存在问题。一是城乡土地产权不平等；二是土地征收制度存在诸多问题；三是土地粗放利用甚至闲置与浪费严重；四是土地增值收益城乡分配严重不公；五是农村土地流转不顺畅；六是二元土地规划及土地利用中的城市偏向依然严重；七是与土地市场制度相关的法律不完善。

（3）二元土地市场制度对城乡一体化发展产生严重制约影响。一是使土地资源配置效率和社会福利受到损失；二是集体建设用地制度安排制约乡村发展；三是加大城乡居民收入差距；四是农民土地权利受损甚至引发社会不稳定；五是加重了土地利用结构的扭曲。所以，全面深化土地市场制度改革，彻底清除城乡二元土地市场制度性障碍，加快构建城乡统一土地市场制度是必然选择。

第五，在第六章重点探索构建我国城乡统一土地市场制度创新框架及其运行机制和模式，并深刻揭示了城乡统一土地市场制度创新促进我国城乡一体化发展的内在作用机理和路径规律。基于城乡土地使用权权能一致性原理、我国不同土地市场制度社会福利比较分析和我国农村集体建设用地流转的现实基础，确立和坚持土地市场制度创新“五大”原则，在“两种平等产权，一个统一市场”框架下，通过改革征地制度、打破政府对土地市场的行政垄断、农村集体建设用地直接合法入市的合理路径选择，实行农村集体建设用地与国有土地同等入市、同权、同价，进而构建出我国城乡统一建设用地市场制度创新框架及其运行机制和模式。我国城乡统一土地市场制度的本质是城乡有机统一的建设用地市场制度即两种平等的土地产权一个统一的土地市场制度，并通过城乡建设用地在城乡有机统一的建设用地市场中的平等交易，实现城乡建设用地同地、同权、同价。其核心是在国家科学宏观调控下，统一的土地市场对土地资源的配置充分起决定性作用。在城乡统一土地市场中有国有和集体所有两种并行的土地市场交易，在完善国有土地市场内部机制的同时，着力建立健全集体建设用地入市流转的运行机制和模式。遵循集体经营性建设用地入市原则和前提条件，建立土地供需机制、价格机制、收益分配机制和监管机制等“四位一体”的集体经营性建设用地市场运转机制，提出集体经营性建设用地的三种入市途径即就地入市、调整入市和整治入市。

在此基础上，以城乡统一土地市场制度安排及其土地资源开发利用机制为核心，深刻揭示城乡统一土地市场制度及其机制与农村土地资源利用效率、农村农业内生增长、乡村振兴、新型城镇化高质量发展、城乡发展一体化的逻辑关系及其作用机理和路径规律。认为在政府宏观调控下城乡统一的土地市场制度及其机制，是解决上述问题的关键，因为在城乡统一土地市场制度框架下，通过发挥土地市场机制对农地资源的决定性配置作用，将有力促进城乡要素的平等交换，提高农村土地资源的利用效率，实现农民的土地财产权益，形成农村农业内生长、乡村振兴机制和农民分享工业化、城市化、现代化成果的长效机制，同时推动转变经济发展方式和新型城镇化高质量发展，并且乡村振兴和新型城镇化双向互动，协调发展，形成合力，共同推进和形成城乡发展一体化和融合发展新格局。

第六，在第七章强调了推进土地市场制度由城乡二元割裂转向城乡统一即城乡统一土地市场制度创新、保障城乡统一土地市场良好运行、促进城乡一体化健康发展的配套改革、管理服务和科学宏观调控政策措施组合。破除城乡二元结构，推进土地市场制度由城乡二元割裂转向城乡统一，完成我国城乡统一土地市场制度的创新，是一场巨大的经济体制变革，对完善我国社会主义市场经济体制具有里程碑式的意义，同时也是一项巨大的社会系统工程，涉及方方面面。为此，着重强调包括深化土地产权制度、农村土地制度、土地法律制度、土地税收制度等配套改革；建立健全城乡统一建设用地市场运行机制和规则、健全城乡统一土地交易及信息服务平台和中介服务组织体系、加强土地价格管理和建立城乡统一的土地价格体系等我国城乡统一建设用地市场运行的管理服务措施；以土地规划调控、土地用途管制、土地法律调节、土地税收调节、土地价格调控等为手段，切实搞好对城乡统一土地市场的科学宏观调控。由此，谋求促进实现城乡要素平等交换、土地资源高效配置利用、公共资源均衡配置、社会福利最大化，促进城乡一体化健康发展，让广大农民平等参与现代化进程、共同分享现代化成果。

第二节　未来展望

经过数年的持续调查研究和联合奋力攻坚，终于完成了本书预定的研究任务和目标。不过，书中尚存在很多不足，有待在未来的研究中进一步完善：一是城乡统一土地市场制度创新是一项巨大的系统工程，涉及方方面面的配套改革和更具体的相关体制机制建设，难度和工作量较大，本书已取得的研究成果需要在以后的研究中进一步深化和细化。二是限于研究的侧重点和时间关系，本书主要围绕破解城乡二元土地市场结构，进行城乡统一土地市场制度创新，促进城乡一体化健康发展这一研究主线展开研究和立论，虽然对农用土地制度改革有所涉及，但讨论的较少，需要在今后加强这方面的研究。另外，限于全国土地数据的完整性和有些省市土地数据部分年份的缺失，一定程度上会影响到实证研究的结果，这方面的问题需要在以后的研究中克服和进一步完善。

参考文献

一、中文参考文献

[1] 马克思，恩格斯．马克思恩格斯全集（第 1 卷）[M]．北京：人民出版社，1972.

[2] 马克思，恩格斯．马克思恩格斯全集（第 3 卷）[M]．北京：人民出版社，1995.

[3] 阿瑟·刘易斯．劳动无限供给下的经济发展 [J]．曼彻斯特学报，1954.

[4] 拉尼斯，费景汉．劳动剩余经济的发展 [M]．北京：华夏出版社，1989.

[5] 马克思．资本论（第三卷）[M]．北京：人民出版社，2004：695-876.

[6] 马克思，恩格斯．马克思恩格斯全集（第 46 卷上）[M]．北京：人民出版社，1979：493.

[7] R·科斯，A·阿尔钦，D·诺斯，等．财产权利与制度变迁 [M]．上海：上海三联书店，1991.

[8] 约翰·冯·杜能．孤立国同农业和国民经济的关系 [M]．吴衡康译，北京：商务印书馆，1986.

[9] 道格拉斯·诺斯．制度、制度变迁与经济绩效 [M]．上海：上海人民出版社，1994：1-98.

[10] 埃比尼泽·霍华德．明日的田园城市 [M]．北京：商务印书馆，2000.

[11] 费景汉，拉尼斯．增长和发展：演进观点 [M]．北京：商务出版社，2004.

[12] 钱纳里，赛尔昆，鲁宾逊．工业化和经济增长的比较研究 [M]．上海：三联书店，1995.

[13] 钱纳里，赛尔昆．发展的形式：1950—1970 [M]．北京：经济科学出版社，1989.

[14] 冈部守，章政．日本农业概论 [M]．北京：中国农业出版社，2004：174.

[15] 劳尔·普雷维什．外围资本主义危机与改造 [M]．北京：商务印书馆，1990.

[16] 威廉·配第．赋税论 [M]．北京：商务印书馆，1981.

［17］亚当·斯密：国富论［M］. 长沙：湖南文艺出版社，2011.

［18］中共中央马克思、恩格斯、列宁、斯大林著作编译局．马克思恩格斯全集：第三卷［M］. 北京：人民出版社，2003：57.

［19］中共中央马克思、恩格斯、列宁、斯大林著作编译局．斯大林选集：下卷［M］. 北京：人民出版社，1979：558.

［20］L·E·戴维斯，D·C·诺斯. 制度变迁的理论：概念与原因［M］. 上海：上海人民出版社，1994：10.

［21］詹姆斯·M·布坎南，戈登·塔洛克．同意的计算：立宪民主的逻辑基础（中译本）［M］. 北京：中国社会科学出版社，2000：28-29.

［22］［美］伊利，莫尔豪斯. 滕维藻，译．土地经济学原理［M］. 北京：商务印书馆，1982：260-264.

［23］渡边光等．日本土地利用［M］. 东京：古今书院株式会社，1955.

［24］费孝通．城镇化与21世纪中国农村发展［J］. 中国城市经济，2000（1）：7-9.

［25］费孝通．认真解决征地农民的就业问题［J］. 社会，1998（2）：10-12.

［26］费孝通．农村、小城镇、区域发展——我的社区研究历程的再回顾［J］. 北京大学学报（哲学社会科学版），1995（2）：4-14，127.

［27］费孝通．中国城乡发展的道路——我一生的研究课题［J］. 中国社会科学，1993（1）；3-13.

［28］费孝通．行行重行行：中国城乡及区域发展调查［M］. 北京：群言出版社，2014.

［29］费孝通，赵旭东，秦志杰．中国士绅：城乡关系论集［M］. 北京：外语教学与研究出版社，2013.

［30］费孝通．谈城乡协调发展［J］. 瞭望周刊，1991（47）：8-10.

［31］杜润生．中国农村改革漫忆［J］. 文史月刊，2016（7）：4-15.

［32］杜润生．建设新农村不能动摇家庭承包责任制［J］. 中国改革，2006（6）：1.

［33］杜润生．土地制度是第一位重要的［J］. 山东农业，2001（7）：9.

［34］杜润生．新区土地改革的回忆——农村变革回忆之一［J］. 百年潮，1999（10）：40-48.

［35］杜润生．杜润生自述：中国农村体制变革重大决策纪实［M］. 北京：人民出版社，2005.

［36］杜润生．中国农村制度变迁［M］. 成都：四川人民出版社，2002.

［37］杜润生．中国的土地改革［M］. 北京：当代中国出版社，1996.

［38］陆学艺，杨桂宏．破除城乡二元结构体制的当前对策［J］．人民论坛，2013（21）：54-56.

［39］陆学艺，杨桂宏．破除城乡二元结构体制是解决“三农”问题的根本途径［J］．中国农业大学学报（社会科学版），2013，30（3）：5-11.

［40］陆学艺．城乡一体化的社会结构分析与实现路径［J］．南京农业大学学报（社会科学版），2011，11（2）：1-5.

［41］陆学艺．破除城乡二元结构，实现城乡经济社会一体化［J］．理论参考，2010（12）：29-32.

［42］陆学艺．统筹城乡发展，农村要进行第二次改革［J］．经济学家，2008（2）：5-10.

［43］陆学艺．“三农”续论：当代中国农业、农村、农民问题研究［M］．重庆：重庆出版社，2013.

［44］陆学艺．“三农”新论：当前中国农业、农村、农民问题研究［M］．北京：社会科学文献出版社，2005.

［45］陈锡文．实施乡村振兴战略，推进农业农村现代化［J］．中国农业大学学报（社会科学版），2018（1）：5-12.

［46］陈锡文．不要把城乡发展对立起来［J］．领导科学，2018（19）：21.

［47］陈锡文．深化农村土地制度改革与“三权分置”［J］．公民与法（综合版），2017（7）：3-7.

［48］陈锡文．城乡一体化发展战略［J］．农村工作通讯，2017（14）：26-28.

［49］陈锡文．以新型城镇化与新农村建设双轮推进城乡一体化［J］．求索，2017（11）：4-10.

［50］陈锡文．农村土地制度改革的重点与路径［J］．国土资源，2014（8）：4-5.

［51］陈锡文．推动城镇化和农业现代化相互协调发展［J］．中国党政干部坛，2013（6）：28.

［52］陈锡文．推动城乡发展一体化［J］．求是，2012（23）：28-31.

［53］韩俊．破除城乡二元结构走城乡融合发展道路［N］．光明日报，2018-11-16（006）.

［54］韩俊．实施乡村振兴战略将从根本上解决“三农”问题［J］．农村工作通讯，2018（2）：50.

［55］韩俊．促进城乡公共资源均衡配置［N］．经济日报，2015-11-11（003）.

［56］韩俊．农村土地制度改革须守住三条底线［N］．人民日报，2015-01-29（007）.

［57］韩俊．准确把握土地流转需要坚持的基本原则［N］．农民日报，2014-10-22

(001).

［58］韩俊．加快破除城乡二元结构 推动城乡发展一体化［J］．理论视野，2013（1）：19-21.

［59］韩俊．以制度创新促进城乡一体化发展［J］．理论视野，2010（3）：34-37.

［60］韩俊．中国城乡关系演变60年：回顾与展望［J］．改革，2009（11）：5-14.

［61］韩俊．中国农村土地问题调查［M］．上海：上海远东出版社，2009.

［62］党国英．城市化与乡村振兴从来不是对立的［J］．理论与当代，2018（6）：56-57.

［63］党国英．农村土地同价入市才受农民欢迎［J］．农村工作通讯，2017（2）：46-46.

［64］党国英．城乡社会治理二元体制趋于消失［J］．农村工作通讯，2017（20）：20-20.

［65］党国英．中国城乡一体化发展前景研究［J］．理论探讨，2016（5）：79-83.

［66］党国英．农村发展需向城市化"借力"［J］．人民论坛，2016（18）：15-17.

［67］党国英．土地改革不能老是试点［J］．当代贵州，2014（4）：53.

［68］蔡继明，陈钊，党国英，等．关于土地制度改革的三点共识［J］．科学发展，2013（5）：19-23.

［69］党国英．在高度城镇化基础上实现城乡一体化［J］．农村工作通讯，2013（2）：22-26.

［70］厉以宁．《改革开放以来的中国经济：1978—2018》［J］．金融纵横，2018（6）：102.

［71］厉以宁．缩小城乡收入差距 促进社会安定和谐［A］．北京大学北京论坛办公室．北京论坛（2004-2015）主旨报告与特邀报告集［C］．北京：北京大学，2016：14.

［72］厉以宁．城乡二元体制改革可带来最大改革红利［J］．农村工作通讯，2013（14）：48.

［73］厉以宁．改革城乡二元体制需要破除认识误区［J］．南方农村，2011，27（1）：55.

［74］厉以宁．城乡一体化改革中最困难的问题及其突破［J］．理论参考，2010（12）：16-19.

［75］厉以宁．以创新精神、探索勇气加快破除城乡二元体制［J］．中国城市经济，2008（11）：12-13.

［76］厉以宁．统筹城乡发展的新路——基于乡村调查考察的几点认识［J］．理论导

报，2008（1）：4，29.

［77］吴敬琏，厉以宁，林毅夫．读懂中国改革：关键五年2016-2020［M］．北京：中信出版社，2016.

［78］厉以宁，吴敬琏，林毅夫．解码“供给侧改革”［M］．北京：群言出版社，2016.

［79］魏后凯．把握新趋势 全面推进城乡一体化［J］．农民科技培训，2018（2）：24-26.

［80］魏后凯．新常态下中国城乡一体化格局与趋势［J］．中国乡村发现，2017（1）：25-31.

［81］魏后凯．新型城镇化与新农村建设需统筹推进［J］．新西部：上，2017（4）：5-5.

［82］魏后凯．要尽快建立城乡统一的土地市场［J］．农村工作通讯，2017（16）：53.

［83］魏后凯．新常态下中国城乡一体化格局及推进战略［J］．中国农村经济，2016（1）：2-15.

［84］魏后凯．走向互动融合的城乡协调发展——《走向2020年的我国城乡协调发展战略》评介［J］．城市发展研究，2010，17（8）：136-136.

［85］王伟光，魏后凯．走共享型融合发展之路：莱芜市统筹城乡发展研究［M］．北京：社会科学文献出版社，2013.

［86］王伟光．新型城镇化与城乡发展一体化［M］．北京：中国工人出版社，2014.

［87］温铁军，刘亚慧，张振．生态文明战略下的三农转型［J］．国家行政学院学报，2018（1）：40-46，149.

［88］温铁军，张俊娜，罗士轩．中国产业化农业发展的新趋势［J］．党政干部参考，2017（1）：19-20.

［89］温铁军．我国为什么不能实行农村土地私有化［J］．财经界，2015（7）：43-46.

［90］温铁军．温铁军：土地制度变革须审慎［J］．财经界，2014（9）：53-55.

［91］杨海霞．城乡一体化的城镇化道路——专访中国人民大学可持续发展高等研究院温铁军［J］．中国投资，2014（1）：47-50，46.

［92］杨帅，温铁军．经济波动、财税体制变迁与土地资源资本化——对中国改革开放以来“三次圈地”相关问题的实证分析［J］．管理世界，2010（4）：32-41.

［93］温铁军．“三农”问题与制度变迁［M］．北京：中国经济出版社，2009.

［94］陈小君，蒋省三．宅基地使用权制度：规范解析、实践挑战及其立法回应［J］．管理世界，2010（10）：1-12.

[95] 蒋省三，刘守英．改革土地制度 优化区域发展［J］．绿叶，2007（10）：18-19.

[96] 蒋省三，刘守英，李青．土地制度改革与国民经济成长［J］．管理世界，2007（9）：1-9.

[97] 蒋省三．土地资本化与农村工业化［M］．太原：山西经济出版社，2005.

[98] 蒋省三，韩俊．土地资本化与农村工业化：南海发展模式与制度创新［M］．太原：山西经济出版社，2005.

[99] 蒋省三，刘守英，李青．中国土地政策改革、政策演进与地方实施［M］．上海：上海三联书店，2010.

[100] 蒋省三．中国土地政策改革［M］．上海：上海三联书店，2010.

[101] 蒋省三．建设性用地制度改革：转变发展方式的关键［J］．红旗文稿，2009（5）：17-19.

[102] 周其仁．二十世纪八十年代农村产权改革经验［J］．中国乡村发现，2018（2）：44-51.

[103] 周其仁．从乡土中国到城乡中国［J］．记者观察，2017（9）：6-9.

[104] 周其仁．产权界定与产权改革［J］．科学发展，2017（6）：5-12.

[105] 周其仁．著名经济学家周其仁：农村要发展，离不开城市元素的运用［J］．新农村：黑龙江，2016（3）：54-55.

[106] 周其仁．城乡一体化渐进式改革［J］．商周刊，2015（26）：62-63.

[107] 北京大学国家发展研究院综合课题组，周其仁，黄跃．还权赋能：成都市统筹城乡综合改革实践的调查研究［M］．北京：北京大学出版社，2010.

[108] 刘守英，熊雪锋．我国乡村振兴战略的实施与制度供给［J］．政治经济学评论，2018，9（4）：80-96.

[109] 刘守英．土地制度变革与经济结构转型——对中国40年发展经验的一个经济解释［J］．中国土地科学，2018，32（1）：1-10.

[110] 刘守英．城乡互动是城市化的新动向［J］．农村工作通讯，2018（5）：60.

[111] 刘守英，王佳宁．长久不变、制度创新与农地“三权分置”［J］．改革，2017（12）：5-14.

[112] 刘守英．中国土地制度改革：上半程及下半程［J］．国际经济评论，2017（5）：29-56.

[113] 刘守英．中国城乡二元土地制度的特征、问题与改革［J］．国际经济评论，2014（3）：9-25+4.

[114] 李明，邵挺，刘守英．城乡一体化的国际经验及其对中国的启示［J］．中国农

村经济，2014（6）：83-96.

［115］马洪福，郝寿义．国外区域和城市经济学实证研究进展及其对中国的启示［J］．现代财经（天津财经大学学报），2018（3）：53-66.

［116］郝寿义．推动五个统一　深化农村土地制度改革［J］．中国房地产，2009（1）：61-64.

［117］程世勇，蔡继明．乡村振兴视阈下我国农地适度规模经营研究［J］．社会科学辑刊，2018（4）：153-159.

［118］蔡继明．乡村振兴离不开新型城镇化［J］．全球商业经典，2018（3）：70-73.

［119］蔡继明．如何处理好乡村振兴与城镇化的关系［J］．中国人大，2018（11）：25-26.

［120］蔡继明．城市化的脚步宜渐行渐快——“十二五”规划破解城乡二元结构的思考［J］．人民论坛，2010（20）：18-20.

［121］蔡继明．统筹城乡发展中的土地制度改革［J］．学习论坛，2011，27（4）：27-30.

［122］蔡继明．统筹城乡发展中的土地制度改革［J］．重庆工商大学学报（西部论坛），2009，19（6）：1-6.

［123］蔡继明．建立城乡统一的建设用地市场必须修改《宪法》［J］．中国乡村发现，2014（2）：83-86.

［124］孙久文，周玉龙．城乡差距、劳动力迁移与城镇化——基于县域面板数据的经验研究［J］．经济评论，2015（2）：29-40，77.

［125］孙久文．城乡协调与区域协调的中国城镇化道路初探［J］．城市发展研究2013，20（5）：56-61.

［126］刘伟，张士运，孙久文．我国四个直辖市城乡一体化进程比较与评价［J］．北京社会科学，2010（4）：28-36.

［127］孙久文，肖春梅，施晓丽．我国城乡发展的成就、问题及未来选择［J］．社会科学辑刊，2009（4）：82-86.

［128］孙久文，施晓丽，肖春梅．城乡协调的制约因素及实现途径［J］．兰州学刊，2011（7）：41-46.

［129］孙久文，彭薇．推进农村工业化演变实现城乡协调发展［J］．农村金融研究，2009（9）：60-65.

［130］孙久文，叶振宇．探讨构建我国城乡协调发展的新格局［J］．中国城市经济，2008（11）：14-17.

［131］孙久文，叶振宇．我国城乡规划面临的问题与城乡统筹的方向［J］．学习与实践，2008（7）：19-23.

［132］孙久文．走向2020年的我国城乡协调发展战略［M］．北京：中国人民大学出版社，2010.

［133］白永秀，程志华，吴丰华．中国西部城乡经济一体化水平及其全国比较——基于省级面板数据的实证检验［J］．西部论坛，2016，26（3）：19-26.

［134］王颂吉，白永秀．城乡发展一体化与全面小康：关系机制及路径选择［J］．福建论坛（人文社会科学版），2016（11）：10-16.

［135］王渊，白永秀．城乡发展一体化水平测度的现状及方法改进［J］．统计与决策，2015（2）：91-93.

［136］宋丽婷，白永秀．陕西县域城乡发展一体化水平的区域差异评价［J］．长安大学学报（社会科学版），2015，17（2）：65-72.

［137］吴丰华，白永秀，周江燕．中国城乡社会一体化：评价指标体系构建及应用［J］．福建论坛（人文社会科学版），2015（9）：11-18.

［138］白永秀，王颂吉．马克思主义城乡关系理论与中国城乡发展一体化探索［J］．当代经济研究，2014（2）：22-27.

［139］白永秀．研究城乡发展一体化得出的10个结论［J］．西部大开发，2013（11）：53-56.

［140］白永秀，吴丰华．中国城乡发展一体化［M］．北京：人民出版社，2015.

［141］赵爱栋，马贤磊，曲福田．市场化改革能提高中国工业用地利用效率吗？［J］．党政视野，2016，26（7）：61-61.

［142］曲福田，田光明．城乡统筹与农村集体土地产权制度改革［J］．管理世界，2011（6）：34-46，187.

［143］曲福田．中国工业化、城镇化进程中的农村土地问题研究［M］．北京：经济科学出版社，2010.

［144］冀县卿，钱忠好，葛轶凡．交易费用、农地流转与新一轮农地制度改革——基于苏、桂、鄂、黑四省区农户调查数据的分析［J］．江海学刊，2015（2）：83-89.

［145］钱忠好，牟燕．土地市场化是否必然导致城乡居民收入差距扩大——基于中国23个省（自治区、直辖市）面板数据的检验［J］．管理世界，2013（2）：78-89，187-188.

［146］黄祖辉．“三权分置”与“长久不变”的政策协同逻辑与现实价值［J］．改革，2017（10）：123-126.

［147］黄祖辉．科学把握乡村振兴战略的内在逻辑与建设目标［J］．理论参考，2018

(4): 49-50.

[148] 黄祖辉. 准确把握中国乡村振兴战略 [J]. 中国农村经济, 2018 (4): 2-12.

[149] 黄祖辉, 刘慧波, 邵峰. 城乡区域协同发展的理论与实践 [J]. 社会科学战线, 2008 (8): 71-78.

[150] 黄祖辉, 邵峰, 朋文欢. 推进工业化、城镇化和农业现代化协调发展 [J]. 中国农村经济, 2013 (1): 8-14, 39.

[151] 黄祖辉. 城乡发展一体化的实现途径 [J]. 浙江经济, 2012 (24): 26-27.

[152] 黄祖辉. 浙江怎样继续率先推进城乡发展一体化 [N]. 浙江日报, 2015-06-17 (003).

[153] 夏永祥. 城乡一体化的苏州经验 [J]. 同舟共进, 2018 (8): 19-20.

[154] 薛苏明, 夏永祥. 发达国家城乡一体化发展之"镜"与"径"——基于"四个自信"的我国城乡一体化发展路向探析 [J]. 北方论丛, 2017 (6): 133-137.

[155] 夏永祥. 政府强力推动与城乡一体化发展: "苏州道路"解读 [J]. 农业经济问题, 2011, 32 (2): 63-68.

[156] 夏永祥. 苏州市城乡一体化发展道路研究 [M]. 苏州: 苏州大学出版社, 2015.

[157] 张晓山. 在城乡融合发展的大格局中实施乡村振兴战略 [J]. 四川党的建设, 2018 (18): 70-72.

[158] 张晓山. 统筹谋划城乡发展 深化农业领域改革——学习习近平同志关于"三农"问题重要论述的粗浅体会 [J]. 中国农村经济, 2016 (10): 7-11.

[159] 张晓山. 习近平"城乡一体化"思想探讨 [J]. 国家治理, 2015 (20): 25-27.

[160] 张晓山. 土地: 消解城乡二元的突破口 [J]. 人民论坛, 2008 (1): 16-17.

[161] 张晓山. 全面深化改革, 构建新型城乡关系——从社会主义新农村建设到新型城镇化 [J]. 学习与探索, 2014 (1): 86-100.

[162] 张晓山. 统筹城乡发展必须调整利益格局 [J]. 中国乡村发现, 2010 (3): 24-27.

[163] 张晓山. 农村土地——城乡一体化中的利益交汇点 [J]. 农村工作通讯, 2010 (22): 1.

[164] 张晓山. 构建新型城乡关系: 新农村建设政策体系研究 [M]. 北京: 社会科学文献出版社, 2014.

[165] 高帆. 构建新型城乡关系推进一体化发展 [N]. 中国社会科学报, 2018-05-

29 (003).

[166] 高帆. 新时代我国城乡差距的内涵转换及其政治经济学阐释 [J]. 西北大学学报（哲学社会科学版），2018，48（4）：5-16.

[167] 高帆. 中国城乡二元经济结构转化的影响因素分解：1981—2009 年 [J]. 经济理论与经济管理，2012（9）：5-18.

[168] 高帆. 中国城乡二元经济结构转化：理论阐释与实证分析 [M]. 上海：上海三联书店，2012.

[169] 高帆. 交易效率、分工演进与二元经济结构转化 [M]. 上海：上海三联书店，2007.

[170] 国家新型城镇化规划（2014—2020 年）[N]. 人民日报，2014-03-17（001）.

[171] 彭凌. 城乡统一的建设用地市场研究 [D]. 重庆：西南大学，2011：1-33.

[172] 茆荣华. 我国农村集体土地流转制度研究 [D]. 上海：华东政法大学，2009：1-169，173.

[173] 全国人大常委会拟授权国务院在 33 个试点县（市、区）暂时调整实施土地管理法的相关规定 [J]. 国土资源，2015（3）：40-41.

[174] 中共中央关于全面深化改革若干重大问题的决定 [M]. 北京：人民出版社，2013：13.

[175] 陈乙萍. 城乡统一建设用地市场培育问题及运行机制研究 [D]. 重庆：西南大学，2017：1-152.

[176] 宿钟文. 现代化进程中我国城乡一体化的理论与实践研究 [D]. 北京：中央民族大学，2016：8.

[177] 郝玉林. 新型城镇化背景下农村集体建设用地管理制度创新研究 [D]. 济南：山东师范大学，2013：3.

[178] 刘永强，苏昌贵，龙花楼，等. 城乡一体化发展背景下中国农村土地管理制度创新研究 [J]. 经济地理，2013，33（10）：138-144.

[179] 彭冲，陈乐一，韩峰. 新型城镇化与土地集约利用的时空演变及关系 [J]. 地理研究，2014，33（11）：2005-2020.

[180] 张军. 推进我国城乡一体化的制度创新研究 [D]. 长春：东北师范大学，2013：1-108.

[181] 曾嘉，雷军，鲁奇. 我国城乡关联度评价指标体系构建及区域比较分析 [J]. 地理研究，2011（6）：763-771.

[182] 赖特. 广亩城市：一个新的社区规划 [J]. 建筑实录，1935.

［183］修春亮，许大明，祝翔凌．东北地区城乡一体化进程评估［J］．地理科学，2004（3）：320-325.

［184］刘守英．城乡中国的土地问题［J］．北京大学学报（哲学社会科学版），2018，55（3）：79-93.

［185］姚飞鸣．城乡二元土地结构问题研究［J］．社会发展，2013（8）：56.

［186］朱守银．破解城乡二元土地制度［J］．农业工作通讯，2008（1）：20-21.

［187］甘藏春．土地宏观调控新理论与实践［M］．北京：中国财政经济出版社，2009：53-55.

［188］洪名勇．论马克思的土地产权理论［J］．经济学家，1998（1）：29-34.

［189］董晓峰，杨春志，刘星光．中国新型城镇化理论探讨［J］．城市发展研究，2017，24（1）：26-34.

［190］唐剑．我国城乡土地制度改革研究——基于马克思土地市场理论视角［J］．改革与战略，2016，32（1）：25-28.

［191］雷颂平．土地市场机制的创新思考［J］．四川政报，2002（20）：34.

［192］王克强，赵露，刘红梅．城乡一体化的土地市场运行特征及利益保障制度［J］．中国土地科学，2010，24（12）：52-57.

［193］田光明．城乡统筹视角下农村土地制度改革研究［D］．南京：南京农业大学，2011：62-71.

［194］陈珍．城乡一体化土地市场下土地增值收益分配问题研究［D］．武汉：华中师范大学，2011：1-78.

［195］陈晓君．我国城乡建设用地市场一体化研究［D］．福州：福建师范大学，2014：16-17.

［196］穆丽．我国农村土地制度创新研究［D］．新乡：河南师范大学，2013：31-32.

［197］邹乃秀．城市边缘区土地可持续利用的制度创新研究——以日照市为例［D］．济南：山东师范大学，2006：10.

［198］马永坤．城乡建设用地增减挂钩机制的经济学分析［D］．成都：西南财经大学，2011：32-33.

［199］李思佳．基于小城镇发展的城乡一体化水平评价体系构建［D］．沈阳：沈阳农业大学，2016：19-22.

［200］王元凤，钱龙．发达地区城乡一体化水平测度与空间分布研究［J］．商业经济研究 2015（11）：34-36.

［201］宋雨洁．安徽省城乡一体化水平评价与发展路径研究［D］．合肥：安徽大学，

2013：16-19.

［202］张国平，籍艳丽，马军伟．城乡一体化水平测度与进程比较［J］．经济问题，2015（8）：117-121.

［203］李兴科．城乡一体化综合评价指标体系构建及实证分析［J］．2012（8）：40-44.

［204］李运祥，陈国生．城乡一体化评估体系的主要指标——以湖南省为例［J］．求索，2010（4）：83-84.

［205］郭亮华，何彤慧．宁夏城乡一体化发展测评研究［J］．国土与自然资源研究，2012（1）：4-7.

［206］刘生龙，胡鞍钢．交通基础设施与中国区域经济一体化［J］．经济研究，2011（3）：72-82.

［207］张永岳．我国城乡一体化面临的问题与发展思路［J］．华东师范大学学报，2011（1）：24-31，151.

［208］刘红梅，张忠杰，王克强．中国城乡一体化影响因素分析——基于省级面板数据的引力模型［J］．中国农村经济，2012（8）：4-15.

［209］汪宇明，刘高，施加仓，等．中国城乡一体化水平的省区分异［J］．中国人口．资源．环境，2012（4）：137-142.

［210］汤宇威．海南经济特区市场化水平测度和评价［D］．海口：海南大学，2016：14-31.

［211］于晓雷．东北地区土地市场化水平时空变化及驱动力研究［D］．哈尔滨：东北农业大学，2016：10-45.

［212］曲福田，石小平．城市国有土地市场化配置的制度非均衡解释［J］．管理世界，2002（6）：46-53.

［213］王青，陈志刚，叶依广，等．中国土地市场化进程的时空特征分析［J］．资源科学，2007，29（1）：43-47.

［214］郑信伟，路婕，樊雷，等．省会城市土地市场化程度评价的实证研究——以郑州市为例［J］．安徽农业科学，2008，36（15）：6546-6547.

［215］姜琳．我国各地土地出让市场化程度评估［J］．经济与管理研究，2009（6）：94-99.

［216］钱忠好，牟燕．中国土地市场化水平：测度及分析［J］．管理世界，2012（7）：67-75.

［217］张晔，邓楚雄，谢炳庚，等．基于熵权可拓物元模型的湖南省土地市场成熟度

评价［J］. 资源科学，2015，37（1）：45-51.

［218］于强静，华亚伟，樊鹏飞，等．中国城市土地市场发育程度评价及其时空特征分析［J］. 国土资源导刊，2016，13（3）：53-59.

［219］黄贤金，尼克哈瑞柯．中国农村土地市场运行机理分析［J］. 江海学刊，2001（2）：16-21.

［220］高圣平．承包土地的经营权抵押规则之构建——兼评重庆城乡统筹综合配套改革试点模式［J］. 法商研究，2016（1）：3-12.

［221］张月娥．重庆市农村土地市场发育程度评价［D］. 重庆：西南大学，2011：37.

［222］吴振磊．我国城乡经济社会关系的历史演进：阶段、特征与趋势［J］. 西北大学学报，2012，42（4）：26-31.

［223］吴振磊，俞颖．城乡经济社会一体化应走出的六个误区［J］. 经济导刊，2012（5）：88-89.

［224］陈伯庚．规范土地市场的深层思考［J］. 中国房地产，2004（3）：30-32.

［225］王小映．推进集体建设用地市场化改革［J］. 中国土地，2005（12）：7-8.

［226］刘小玲．建立我国城乡一体的土地市场体系探索［J］. 南方经济，2005（8）：37-40.

［227］吴瑞芹．关于上海郊区土地流转的思考［J］. 上海农业学报，2015（6）：158-162.

［228］张宇．城乡统筹发展背景下的土地管制制度选择与优化研究［D］. 杭州：浙江大学，2015：1-183.

［229］杨岩枫．政府规制视角下的集体经营性建设用地土地市场研究［D］. 北京：中国地质大学，2017：1-138.

［230］刘禺涵．我国土地征收制度改革的问题与走向［J］. 河北法学，2017，35（4）：123-133.

［231］马少春．环洱海地区乡村聚落系统的演变与优化研究［D］. 开封：河南大学，2013：14.

［232］彭冬雪．新型城镇化背景下我国西部城乡一体化模式研究［D］. 成都：西南民族大学，2014：19.

［233］付娜．发达国家城乡一体化经验对中国进一步城乡统筹发展的启示研究［J］. 世界农业，2014（8）：48.

［234］吴文钰．大城市新郊区化的国际视野与本土优化［J］. 上海城市管理，2012，21（1）：29.

［235］何志扬．城市化道路国际比较研究［D］．武汉：武汉大学，2009：95.

［236］高强，王富龙．美国农村城市化历程及启示［J］．世界农业，2002（5）：12

［237］赵明杰．浅析美国的工业革命与城市化进程［J］．唐山师范学院学报，2005（1）：87-89.

［238］王淑莉，张换兆．美国农地管理主体与管理制度的历史变迁及对我们的借鉴［J］．商场现代化，2010（32）：223.

［239］孟莉．天津地区新农村建设中宅基地流转、方式、规划研究［D］．天津大学，2013：11.

［240］李晓丹．国外农用土地流转法律制度的演变［J］．世界农业，2014（5）：69-70.

［241］刘志扬．借鉴美国经验提升城乡一体化水平［N］．青岛日报，2013-02-23（005）.

［242］刘世锦，冯飞，石耀东等．美国工业化特点及其对我国的借鉴意义［J］．调查研究报告，2003（133）：3.

［243］窦希铭．土地流转制度比较研究［D］．北京：中国政法大学，2011：84-88.

［244］刘英．美国土地流转制度研究［J］．世界农业，2015（8）：92-96，101.

［245］王家庭，张换兆．工业化、城市化与土地制度的互动关系：美国的经验［J］．亚太经济，2009（4）：53-54.

［246］王春艳，李瑞林．美国城市化的特点及其经验借鉴［J］．延边大学学报（社会科学版），2005（3）：78-79.

［247］王春艳．美国城市化的历史、特征及启示［J］．城市问题，2007（6）：94.

［248］万勇．美国以城市化提升国内需求的实证与启示［J］．广东石油化工学院学报，2014，24（4）：71.

［249］钟水映，李晶，刘孟芳．产业结构与城市化：美国的“去工业化”和“再城市化”现象及其启示［J］．人口与经济，2003（2）：9.

［250］陈云峰．主要发达国家城市化经验教训及其对我国的启示［D］．长春：吉林大学，2004：13.

［251］乔欣．动荡的土地［J］．新理财（政府理财），2013（6）：41.

［252］张换兆，王家庭，王淑莉．美国农地管理制度及其主体变迁的经验考察与借鉴［J］．学术论坛，2008（6）：134.

［253］薛晴，任左菲．美国城乡一体化发展经验及借鉴［J］．世界农业，2014（1）：14.

［254］沈汉．英国土地制度史［M］．上海：学林出版社，2005：19.

［255］王勇辉等．农村城镇化与城乡统筹的国际比较［M］．北京：中国社会科学出版社，2011.

［256］卢海清，赵航．关于英国圈地运动中失地农民权利保障的研究［J］．社会科学论坛，2006（2）：55-57.

［257］王勇辉，管一凡．英国城乡统筹政策及其对我国城乡一体化战略的启示［J］．长江论坛，2014（4）：87.

［258］杨小鹏．英国的绿带政策及对我国城市绿带建设的启示［J］．国际城市规划，2010（1）：101-102.

［259］张中华．西方发达国家城乡统筹发展的实践析论［J］．中国名城，2012（11）：38-43.

［260］孔祥利．战后日本城乡一体化治理的演进历程及启示［J］．新视野，2008（6）：94-96.

［261］门晓红．日本城市化：历史、特点及其启示［J］．科学社会主义，2015（1）：146.

［262］西川俊作，阿部武司编著．杨宁一，曹杰译．日本经济史——产业化的时代（上）［M］．北京：三联书店，1997.

［263］张尧智．战后日本农地制度的变迁及其启示［J］．山东财政学院学报，2004（6）：66.

［264］肖绮芳．日本城市化进程中农地制度改革及相关农民社会保障制度演进与启示［J］．东北亚论坛，2008（2）：106-107.

［265］朱汉雄．中部地区城乡统筹发展战略研究［D］．武汉：武汉理工大学，2010：34.

［266］张桂林．东亚农地制度改革［J］．中国农村经济，1994（09）：62.

［267］朱新方，贾开芳．对日本、韩国、俄罗斯农用土地制度改革的点评与思考［J］．调研世界，2005（1）：34-35.

［268］郝寿义，王家庭，张换兆．日本工业化、城市化与农地制度演进的历史考察［J］．日本学刊，2007（1）：81.

［269］郭建军．日本城乡统筹发展的背景和经验教训［J］．农业展望，2007（2）：28.

［270］马庆斌，刘妮娜．房地产市场一体化发展策略研究［J］．中国市场，2013（24）：12.

[271] 夏南凯，王岱霞．我国农村土地流转制度改革及城乡规划的思考［J］．城市规划学刊，2009（3）：86.

[272] 许田晓．日本土地制度的改革及对我国的借鉴意义［J］．现代商业，2009（36）：285.

[273] 姜岩．中国农村公共服务体制的研究［D］．天津：天津大学，2009：70.

[274] 王验．韩国新村运动的经验及对我国建设社会主义新农村的启示［J］．探索，2006（6）：15-18.

[275] 韩立红．哈尔滨都市圈内城乡一体化问题研究［D］．哈尔滨：东北林业大学，2012：23.

[276] 张厚明．韩国推进城乡发展一体化的启示［N］．中国经济时报，2014-06-25（006）.

[277] 孙立双，段磊，马运涛．借鉴国外城镇化经验推进我国城镇化发展［J］．中国集体经济，2013（36）：5.

[278] 冯胜．国外城乡统筹发展模式比较研究［J］．软科学，2011，25（5）：112.

[279] 张云华．国际视野下的土地流转经验［J］．国土资源，2014（3）：53.

[280] 李海守．中国入世后韩国企业对华农业投资的研究［D］．北京：对外经济贸易大学，2004：9.

[281] 潘诒红．城市化水平100%的国家［J］．地理教育，2010（3）：11.

[282] 叶文香．城中村改造中土地确权的制度创新思考［J］．吉林农业，2012（5）：35.

[283] 杨圣明．新加坡土地制度考察［J］．经济与管理研究，1990（4）：34-36.

[284] 陈武正．台湾城乡一体化之研究［C］．福州：海峡两岸都市交通学术研讨会，2007：8.

[285] 丁长发．台湾土地制度变迁及其启示［J］．台海研究，2014（4）：67.

[286] 陈诚．台湾土地改革纪要［M］．台湾：中华书局，1961：10，181-192.

[287] 李登辉．台湾农业发展的经济分析［M］．台湾：联经出版事业公司，1980.

[288] 陈俊峰，刘娜．台湾城乡一体化对安徽城乡发展的启示研究［J］．中国名城，2016（7）：19-20.

[289] 周建坪．城市化与农村土地制度改革研究［D］．郑州：郑州大学，2011：52.

[290] 闫东丽．河南省城乡一体化发展与土地市场制度创新研究［D］．郑州：郑州大学，2016.

[291] 张沛，张中华，孙海军．城乡一体化研究的国际进展及典型国家发展经验

[J]. 国际城市规划，2014，29（1）：42-49.

[292] 鲁丽萍. 国外城乡一体化发展比较研究 [J]. 消费导刊，2015（1）：54-55.

[293] 余燕，袁培. 国内外城乡一体化发展模式研究综述及启示 [J]. 苏州教育学院学报，2016，33（2）：78-83.

[294] 杨仪青. 纵观国外城镇化建设实践协调发展中国新型城镇化建设 [J]. 世界农业，2015（5）：24-28.

[295] 何世光. 中国城乡土地市场一体化路径研究 [J]. 甘肃科技，2016（16）：10-13.

[296] 郭冬艳，毛良祥. 国内外差别化土地政策实践与启示 [J]. 中国国土资源经济，2015（2）：65-68.

[297] 陈佳. 中心—外围理论的演进及比较研究 [D]. 福州：福建师范大学，2011：12-14.

[298] 袁晓红. 前工业化时期英国城乡经济的协调发展 [D]. 北京：首都师范大学，2003：14.

[299] 王晓颖. 英国土地制度变迁史及对我国的启示 [J]. 经济体制改革，2013（1）：152-155.

[300] 李亚丽. 英国城市化进程的阶段性借鉴 [J]. 城市发展研究，2013，21（8）：27.

[301] 解光云. 前工业化时期英国的城乡关系 [J]. 安庆师院社会科学学报，1998（3）：52.

[302] 雷强，宁成浩. 试论能源与城镇化和工业化的关系——基于能源演化的视角 [J]. 发展研究，2014（11）：62.

[303] 谷延方. 重评圈地运动与英国城市化 [J]. 天津师范大学学报（社会科学版），2008（4）：35-39.

[304] 邱谊萌. 16—19 世纪英国土地制度变迁研究 [D]. 沈阳：辽宁大学，2008：20-39.

[305] 厉以宁. 走向城乡一体化：建国 60 年城乡体制的变革 [J]. 北京大学学报，2009，46（6）：5-18.

[306] 马军显. 城乡关系：从二元分割到一体化发展 [D]. 北京：中共中央党校，2008：34-35.

[307] 李景刚，张效军，高艳梅，等. 我国城乡二元经济结构与一体化土地市场制度改革及政策建议 [J]. 农业现代化研究，2011，32（3）：287-301.

[308] 国胜连，宋华．维多利亚时代英国城市化及其社会影响［J］. 辽宁师范大学学报（社会科学版），1994（5）：77-78.

[309] 徐璐．京郊农村宅基地退出机制探析［D］. 北京：首都经济贸易大学，2014：2.

[310] 孙钢印．推进城乡一体化的政策工具——基于城市化进程不同阶段的分析［J］. 党政干部学刊，2011（3）：38-40，64.

[311] 吴德慧．新农村建设的核心问题和重点难点问题［J］. 2007（2）：40-42.

[312] 刘应杰．中国城乡关系演变的历史分析［J］. 当代中国史研究，1996（2）：1-2.

[313] 刘倩．城乡统筹视角下关中农村城镇化路径探究——以西安高陵的实践为例［D］. 西安：长安大学，2012：22-23.

[314] 韩俊．中国：由城乡分割走向城乡协调发展［J］. 中国发展观察，2004（4）：14-22.

[315] 何格，赵媛．土地市场和区域经济耦合协调度分析［J］. 重庆大学学报，2015，21（1）：23-27.

[316] 朱方林，朱大威．建国以来中国土地制度重大改革回顾与展望［J］. 江苏农业学报，2015，31（1）：200-209.

[317] 徐经勇．中国农村经济制度变迁六十年研究［M］. 厦门：厦门大学出版社，2009：11-20.

[318] 邹玉川．当代中国土地管理（上）［M］. 北京：当代中国出版社，1998：85.

[319] 李隆伟，郭沛．土地市场化水平及其影响因素研究——基于2006—2011年全国31个省（市）面板数据的证据［J］. 北京理工大学学报，2015，7（4）：75-79.

[320] 吴明发．宅基地使用权流转机制研究［D］. 南京：南京农业大学，2012：35-39.

[321] 田光明．我国城乡关系演进下的土地制度变迁［A］. 中国农业经济学会2010年年会暨学术研讨会．加大城乡统筹力度协调推进工业化、城镇化与农业农村现代化论文集［C］. 济南：中国农业经济学会，2010：471-483.

[322] 冉文伟．从公平与效率的视角看新中国城乡关系的60年变迁［J］. 云南行政学院学报，2010（2）：77-78.

[323] 卢红岩．基于新制度经济学的中国农村土地制度变迁研究［D］. 开封：河南大学，2009：36-40.

[324] 刘彦随，陈聪，李玉恒．中国新型城镇化村镇建设格局研究［J］. 地域研究与

开发，2014（6）：5-10.

［325］张强．城乡一体化发展的研究与探索［J］．中国农村经济，2013（1）：15-23.

［326］高燕语，钟太洋．土地市场对城市建设用地扩张的影响［J］．资源科学，2016，38（11）：2024-2036.

［327］康耀辉．论国有企业的改革与发展［J］．通化师范学院学报，2001（1）：27-31.

［328］张鑫．中国城乡收入分配制度变迁的博弈分析与经验研究［D］．沈阳：沈阳理工大学，2011：22-23.

［329］孙友然．我国农民工权益保障问题研究综述［J］．南京人口管理干部学院学报，2008，4（2）：26-31.

［330］程其明．小产权房规制政策研究［D］．武汉：武汉大学，2010：66-70.

［331］王道勇，郧彦辉．改革以来中国流动人口管理理念变迁及发展趋势［J］．城市观察，2011（5）：44-52.

［332］郭松海．改革征地制度维护失地农民权益［J］．山东经济．2007（6）：11-12.

［333］梁俊林，吕苏丹．关于正确界定集体土地上房屋买卖合法性问题的探讨［J］．浙江国土资源，2011（4）：54-55.

［334］屠世超．农村宅基地限制流转制度的困境与改革策略［J］．江苏农业科学，2013，41（4）：386-390.

［335］李菁，赵毅．土地市场发育对城市扩张的 Kuznets 曲线效应验证［J］．中国房地产，2016（3）：9-17.

［336］吴艳华．传统农区城乡一体化发展研究［D］．开封：河南大学，2014：33-39.

［337］孔繁金．"中央一号文件"对农村基层党组织建设的创新［J］．学习论坛，2013（3）：19-22.

［338］刘晶．农田水利建设专项资金管理问题研究——以新余市渝水区为例［D］．南昌：南昌大学，2012：22-23.

［339］黄发儒．宅基地管理方式亟待创新［J］．中国土地，2008（1）：54-55.

［340］高海燕．20 世纪中国土地制度百年变迁的历史考察［J］．浙江大学学报（人文社会科学版），2007，37（5）：124-133.

［341］邓文英．从转型角度审视农民、土地和农村的关系［N］．21 世纪经济学报，2017-12-08（004）.

［342］邓文英．中国下一程，需要什么样的土地管理法［N］．社会科学报，2017-10-26（003）.

［343］付小红．征地悖论：地方政府行为与农民权益保护［J］．经济研究参考．2014（14）：77-81.

［344］吴丰华．中国近代以来城乡关系变迁轨迹与变迁机理（1840—2012）［D］．西安：西北大学，2013：147-151.

［345］吴颂吉．中国城乡双重二元结构研究［D］．西安：西北大学，2014：20-70.

［346］魏后凯．把握四个关键点推动城乡融合发展．［EB/OL］．http：//www.agronet.com.cn/News/1170856.html，2017-11-17.

［347］魏后凯．坚定不移地实施乡村振兴战略［N］．经济日报，2017-11-03（005）.

［348］本报评论员．建立健全城乡融合发展体制机制和政策体系［N］．农民日报，2017-11-04（001）.

［349］李太淼．构建统筹利用城乡建设用地的土地制度［J］．甘肃社会科学，2017（1）：192-199.

［350］谭文兵．构建城乡统一土地市场的新制度经济学研究［D］．北京：中国地质大学（北京），2015：78-80.

［351］曹飞．转型土地管理制度变迁绩效及其制度逻辑［J］．社会科学，2017（3）：43-54.

［352］俞明轩．我国宪法框架内的集体建设用地流转路径分析［A］．首届国土资源法制与市场学术研讨会论文集［C］．北京：中国土地矿产法律事务中心，2010：199-203.

［353］李太淼．统筹利用城乡建设用地势在必行［N］．河南日报，2016-09-02（005）.

［354］张宏升．新时代如何落实乡村振兴战略［J］．2017（24）：16-17.

［355］李俊琳．城乡一体化进程中农村土地流转问题研究［D］．沈阳：沈阳师范大学．2016：27-29.

［356］张强．城乡一体化：从实践、理论到策略的探索［J］．中国特色社会主义研究，2013（1）：93-109.

［357］俞思念．从城乡统筹发展到城乡一体化——兼论党的十八大对新时期城乡关系的总布局［J］．学习论坛，2013，29（4）：8-11.

［358］刘斌．内蒙古自治区土地市场发育成熟度评价及发展对策研究［D］．呼和浩特：内蒙古师范大学，2011：7.

［359］赵阳．守住底线试点先行积极稳妥推进农村土地制度改革［J］．中国发展观察，2014（2）：4-7.

［360］吴伶．我国现阶段征地制度的缺陷及改进研究［D］．成都：西南财经大学，2007：11-12.

［361］完世伟．区域城乡一体化测度与评价研究——以河南省为例［D］．天津：天津大学，2006：72-87.

［362］汤春玲，马跃茹．基于直觉模糊的中国省域城乡一体化水平测度［J］．经济地理，2016，36（10）：53-59.

［363］焦必方，林娣，彭婧妮．城乡一体化评价体系的全新构建及其应用——长三角地区城乡一体化评价［J］．复旦学报（社会科学版），2011（7）：75.

［364］张飞，孔伟．我国经济结构失衡的土地制度成因探析［J］．经济问题探索，2011（4）：45-48.

［365］崔占峰，李宇飞．土地制度变迁与农村经济增长——理论逻辑与实证研究［J］．科学与管理，2013（2）：64-67.

［366］陈晓娣．构建建设用地统一市场的制度创新研究［D］．延安：延安大学，2012：22.

［367］徐元栋，王考考，陆慧玲．土地市场化程度对经济增长的促进效应研究——基于我国省级面板数据的实证研究［J］．管理现代化，2017（5）：88-91.

［368］康文华．土地流转与城乡一体化：分析框架与模式比较［D］．太原：山西财经大学，2017：1-26.

［369］贾德刚．中国土地市场的运行机理：现状与分析［D］．北京：首都经济贸易大学，2008：22.

［370］许恒周，殷红春，郭玉燕．我国农地非农化对碳排放的影响及区域差异［J］．财经科学，2012（3）：69-78.

［371］万胜超，王良建，刘敏．基于空间的省际农地非农化驱动因素研究［J］．经济地理，2012，32（7）：124.

［372］周京奎，王岳龙．大中城市周边农地非农化进程驱动机制分析——基于中国130个城市面板数据的检验［J］．经济评论，2010（2）：28.

［373］许德林，欧名豪，肖霖．1997—2008年青岛市农地非农化过程与效果实证研究［J］．中国土地科学，2010，24（1）：10-12.

［374］崔凯．城镇化进程中农地非农化与土地市场化的作用关系研究［D］．北京：中国农业科学院，2016：44-45.

［375］李永乐，吴群．土地市场发育与农地非农化——基于省际面板数据的估计［J］．中国土地科学，2009，11（23）：47-48.

［376］钱忠好，牟燕．中国土地市场化水平地区差异分析［J］．江苏社会科学，2012（4）：47.

[377] 杨文燕，郭如良．教育人力资本与江西省经济增长——基于VAR模型的实证分析［J］．科技、经济、市场，2013（10）：28.

[378] 韩萍．货币替代的变动趋势及影响因素分析——基于2001—2016年的数据［J］．经济问题，2017（7）：50.

[379] 张红宇．我国农业规模经营的两种路径选择［J］．农村经营管理，2015（10）：1.

[380] 梁丹辉．城镇化背景下农村宅基地整理问题研究［D］．北京：中国农业科学院，2013：19.

[381] 黄贻芳．农村宅基地退出中农民权益保护问题研究［D］．武汉：华中农业大学，2014：86-87.

[382] 饶永辉．农村宅基地使用与管理改革研究［J］．Proceedings of 2012 2nd International Conference on Social Sciences and Society（ICSSS 2012），2012：112.

[383] 国务院发展研究中心农村部课题组．从城乡二元到城乡一体——我国城乡二元体制的突出矛盾与未来走向［J］．管理世界，2014（9）：5.

[384] 财政部、国土资源部有关负责人．依法规范土地储备融资行为［N］．中国国土资源报，2017-06-03（001）.

[385] 李忠．城镇化和土地制度问题研究［J］．经济研究参考，2005（48）：19.

[386] 徐善长．土地市场二元结构与政府职能转变［J］．经济研究参考，2004（68）：31-35.

[387] 梁发芾．土地财政：如不能取消则必须规范［N］．中国经营报，2017-05-15（A06）.

[388] 焦思颖．2016年度全国土地变更调查结果公布［N］．中国国土资源报，2017-07-21（001）.

[389] 高伟．去年全国300城土地收入破4万亿［N］．经济参考报，2018-01-03（002）.

[390] 李燕星．全国闲置住宅用地5年翻3倍为什么越加大打击囤地越多［N］．中国房地产报，2018-01-08（002）.

[391] 李海辉．建设城乡统一用地市场难在哪里［N］．上海证券报，2014-09-03（A03）.

[392] 孙宪忠．推进农地三权分置经营模式的立法研究［J］．中国社会科学，2016（7）：145-163.

[393] 何立胜．我国城乡二元土地产权特性与农民土地权益的制度保障［J］．贵州社

会科学，2011（10）：47，50-52.

［394］邵传林，裴志伟．我国失地农民利益受损的制度逻辑［J］．经济与管理，2012，26（04）：31-35.

［395］邵挺．二元土地市场、城乡收入差距与城市结构体系的研究［D］．上海：复旦大学，2010：124.

［396］赵文哲，杨继东．地方政府财政缺口与土地出让方式——基于地方政府与国有企业互利行为的解释［J］．管理世界，2015（4）：12-13.

［397］汪晖，陶然．论土地发展权转移与交易的“浙江模式”——制度起源、操作模式及其重要含义［J］．管理世界，2009（8）：5-6.

［398］唐健，谭荣．农村集体建设用地价值“释放”的新思路——基于成都和无锡农村集体建设用地流转模式的比较［J］．农村经济，2013（3）：12.

［399］文兰娇，张安录．地票制度创新与土地发展权市场机制及农村土地资产显化关系［J］．中国土地科学，2016（7）：34，40.

［400］全国人大常委会关于延长授权国务院在北京市大兴区等三十三个试点县（市、区）行政区域暂时调整实施有关法律规定期限的决定（2017 年 11 月 4 日第十二届全国人民代表大会常务委员会第三十次会议通过）［N］．人民日报，2017-11-05（04）.

［401］吴月芽．农村集体建设用地使用权入市流转的可行性探析［J］．经济地理，2005（3）：401-405.

［402］唐卓，韩晓琴．房产税试点改革的效应分析及实施建议［J］．税收经济研究，2013，18（2）：20-28.

［403］财税史学者梁发芾．从 5.2 万亿元土地出让金能够读出什么［N］．中国经营报，2018-04-02（E03）.

［404］张占仓．以土地制度改革为突破口实施乡村振兴战略［N］．河南日报，2018-03-07（010）.

［405］宋宜农．新型城镇化背景下我国农村土地流转问题研究［J］．经济问题，2017（2）：63-67.

［406］刘同坤．“三权分离”下农村土地流转问题探析［J］．现代农业科技，2017（1）：289-290.

［407］周其仁．农地产权与征地制度——中国城市化面临的重大选择［J］．经济学（季刊），2004，4（1）：204，208.

［408］贺欢欢，张衔春．土地产权视角下的城乡规划改进思考［J］．规划师，2014，30（2）：18-24.

[409] 刘守英．适应新常态的中国土地政策与城市化［J］．小城镇建设，2015（10）：18-19.

[410] 刘灿．构建以用益物权为内涵属性的农村土地使用权制度［J］．经济学动态，2014（11）：36.

[411] 杨显滨．论美国征收条款及对我国的启示［J］．政法论丛，2015（5）：104-112.

[412] 宋志红．集体经营性建设用地入市改革的三个难点［J］．行政管理改革，2015（5）：41.

[413] 于一洋．我国农村集体经营性建设用地入市问题研究［D］．郑州：郑州大学，2017：32-36.

[414] 赵云海．关于土地征用中的公共利益原则［J］．理论探索，2005（3）：78-79.

[415] 常瑜．浅论我国土地征用制度中的公共利益目的与程序正义［J］．新学术，2007（6）：38.

[416] 张浩洁．土地征用补偿问题研究［D］．长春：吉林大学，2007：30.

[417] 林瑞瑞．土地增值收益分配问题研究［D］．北京：中国农业大学，2015：55-59.

[418] 许建生，张驰，韩芳侠．推进城镇化发展的农村土地制度改革的建议［J］．投资北京，2013（10）：92-94.

[419] 刘奎娟．我国城乡一体化发展的二元土地市场制度障碍及破解研究［D］．郑州：郑州大学，2017：24-28.

[420] 梁启东．全面深化改革是新型城镇化的根本保障［N］．沈阳日报，2014-03-24（05）.

[421] 高启杰．城乡一体化与县域经济发展［J］．天津商业大学学报，2010，30（6）：3-6.

[422] 河南省人民政府发展研究中心乡村振兴战略研究课题组．河南实施乡村振兴战略的约束与路径选择［N］．河南日报，2018-04-10（09）.

[423] 许经勇．我国城乡二元土地制度的负面效应与改革路径研究［J］．东南学术，2016（1）：110-119，248.

[424] 张梦琳．集体建设用地流转与资源配置关系的系统分析［J］．国土资源科技管理，2012，29（1）：8-12.

[425] 贾晶晶．中国城乡统一建设用地市场构建研究［D］．郑州：郑州大学，2012：51.

［426］中共中央国务院关于稳步推进农村集体产权制度改革的意见［N］. 人民日报，2016-12-30（001）.

［427］陈铁雄．加快推动“法治国土”建设保障经济社会可持续发展［J］. 政策瞭望，2015（1）：32.

［428］魏峰，郑义，刘孚文．城乡统一建设用地市场现状及建立［J］. 现代农业科技，2010（11）：391-392.

［429］常缨征．市场主导型城市化模式的选择［D］. 西安：西安科技大学，2006：25.

［430］董秀茹，张宇，卢巍巍．农村集体经营性建设用地入市途径选择研究——以黑龙江省安达市为例［J］. 江苏农业科学，2017，45（4）：276.

［431］文兰娇，张安录．论我国城乡建设用地市场发展、困境和整合思路［J］. 华中科技大学学报（社会科学版），2017，31（6）：75-76.

［432］刘丽，张迎新．集体建设用地流转中政府定位不明、职能不清的原因分析［J］. 国地资源情报，2003（11）：22.

［433］黄洁．集体建设用地使用权流转研究［D］. 南京：南京农业大学，2002：34.

［434］张东升．论我国农村土地权利的演变——析 1978 年后七次中央全会决定［J］. 赤峰学院学报（哲学社会科学版），2014，（5）：52-55.

［435］国务院发展研究中心中国土地政策改革课题组．土地制度、城市化与财政金融风险［J］. 农业经济导刊，2006（1）：15-17.

［436］陈晓华．引导农村土地经营权有序流转促进农业适度规模经营健康发展［EB/OL］. http：//theory. people. com. cn/n1/2016/0310/c40531-28187340. html，2016-03-10.

［437］张青松．推进农业转移人口市民化须完善“三权”制度［J］. 中共青岛市委党校．青岛行政学院学报，2015（1）：101-103.

［438］中共中央国务院关于实施乡村振兴战略的意见［N］. 河南日报 2018-02-05：05-06.

［439］刘祥琪，陈耀东．构建城乡统筹建设用地市场的思考——基于公平与效率分析［J］. 理论与现代化，2010（1）：38-41.

［440］国务院发展研究中心中国土地政策改革课题组．中国土地政策改革：一个整体性行动框架［J］. 改革，2006（2）：5-8.

［441］黄爱珍．我国征地补偿制度的问题及其完善［J］. 华中师范大学研究生学报，2006（3）：129-133.

［442］黄珂，张安录．城乡建设用地的市场化整合机制［J］. 改革，2016（2）：

77，78.

［443］倪维秋，俞滨洋．基于城乡统筹的城乡统一建设用地市场构建［J］．商业研究，2010（10）：87-90.

［444］段海霞．农村土地产权交易市场的构建［J］．法制博览，2015（15）：49-50.

［445］刘峰．统一地理信息服务在土地管理信息系统建设中的应用［J］．国土资源信息化，2010（1）：50-54.

［446］梅琳．我国农村土地流转模式研究［D］．福州：福建师范大学，2011：154-155.

［447］叶剑平，金晓月．以用途管制为导向健全农村土地管理制度［N］．中国国土资源报，2010-03-26（007）.

［448］袁弘．我国城乡土地市场与地价体系研究［D］．北京：中国农业大学，2003：50.

［449］黄海阳．我国耕地保护政策的绩效分析［D］．成都：四川师范大学，2012：27.

［450］中国社会科学院农村发展研究所宏观经济研究室．农村土地制度改革：国际比较研究［M］．北京：社会科学文献出版社，2009：174.

［451］宋玉波．经济转型时期中国土地市场建立和管理研究［M］．南京：南京农业大学，2004：96.

［452］朱林兴．农村集体建设用地流转政策的实质［J］．上海市经济管理干部学院学报，2009，7（1）：18-23.

［453］江宜航．德清集体经营性建设用地入市的改革路径［N］．中国经济时报，2016-05-20（012）.

［454］推进农村产权制度改革培育发展多元化服务主体——“中国农村经营体制机制改革创新问题”之三［J］．毛泽东邓小平理论研究，2013（8）：48-54，93.

［455］张合林，刘颖．我国城乡一体化与土地市场制度关系的实证分析［J］．财经科学，2017（9）：84-95.

［456］张合林．促进城乡发展一体化［A］．吴宏亮．共话中国梦［C］．郑州：郑州大学出版社，2013：50-56.

［457］张合林，贾晶晶．我国城乡统一建设用地市场构建及配套政策研究［J］．地域研究与开发，2013（5）：119-122，127.

［458］张合林，郝寿义．城乡统一土地市场制度创新及政策建议［J］．中国软科学，2007（2）：28-40.

［459］张合林．城市化进程中土地征用制度的经济学分析［J］．上海经济研究，2006（3）：6-16.

［460］张合林．实现农民的土地财产权益是增加农村居民财产性收入的根本途径［J］．城市发展研究，2008（5）：72-77.

［461］张合林．使农民分享工业化和城市化的成果——推进社会主义新农村建设的新视角［J］．农村．农业．农民，2006（4B）：43.

［462］张合林．公共利益与征地及政府边界［J］．决策探索，2006（7）：74-75.

［463］张合林．试论土地征用中的合理补偿机制［J］．生产力研究，2006（9）：143-144.

［464］张合林．对农民享有土地财产权益的探讨［J］．中州学刊，2006（2）：50.

二、英文参考文献

［465］Ran Tao. Urbanization, Rural Land System and Social Security in China［J］. China and World Economy, 2004（6）：11-23.

［466］Lewis, w. A. Economic Development with Unlimited Supplies of Labor. Manchester School Studies（42）, 1954.

［467］Gunnar Myrdal. Economic Theory and Under - DevelopedRegions［M］. London：Duckworth, 1957.

［468］Jorgenson, D. W. The Development of a Dual Economy［J］. Economic Review, Journal（71）, 1961.

［469］John R. Harris, Michael P. Todaro. Migration, Unemployment and Development：A Two-Sector Analysis［J］. The American Economic Review, 1970, 60（1）：126-142.

［470］Justin Yifu Lin. Rural Reforms and Agricultural Growth in China［J］. American Economic Review. 1992, 82（1）：34-51

［471］T. G. Mcgee. Urbanisasi or Kotadesasi? Evolving Patterns of Urbanization in Asia：Spatial Dimensions and Policy Issues［C］. Honolulu：University of Hawaii Press, 1989：93-108.

［472］Charles C. Krusekopf. Diversity in land-tenure arrangements under the household responsibility system in China.［J］. China Economic Review, 2002（13）：297-312.

［473］Feder G. D., & Feeney P. The Theory of Land Tenure and Property rights［J］. World Bank Economic Review, 1993, 5（7）：135-153.

［474］Scott Rozelle, Loren Brandt, Li Guo etal. Land Rights in China：Facts, Fictions, and Issues［R］. Papers of 2nd International Convention of Asia Scholars, Berlin, 2001.

[475] Matthew Corton. Agricultural Land Reform in Moldova [J]. Land Use Policy, 2001 (118): 269-279.

[476] Macmillan. An Economic Case For Land Reform [J]. Land Use Policy, 2000 (117): 49-57.

[477] Tasso Adamopoulos. Land inequality and the transition to modern growth [J]. Review of Economic Dynamics, 2008 (11): 257-282.

[478] Klaus Deininger. Tenure security and land - related investment: Evidence from Ethiopia [J]. European Economic Review, 2006 (50): 124-127.

[479] Anka Lisec, Miran Ferlan, Frane Lobnik. Modelling the rural land transaction procedure [J]. Land Use Policy, 2008 (25): 286-297.

[480] Randall G. Holcombe. The New urbansim Versus the Market Process [J]. The Review of Austrian Economics, 2004 (17): 285-300.

[481] Coase. R. H. The Nature of the Firm [J]. Eonomic, 1995: 386-405.

[482] Wallace, J. and LP. Williamson. Building Land Markets [J]. Land Use Policy, 2006, 23 (2): 123-135.

[483] Terry, V. D. Scenarios of Central European Land Fragmentation. Land Use Policy [J]. 2003 (2): 149-158.

[484] Mark R. G. Goodale, Per Kare Sky. A comparative study of land tenure, property boundaries, and dispute resolution: case studies from Bolivia and Norway [J]. Journal of Rural Studies, 2001 (17): 183-200.

[485] Mike Douglas. An Economic case for Land Reform [J]. Land use policy, 2000 (17): 49-57.

[486] Bengs. Urban-rural Relations in Europe [A]. In Collections of Inter-regional Conference on Strategies for Enhancing Rural-Urban Linkages Approach to Development and Promotion of Local Economic Development [C]. European Economic Review, 2004.

[487] Elizabeth Brabee, Chip Smith. Agricultural land fragmentation: the spatial effects of three land protection strategies in the eastern United States [J]. Landscape and Urban Planning, 2002 (58): 255-268.

[488] Loren Brandt, Seott Rozeneand Matthew A. Tumer. Local Govemment Behavior and Property Rural China. [J]. 2002: 002-004.

[489] Wang H, Tao R, Tong J. Trading land development rights under a planned land use system: the "Zhejiang Model [J]. China and World Economy, 2009, 17 (1): 66-82.

[490] Chau N. H, Zhang W. Harnessing the Forces of Urban Expansion: The Public Economics of Farmland Development Allowances [J]. Land Economics, 2011, 87 (3): 488-507.

[491] Alonso W. Location and Land Use [M]. Harvard Univ. Press, Cam - bridge, MA, 1964.

[492] Wen L, Butsic V, Stapp R J. Zhang A. Can China' s Land Coupon Program Activate Rural Assets? An Empirical Investigation of Program Characteristics and Results of Chongqing [J]. Habitat International, 2017, 59 (1) : 82-89.

[493] Tom Daniels, Deborah Bowers. Holding our ground: protecting America' s farms and Farmland [M]. Washington, D. C: Island Press , 1997: 145-169.

[494] UK department for environment, food & rural affairs. Rural strategy 2004 [R]. london: defra publications, 2004: 8.

[495] Department of the Environment. Quality in Town and Country: Urban Design Campaign [R]. London: Department of the Environment, 1994.

[496] Yong-Qiang L , Chang-Gui S U , Hua-Lou L , et al. The Institutional Innovation of Rural Land Management in the Context of Urban-Rural Integration Development [J]. Economic Geography, 2013, 13 (1): 1-9.

[497] Liu Y Q, Chang-Gui S U, Long H L, et al. The Institutional Innovation of Rural Land Management in the Context of Urban-Rural Integration Development [J]. Economic Geography, 2013, 13 (1): 1-9.

[498] Zhou Jiangping, Han Tao, Liu Jinxin. Chengdu Urban-Rural Integration Exploration and Lessons - Book Review of Coordinating Urban and Rural Development in China: Learning from Chengdu [J]. China City Planning Review, 2018, 27 (2): 76-78.

[499] Monkkonen P. Do we need innovation in housing policy? Mass production, community -based upgrading, and the politics of urban land in the Global South [J]. 2018: 1-10.

[500] Gai-Li H E, Jia-Lin L I, Shi X L, et al. Analysis on the Spatio-Temporal Characteristics of Urban-Rural Construction Land in Southern Hangzhou Bay [J]. Resources & Environment in the Yangtze Basin, 2018. 27 (3): 483-492.

[501] Xiang A O, Jiang D, Zhao Z. The impact of rural - urban migration on the health of the left-behind parents [J]. China Economic Review, 2016, 37: 126-139.

[502] Ito J, Bao Z, Ni J. Land rental development via institutional innovation in rural Jiangsu, China [J]. Food Policy, 2016, 59: 1-11.

[503] Liu Y. Research on the urban-rural integration and rural revitalization in the new era

in China [J]. Acta Geographica Sinica, 2018. 73 (4): 637-650.

[504] Kolehmainen J, Irvine J, Stewart L, et al. Quadruple Helix, Innovation and the Knowledge-Based Development: Lessons from Remote, Rural and Less-Favoured Regions [J]. Journal of the Knowledge Economy, 2016, 7 (1): 23-42.

[505] Afrakhteh R, Asgarian A, Sakieh Y, et al. Evaluating the strategy of integrated urban-rural planning system and analyzing its effects on land surface temperature in a rapidly developing region [J]. Habitat International, 2016, 56: 147-156.

[506] Liu W, Dunford M, Song Z, et al. Urban - rural integration drives regional economic growth in Chongqing, Western China [J]. Area Development & Policy, 2016, 1 (1): 132-154.

[507] Chen X, Yao S, Zhang L. The Theory and Practice of Urban-Rural Integration in China Under the New Urbanization [J]. Scientia Geographica Sinica, 2016, 36 (2): 188-195.

[508] Nourqolipour R, Shariff A R B M, Balasundram S K, et al. Predicting the Effects of Urban Development on Land Transition and Spatial Patterns of Land Use in Western Peninsular Malaysia [J]. Applied Spatial Analysis & Policy, 2016, 9 (1): 1-19.

重要术语索引